自然资源管理与国土空间规划

林伟涛　位栋座　王世杰　著

吉林科学技术出版社

图书在版编目（ＣＩＰ）数据

自然资源管理与国土空间规划 / 林伟涛，位栋座，
王世杰著. -- 长春 ： 吉林科学技术出版社，2024. 8.

ISBN 978-7-5744-1739-7

Ⅰ. F124.5；F129.9

中国国家版本馆 CIP 数据核字第 20246J4L54 号

自然资源管理与国土空间规划

著	林伟涛　位栋座　王世杰
出 版 人	宛　霞
责任编辑	安雅宁
封面设计	南昌德昭文化传媒有限公司
制　版	南昌德昭文化传媒有限公司
幅面尺寸	185mm×260mm
开　本	16
字　数	280 千字
印　张	13
印　数	1~1500 册
版　次	2024年8月第1版
印　次	2024年12月第1次印刷

出　版	吉林科学技术出版社
发　行	吉林科学技术出版社
地　址	长春市福祉大路5788号出版大厦A座
邮　编	130118
发行部电话/传真	0431-81629529 81629530 81629531
	81629532 81629533 81629534
储运部电话	0431-86059116
编辑部电话	0431-81629510
印　刷	三河市嵩川印刷有限公司

书　号	ISBN 978-7-5744-1739-7
定　价	75.00元

前　言

在全球化及可持续发展的大背景下，自然资源的合理开发、利用与保护，以及国土空间的科学规划与管理，已成为全球范围内广泛关注的重要议题。《自然资源管理与国土空间规划》一书，旨在深入探讨自然资源管理与国土空间规划的理论与实践，为实现自然资源的可持续利用和国土空间的高效管理提供系统性的知识体系和策略指导。

自然资源管理与国土空间规划是现代社会发展的两大支柱，它们共同支撑着人类社会的可持续发展和生态文明建设。自然资源，包括土地、水、矿产、森林、生物多样性等，是人类生存和发展的基础。然而国土空间规划则是对国土范围内的自然资源、生态环境、人口分布、经济发展等进行统筹安排和科学管理的过程。

本书首章从自然资源的概念及其类型讲起，深入探讨了自然资源的基本属性和研究的核心方向，为理解自然资源的复杂性和价值提供了坚实的基础。接着，书中系统阐述了自然资源研究的原理与方法，为相关领域的研究者提供了科学的分析。进一步地，对自然资源的价值进行了全面分析，讨论了其与经济增长的关系，以及如何重建自然资源价值，确保其在经济发展中的可持续贡献。

在国土空间规划方面，本书详细介绍了实施全域全要素管理的重要性，探讨了国土空间规划的分区与控制线管控，以及指标与名录管理等关键环节。本书中还深入分析了国土空间规划实施的全过程管理体系，包括具体项目的全流程管理和重要管理制度，以及规划实施的评估方法。

此外，本书还关注了城市及农村国土空间规划的发展，讨论了在国土空间规划引领下的城市发展和实用性村庄规划编制，旨在推动城乡发展的均衡和协调。信息化作为当代社会发展的重要趋势，本书也对国土空间规划信息化发展趋势、信息平台建设以及空间规划"一张图"实施监督信息系统进行了深入探讨。

在本书即将付梓之际，作者对所有参与本书编写、审校、出版工作的同仁表示衷心的感谢。没有他们的辛勤劳动和无私奉献，本书是不可能完成的。同时，作者也期待广大读者和同行专家对本书提出宝贵的意见和建议，以便我们不断改进和完善。

《自然资源管理与国土空间规划》
审读委员会

陈雄伟　糜道全

目 录

第一章 自然资源概述

第一节 自然资源的概念及类型

一、自然资源的概念

"资源"这一术语起源于经济学，最初是指作为生产活动基础自然物质条件。然而，随着时间的推移，这一概念在各个研究领域得到了广泛的应用，并且其含义和范围也发生了显著的扩展。在不同的学科当中，"资源"可能有着不同的解释。目前，"资源"不仅仅局限于传统的物质资源，还涵盖了人力资源及其劳动的有形与无形成果，诸如资金、设备、技术、知识、制度，甚至包括"信息资源"。这种对资源概念的广泛应用反映了自然界和社会系统在某些方面的结构和功能相似性。从更广泛的角度来看，人类在生产、日常生活以及精神层面所需的物质、能源、信息、劳动力、资金和技术等基本要素，都可以被视为资源。而在资源科学的研究中，资源通常指的是较为狭义的自然资源。

自然资源是一个广泛的概念，涵盖了众多可供人类利用的自然物质和能量。随着人口的增长和生产规模的扩大，自然资源的需求量不断增加，导致物质和能量的快速消耗，引发了一系列与资源、环境和生态相关的问题。所以，许多学科将自然资源作为重要的研究对象，但由于学科特点和研究目的的不同，各个学科对自然资源的定义和内涵有着不同的侧重和方向。这就意味着，自然资源的科学定义及其内涵因学科而异。

自然资源是指自然界中能够被人类利用并且对人类有益的地理成分以及它们之间的相互作用所形成的物质。这些资源包括那些可以用于能源生产、食物供应和工业生产的自然环境要素，比如土地、水资源、大气层、岩石、矿物、生物群落等，以及提供这些资源的自然环境功能，例如太阳能、地球物理环境功能（如气象、海洋、水文地理现象）、生态学环境功能（如植物光合作用、食物链、微生物分解作用）和地球化学循环功能（如地热、化石燃料、非金属矿物形成过程）。自然资源即支持人类满足基本需求和提高生活质量的重要自然条件和物质基础。

不同学科对于自然资源的定义存在差异，但它们在本质上都涵盖了三个共同点：首先，自然资源是能够在不同的时空条件下为人类提供福利的物质和能量，它不是对客观物质的抽象研究，而是与生产应用紧密相连；其次，随着社会的进步和科技的发展，人类对自然资源的理解不断深化，资源开发和保护的范围也在不断扩大，因此自然资源不是一个固定不变的范畴；最后，自然环境和自然资源密不可分，但它们在概念上有所差异，自然资源是从人类的需用角度来理解这些因素存在的价值。

自然资源是指在自然环境中，人类能够认知、提取和利用的一切物质和能量要素及其组合，包括这些要素之间的相互作用所形成的中间产物或者最终产物。只要这些资源对于维持生命构造、生命维持和生命延续是必需的，或者在社会体系中能够带来福祉、快乐和文明进步，它们就可以被定义为自然资源。这个概念不仅扩展了自然资源认识的广度和深度，而且有助于人们从自然资源的基本特性出发，进行综合性的研究和探讨，以及寻找自然资源综合利用的有效途径，为相关领域的研究提供了有益启示。

二、自然资源的类型

鉴于自然资源的复杂性和多样性，以及人们对其认识的不同层次和范围，学术界至今未能形成一个统一的自然资源分类标准。根据不同的目标和需求，自然资源被赋予了多种分类方式和体系。

（一）按照自然资源的赋存条件及特征进行分类

这种分类方法将自然资源分为两大类。

1. 地下资源

这类资源赋存于地壳中，也可称之为地壳资源，主要包括矿物原料和矿物质能源等矿产资源。

矿产资源是通过地质过程形成的，它们包括埋藏于地下或暴露于地表的矿物和有用元素的集合，这些资源的工业利用价值已经达到可开采的程度，成为社会和经济发展的重要支撑。目前全球已识别出超过 1600 种矿产，其中大约 80 种被广泛应用。矿产资源根据其特性和用途通常被分为金属矿产、非金属矿产和能源矿产三大类别。这些资源的种类、分布和储量决定了采矿行业可以在哪些地区和规模上发展；它们的质量、开采难度和地理位置等因素则直接影响其利用价值以及采矿项目的投资成本、生产效率、成本和工艺技术，进而对以矿产资源为原材料的初级加工产业（如钢铁、有色金属、基础化工和建筑材料等）以及整个重型工业的发展和布局产生重大影响。矿产资源的地域性组合特征也会影响到区域经济的发展方向和工业结构的特点。随着地质勘探、采矿和加工技术的不断提升，人类对矿产资源的利用范围和程度也在持续扩大。

2. 地表资源

生物圈资源是指存在于生物圈当中的资源，也可以称之为生态资源。它主要包括土地资源，即由地貌、土壤和植被等因素构成的资源；水资源，包括地表水和地下水；生物资源，包括各种植物和动物的资源；以及气候资源，包括光、热和水等因素构成的气候条件。这些资源在生态系统中相互作用和相互依存，为人类提供了生产、生活和发展所需的基本要素。

土地资源是指在当前社会经济和科技水平下，人类可以使用的土地，它是由地形、气候、土壤、植被、岩石和水文等自然因素构成的复合体，同时也是人类历史和现有生产活动的结果。因此，土地资源既有其自然特征，也受到社会因素的影响。土地资源具有以下特质：①位置的固定性；②区位的差异性；③总量的有限性；④利用的可持续性；⑤经济供给的稀缺性；⑥利用方向变更的困难性。

水资源这一概念，在全球层面上，指的是地球上所有水体的总和。然而，在日常讨论中，我们通常关注的是陆地上的淡水资源，这些资源包括河流、湖泊、地下水和冰川等。陆地上可利用的淡水只占地球水总量的大约 2.53%，而其中大部分是难以利用的固体冰川，主要分布于极地和高山地带。人类较易获取的淡水资源主要来源于河流、湖泊和浅层地下水，这些资源的储量约占全球淡水总储量的 0.3%，占全球总储水量的十万分之七。全球每年实际有效利用的淡水资源大约有 9000 立方千米。水资源在地球上的分布极不均衡，不同地区的降水量和径流量存在显著差异。全球大约有三分之一的地表区域经常面临干旱，而在多雨季节，其他地区则可能遭遇洪水灾害。以中国为例，长江流域及其以南地区拥有全国 82% 以上的水资源，但耕地仅占 36%，呈现水资源丰富而耕地不足的特点；而长江以北地区，尽管耕地占 64%，但水资源却不足 18%，特别是黄淮海流域，尽管耕地占全国 41.8%，但是其水资源却不到 5.7%。

生物资源是指在生物圈内，对人类有利用价值的动物、植物和微生物，以及它们形成的生物群落，涵盖了动物、植物和微生物资源。根据研究和利用的目的，生物资源一般被划分为森林、草原、农作物、水生、家畜、野生动物、遗传材料等类别。作为可更新的自然资源，生物资源在适当的环境保护和人为管理下能够持续地繁衍和增长。然而，在环境恶化、人为破坏或不当利用的情况下，生物资源可能会退化、消失或者枯竭，显示出其不可逆的生态过程。生物资源具有一定的稳定性和变异性。一个相对稳定的生物资源系统能够长时间维持能量和物质的循环，并对外部干扰做出反应。但是，当干扰超出一定限度时，系统可能会崩溃。资源系统的稳定性与其构成的种类和结构的复杂性有关，种类和结构越复杂，系统的抗干扰能力越强，稳定性也越高。生物资源的分布特征明显，不同地区的生物资源种类和结构各异。生物资源是农业生产的重点，同时也为工业、医药、交通等领域提供原材料和能源。

气候资源是指那些对人类经济有利的气候条件，作为自然资源的一个组成部分，它包括了太阳辐射、温度、降水、空气和风能等。气候资源是自然资源中变化最频繁、波动最大的类型，其时空分布的差异性也非常显著。

（二）按照自然资源的地理特性进行分类

根据自然资源的形成条件、组合状况、分布规律及与地理环境各圈层的关系等地理特性，常把自然资源划分为矿产资源（岩石圈）、土地资源（地球表层）、水资源（水圈）、生物资源（生物圈）和气候资源（大气圈）五大类。

随着海洋在其全球角色中的重要性不断上升，海洋资源已经成为资源科学研究领域的第六大资源类型，其影响力持续增长。海洋资源涵盖了海水或海洋中存在的各种资源，这包括海洋生物、溶解的化学元素、由波浪、潮汐和海流产生的能量和热量、以及沿海、大陆架和深海海底的矿产资源。另外，还包括由海水形成的压力和浓度差异等。海洋资源不仅限于生物资源和水域资源，还包括海洋为人类提供的生产、生活和娱乐空间及设施。根据资源的性质或功能，海洋资源可以分为生物资源和海洋水域资源两大类。全球约85%的水产品来源于海洋，其中鱼类和藻类资源极为丰富。海水中含有80多种化学物质，其中11种元素（如氯、钠、镁、钾、硫、钙、溴、碳、锶、硼和氟）的含量占据了海水中溶解物质总量的99.8%以上，且已鉴定出50多种可提取的化学物质。海洋动力资源，如潮汐能、波浪能、海流能以及由温度和盐度差异产生的温差能和盐差能等。估计全球海水温差能的可利用功率达 $100 \times 108kW$，潮汐能、波浪能、河流能及海水盐差能等可再生功率在 $10 \times 10kW$ 左右。

（三）按照自然资源在不同产业部门中的作用进行分类

这种分类方法根据自然资源在不同产业部门中所占的主导地位，把自然资源划分为农业自然资源、工业自然资源、医药自然资源等。每种类型又可以进行更细致的分类。

农业自然资源是指在农业生产过程中发挥作用的自然物质和能量，又可分出土地资源、水资源、气候资源、牧地和饲料资源、森林资源、野生动物资源、渔业资源、遗传物质资源等。其基本特性是：①整体性。各农业自然资源要素相互依存、相互制约，构成统一的农业自然资源整体。所以，发展农业生产必须按照各种自然资源优化组合和生态平衡的要求，进行科学合理的配置。②地域性。不同区域农业自然资源的分布和组合特征均有一定差异，因此发展农业生产必须遵循因地制宜的原则。③动态平衡性。各种农业自然资源及其组合即生态系统，都是不断发展演变的，由平衡到打破平衡、再到建立新的平衡，农业生态系统始终处在动态变化之中。④可更新和再生性。如气候的季节更迭、水分的循环补给、土壤肥力的恢复和生物繁衍等，只要坚持开发利用和保护培育相结合，则可实现永续利用的目标。⑤数量有限性和潜力无限性。农业自然资源的总量和可利用量是有限的，但这并不意味着人类在利用这些资源方面的能力也有上限。相反，随着科学技术的进步，农业自然资源具有的可更新和再生性特点，使得人类可以不断寻找新的资源和扩大资源利用范围，从而提高资源利用率以及生产能力。

工业发展史本质上是自然资源使用和变化的历史。工业革命及其后续发展大致经历了从蒸汽动力到内燃机和电动机的变迁，也就是从以煤炭为主要能源的时代过渡到以石油为主导的时期，这一过程中对自然资源的需求和供给经历了显著的转变。工业自然资源可以分为：①工业原料。一般把采掘与农牧业生产的产品称为原料，如原煤、原油、原木、各种金属和非金属矿石；农业生产的植物或动物性产品，如谷类、原棉、甘蔗、牲畜、鱼类、乳类等。②能源。能源是可产生各种能量（如热能、电能、光能和机械能等）或可做功的物质的统称，包括煤炭、原油、天然气、煤层气、水能、核能、风能、太阳能、地热能、生物质能等一次能源和电力、热力、成品油等二次能源以及其他新能源和可再生能源。

（四）按照自然资源的用途及利用方式进行分类

自然资源可以根据其用途和利用方式的不同被划分为两个主要类别：一类是用于满足日常生活需求的生活资料资源，这包括植物的根、茎、叶、果实等天然食物，森林和草原上的各种动物和植物，以及河流、湖泊和海洋中的鱼类等水生资源；另一类是用于支持和促进生产活动的生产资料资源，这些资源包括可直接应用于生产的矿物燃料、原料和木材等。

（五）按照自然资源的性质进行分类

目前，基于自然资源的再生能力对其进行分类是一种广泛采用的方法。随着时间的推移，自然资源的分类体系已经从只考虑单一属性演变为一个考虑多种因素的复杂系统。根据资源能否持续利用，可将其分为耗竭性资源和非耗竭性资源两类。耗竭性资源进一步分为再生性资源和非再生性资源。再生性资源包括由多种生物和非生物构成的生态系统，比如土地、森林和水产资源，这些资源在得到有效管理和保护的情况下能够持续更新和利用。相反，如果管理不善，这些资源可能会受到破坏甚至耗尽。非再生性资源主要指矿物资源和化石燃料。其中，一些如金、铂、银等珍贵金属和宝石矿物可以被反复使用，而石油、天然气、煤炭等化石燃料以及大多数非金属矿物和金属矿物一旦大量开采使用，便无法再生，属于一次性资源。非耗竭性资源还可以分为恒定性资源和易误用性资源。恒定性资源如风能、原子能、潮汐能和降水，这些资源不会因人类活动而发生显著变化。易误用性资源包括大气、水能和广义景观等，如果使用不当，这些资源可能会导致环境污染和生态退化。自然资源的分类不仅在理论上有其重要性，对于指导自然资源的有效利用和保护也至关重要。

第二节　自然资源的基本属性

自然资源具有独特的自然和社会属性。自然资源的自然属性主要体现在其特定的组成、结构、功能和边界，表现出整体性、层次性和周期性等特征。而其社会属性则体现在作为人类社会生产中不可或缺的劳动手段和劳动对象。任何种类的自然资源都具有可利用性，这是它与自然界中非资源成分的主要区别。自然资源的自然属性为人类开发利用自然资源提供了基础，赋予了其实际应用的价值；而其社会属性则使自然资源在开发利用过程中带有强烈的社会烙印，并使其成为商品进入市场流通，从而产生经济价值。

一、自然资源的整体性

各种自然资源在生物圈中相互关联、相互影响，形成了一个完整的资源生态系统。不仅每个资源要素本身构成了一个自然综合体，而且它们之间相互依存、相互联系，形成了一个整体。在认识自然资源系统时，我们需要从两个方面考虑。首先，每个资源要素都发挥着特殊的作用，是系统不可或缺的组成部分，如离开任何一个要素，系统的功能都会受到影响，甚至导致系统质的变化。其次，资源要素之间的联系是整体性形成的唯一原因，它们通过能量流、物质流和信息流维系在一起，形成一个复杂的统一整体。因此，人类在开发利用自然资源时，不能只关注个别资源或其某些成分，而应充分认识到自然资源系统的整体性特点，并设法保持系统的稳定，以利于人类生活和生产。同时，任何生态系统内部的变化都可能引起其他相关系统的变化，因此需要谨慎对待资源生态系统的内部结构变化。

二、自然资源的社会性

自然资源系统的内部运作不可避免地会融入人类劳动，因此它必然包含社会成分。自然资源与特定的社会经济和技术发展水平密切相关。人类对自然资源的理解、评价和利用受到特定历史时期和地理环境的限制，这就是自然资源的社会性质。对资源问题的观点总是基于对人与自然关系认识的基础。人与自然的关系经历了从将自然神化、对立到辩证唯物主义、唯物辩证主义等多种形态，经历了天命论、自然决定论、或然论、征服论等多种观念阶段及其相应的处理方式，最终演变到现代的协调论。在不久之前，人们普遍认为自己是自然的统治者，能够利用自己的力量去战胜自然、控制自然和掌握自然界的一切。这种观点几乎成为工业时代的核心信仰。这种信仰指导下的资源观念本质上是征服性的，导致了资源的过度开发、占用和消耗，不断地对人与自然这个复杂的系统造成了严重的干扰。伴随着时间的推移，人们开始意识到，人类只是人与自然大系统中的一部分，需要与其它组成部分共同和谐发展。在人类社会经济发展的目标模式选择上，大致经历了增长阶段、发展阶段和可持续发展阶段。在早期的社会历史阶段，人们追求的是财富的积累，当时的人们把自然资源视为一种无限的、可以自由使用的资源，这在当时的生产力水平较低且资源储备尚能支撑的情况下是可以接受的。随着时间的推移，社会进步使得人们开始意识到资源存在的结构性短缺，并认识到在利用自然资源时必须提高效率，此时，"发展"的概念被提出，并强调了在增长的同时要注重结构优化。在这种背景下，人类在处理自然资源的方式上，不仅持续开发和利用资源，也开始关注资源的有效分配问题。资源配置的机制选择（如计划经济和市场经济等）成为了社会关注的焦点，现代经济学的主要研究对象正是具有稀缺性的资源及其配置。到了第三阶段，资源总量和结构都出现了短缺，环境问题也日益凸显，成为制约发展和影响人类生活质量的关键因素。因此，"可持续发展"的理念应运而生，人们将经济社会与资源环境的协调发展视为基本目标，在资源问题上追求资源的节约利用和合理配置，并且促进资源的可持续利用，以保持资源系统的动态平衡。

三、自然资源的时间性

自然资源的时间性指的是其随时间演变的特性。资源的定义不是永恒不变的，而是随着人类社会的持续进步和科技进步的增强，人们对自然资源的理解更加深入，开发和保护的范围也在不断拓展。例如，曾经被视为无关紧要的环境因素，如大气和景观，如今已被纳入自然资源的范畴。

自然资源的时间性主要表现在两个方面：一是资源数量的增减变化，二是资源种类的增减变化。自然资源随时间变化的原因主要包括自然规律和人类活动的影响。不同资源生态系统会随着时间的推移展现出不同的变化形式。结构复杂的资源生态系统具有相对稳定的组分比例和较强的抵抗外界干扰的能力，而结构简单的资源生态系统的稳定性相对较弱。从资源管理的角度上看，我们需要了解各种资源生态系统随时间变化的特点，包括系统的稳定性和对外界干扰的承受能力。这些特点有助于我们预测资源生态系统的变化趋势并设法控制其发展方向。

四、自然资源的空间性

自然资源的地域性是其实质性特征之一，即空间性。自然资源分布受地带性因素和非地带性因素共同影响。不仅不同种类的自然资源地带性分布规律有所差异，同一种自然资源也会因受到不同因素影响而表现了出显著的区域差异。气候、水、土壤和生物的分布主要受地带性因素影响，但也受非地带性因素制约；地质、矿产、地貌等则主要受非地带性因素控制。此外，自然资源开发利用的社会经济条件和技术工艺水平也存在地域性差异，这使得我们在研究和开发利用自然资源时必须遵循因地制宜的原则。

五、自然资源的有限性

在特定的空间和时间界限内，自然资源的数量是有限的，尤其是在不同地区的资源分布不均匀，特定区域内自然资源的供应通常是有限的。由于生物圈对资源的高需求以及许多资源不可再生或消耗性使用的特性，资源的供应往往处于紧张状态。在人类文明的早期，由于人口较少且技术水平较低，自然资源的有限性并不突出。然而，自20世纪以来，随着人口的激增、技术水平的提升以及生产和消费物资的增加，自然资源的有限性日益成为问题，资源的紧张已经对经济繁荣、社会发展甚至人类生存构成了威胁。自然资源的消耗不断增加，速度也在加快，这使得资源的稀缺性越来越明显。在自然资源的管理和利用中，无论时间跨度如何，人类对自然资源的开发利用似乎总有无限的需求。然而，自然资源的总量是有限的，这意味着在每个时间点上可用的资源量趋向于无限小，即资源表现出稀缺性。作为一种限制因素，稀缺的自然资源最终影响着区域、国家乃至全球的经济发展潜力和前景。

六、自然资源的传布性

自然资源的流动性是指其在地域空间上的传递特性。自然资源有其特定的空间限制，尽管如大气、水甚至固体物质在自然力量的作用下会发生各种规模的运动，但对于某些类型的资源，如矿产资源和植物资源，其主动传输能力有限。相应地，由于受体（即需求方）的可移动性，如通过交通运输等方式获取所需的自然资源，就成为了被动传输状态下的资源扩散。自然资源分布的不均匀性导致了自然资源浓度梯度的实际存在。这种梯度为自然资源的移动提供了潜在的动力，不管是通过主动传播还是被动传播。在自然资源的研究领域，尤其是在资源管理方面，资源的传播一直是一个关键的问题。资源流动指的是资源在人类活动的推动下，在工业、消费链或不同地区之间的移动、转变和流动。这既包括资源因受不同地理空间的资源势影响而产生的空间移动（即横向流动），也包括资源在原始状态、加工、消费和废弃的循环过程中形态、功能和价值的转变（即纵向流动）。自然资源的流动具有如下特点：①动态性。自然资源具有动态性，包括自然资源的动态性和资源流动过程的动态性两个方面。首先，从资源科学的角度来看，自然资源是一个不断变化的历史范畴，是一个动态的系统过程，与人类社会、经济、文化、技术的发展密切相关。其次，资源流动本身也是一个动态过程，伴随着生产、消费活动的开展，自然资源在物质形态、功能、空间等方面不断发生转变和移动。这促使有限的资源流向效益高、效率高的地区或部门。这种动态性让自然资源保持活力和可持续性。②时空性。时间和空间是物质的基本属性，同样适用于资源的流动过程。首先，资源的种类繁多，具有不同的形态和性质，因此，在其流动过程中表现出各自不同的规律和特性。此外，资源的流动也涉及到资源在不同空间位置、不同产业集群、不同消费链条之间的运动、转移和转化。这些都是由资源的属性所决定的，并且受外部环境的影响而表现各异。

人为转移自然资源时，明显表现出追求利益、地理邻近、集中趋势和适宜的结构特点。资源向特定地区的流动力度，其大小受该地区相对于其他地区在地理位置、资源潜力、基础建设、法律政策以及社会氛围等方面的优势或者劣势状况所影响。

自然资源在社会经济体系中跨区域、跨产业、跨消费领域的流动引发了两种影响：环境生态影响和社会经济效益。实现自然资源可持续利用的目标在于尽可能地发挥其在社会经济效益方面的潜力，同时尽可能地降低对环境生态系统的负面影响。

七、自然资源的层次性

自然资源不但涵盖内容广泛，而且具有清晰的层次结构。以生物资源为例，研究可以涉及从单一植物的化学成分到物种层面,从种群和生态系统到整个生物圈的各个层次,这些都是自然资源研究和利用的重要领域。

从空间范围来看,自然资源研究可以涉及局部地区、自然区域或经济区域,甚至是一个国家乃至全球。所以,在进行自然资源研究时,首先需要明确研究对象的层次和范围,并确定所需资源属性信息及采集方法。自然资源研究者不仅需要善于收集相关资料,还需根据研究对象的层次和等级逐层筛选和传递信息,以获取适用信息。

八、自然资源的多用性

自然资源通常具备多样的功能和应用价值。以森林资源为例,它能够供应各种原材料,包括木材、燃料、木本粮食和油料以及其他的林业副产品。森林还在环境保护方面扮演着至关重要的角色,例如,它在保持水土、抵御风沙、净化空气和涵养水源等方面发挥着无可替代的作用。此外,森林还提供了多样的经济收益和土地利用价值,同时也是重要的旅游景点。森林还是物种的基因库,是陆地上不可或缺的生态系统,对于自然界的物质和能量循环具有关键的生态功能。然而,自然资源的每项功能和用途并不都具有相同的优先级。因此,在自然资源开发利用过程中,我们需要全面考虑经济效益、社会效益和生态效益,并借助系统分析方法,根据研究对象的层次和等级,选择最佳方案。同时,自然资源研究者需要善于收集相关资料,并按照层次逐层筛选和传递信息,以获取适用信息。这一过程应采用科学的优化方式,以保证决策的科学性和合理性。

九、自然资源的增值性

自然资源的利用开发会导致其价值的提升,这种提升显然是能量投入有效性的体现。以矿产资源为例,矿石被开采出来,从自然状态转变为粗矿,再经过处理成为精矿,之后精矿被加工成原材料,最终制成社会所需要的产品,这一过程清晰地展示了资源价值的逐步提升。资源的加工层次越多,其中嵌入的劳动量就越多,从而资源的附加值也就越高。自然资源增值的直接原因为能量的有效投入,而间接原因则包括社会需求、市场供需关系、人类心理状态、文化传统等因素的复杂影响。随着社会生产力的增强和科技水平的提升,人类利用资源的范围和深度不断扩展,能够在相对意义上增加资源的数量和提升资源的品质,从而进一步增加资源的价值。

十、自然资源的"虚化"

自然资源的"虚化"是指随着人类社会的发展,自然资源从单一实体形式逐渐向非物质化方向发展。例如,空间(指地理范围)、感应(与感官和精神相关的资源)、时间(在创造社会财富中扮演重要角色)、信息(被视为财富,正确信息的传播带来社会财富增长)等已被纳入或正在纳入资源范畴,从而大大地丰富了资源的内涵和范围。

第三节　自然资源学的研究核心与方向

一、自然资源学的学科体系

自然资源学致力于整合自然资源的开发、利用、保护和管理工作，构建一个包括自然资源、资源生态、资源经济和资源管理在内的复合理论框架。因此，自然资源学是一门综合性学科，融合了自然科学、社会科学和工程技术科学的元素。它是在地理学、生态学、经济学、管理学、法学和工程学等传统学科的基础之上发展起来的，跨越了这些学科的研究领域，形成了一个以自然资源利用为核心的多学科领域。

自然资源学涵盖了基础自然资源哲学、基本理论、应用领域、社会学、技术学和区域自然资源学等多个分支，其研究内容广泛涉及地球科学（特别是地质学和地理学）、生物学（特别是生态学）、经济学、农学、法学和管理学等多个学科领域。

自然资源哲学是一门以整体观视角审视自然资源系统，并运用现代系统科学及辩证法理论对其进行全面分析的哲学分支。它涵盖了自然资源的存在论、认识论、价值论以及开发利用的方法论，构成一个完整的理论框架。它主要研究：①自然资源观。考察自然资源的自然特性，研究其产生的演变规则、分布的时间和空间规律，以及资源与非资源之间的相互转换规律。②从自然资源的社会属性出发，分析自然资源在社会变革中的作用，探讨自然资源的开发利用与社会发展之间的相互作用及其正面和负面影响。③自然资源经济观。探讨自然资源的开发利用与经济发展之间的相互作用，研究自然资源在促进经济增长方面的作用及其影响，目的在于建立一个资源高效利用的国民经济体系。④自然资源价值观。通过价值论的视角，评估自然资源的可利用价值和其属性，探讨整体自然资源的总量与潜力无限性以及具体资源的有限性之间的相互作用，分析自然资源开发利用带来的社会和经济效益，以及资源价值与市场价格波动之间的关联。⑤自然资源生态观。在资源、环境与生态之间的相互作用背景之下，研究自然资源开发利用对生态环境造成的影响，并探索在保护生态环境的同时实现自然资源合理利用的最佳策略。⑥自然资源伦理观。从从人类文明发展与自然资源开发利用的关系出发，揭示人类与自然资源、环境之间共生共亡的内在逻辑，强调树立保护自然资源、节约利用资源的资源伦理观念，具有重要意义。⑦自然资源科技方法论。自然资源学基本理论主要涉及自然资源的属性、形成与演变、开发利用的影响及效益，并研究其空间分布规律。此领域可以细分为自然资源系统学和自然资源地理学。在应用层面，自然资源学主要研究自然资源开发利用的理论与方法，包括自然资源评价、区划、预测及规划等。

二、自然资源学的学科特点

自然资源学作为研究地理现象的综合学科，具有综合性和区域性的特点。其综合性使其区别于其他单项资源研究，是自然资源学的独特之处。区域自然资源系统作为一个多要素的复杂系统，具有整体性特征。各具体自然资源由相关学科分别研究，而区域自然资源系统的整体特征则是自然资源学的主要研究领域，这表明了自然资源学的综合性。随着世界科学技术的发展和资源领域的不断扩大，自然资源学的研究领域也将不断扩大。自然资源学作为研究地理现象的综合学科，具有综合性与区域性的特点。其综合性使其区别于其他单项资源研究，是自然资源学的独特之处。区域自然资源系统作为一个多要素的复杂系统，具有整体性特征。各具体自然资源由相关学科分别研究，而区域自然资源系统的整体特征则是自然资源学的主要研究领域，这表明了自然资源学综合性。随着世界科学技术的发展和资源领域的不断扩大，自然资源学的研究领域也将不断扩大。自然资源的开发与利用受到社会、经济和技术条件的区域性影响，不同地区对自然资源的认识存在差异，这些因素共同作用导致了自然资源的地域性差异。这种差异性使得自然资源学研究具有明显的区域特征。因此，在进行自然资源研究时，必须遵循因地域而异的原则，将研究具体化到各个区域，而不是仅仅关注区域资源系统的普遍性规律。随着全球科技信息化的发展，科学研究活动之间的交流和融合得到了促进，为大范围的区域性比较研究提供了可能。区域研究方法和手段的进步也将使自然资源学对区域自然资源问题的理解更加具体、深入和全面，从而加强资源科学区域性特征的发展。此外，科技发展的这些趋势也有望在区域研究中为自然资源学带来突破性的进展，并为区域研究方法的发展做出贡献。

自然资源学展现出了显著的交叉学科特征。作为一个包含多种元素的开放系统，区域自然资源系统的研究涉及形成、演化和分布规律，以及合理开发、科学管理、保护和调控等方面。这些研究领域汲取了多种具体学科的知识，如地学、经济学、社会学等，以探究区域自然资源的特性。未来的研究将继续依赖这些学科的理论与方法。在区域自然资源的开发利用方面，重点关注理论与技术科学领域的自然资源和社会资源开发利用技术。然而自然资源的管理、保护和调控则主要借鉴经济学、管理学、法学等社会科学领域的知识。因此，自然资源学是一门融合了多个学科的边缘学科，其交叉性特征明显。

三、自然资源学的研究核心

自然资源学是一门探讨整体自然资源的开发、利用和保护的学科。它的研究范围不仅覆盖了自然资源本身，还涉及到与自然资源紧密相连的资源环境问题、经济价值转换以及资源政策和法规，这些都是以资源为中心的资源—生态—经济—社会系统的一部分。自然资源学的主要研究焦点是整体自然资源及其在资源—生态—经济—社会系统中的运作机制和管理工作。这里所说的整体自然资源包括水资源、生物资源、土壤、矿产等自然物质，以及太阳能、地热能、引力能、水能等自然能源，同时还包括伴随自然物质和能量资源存在的自然信息。资源－生态－经济－社会系统以自然资源为核心，涉及资源开发与保护的动态机制。开发利用机制涵盖了自然资源如何被人类转换成生产和生活资料，以及如何由此产生经济效益、生态效益和社会效益的过程。而保护机制则关注自然资源在开发后，生态环境如何变化，并反过来影响资源本身的反馈循环。自然资源管理则涉及在整个过程中制定规划决策、优化方案、实施行动、监测评估、反馈调整，以及支持这些活动所需的政策、法律和组织结构。所以，自然资源学的研究主要由三部分组成：对自然资源本身的全面研究、对其开发利用与保护机制的研究，以及自然资源管理的研究。

四、自然资源学的研究方向

自然资源学是介于自然科学、社会科学和工程技术科学之间的多学科横向交织的新学科领域。自然资源学是一个跨学科领域，结合了自然科学、社会科学和工程技术，它关注自然资源的管理与利用。随着全球对于建立新的生态和经济秩序的呼声不断上升，资源和资源利用问题再次成为全球关注焦点。在这样的社会背景之下，资源科学凭借其综合性和整体性特征，利用最新技术和方法，以崭新面貌出现在现代科学领域，并进入了一个快速发展的新阶段。资源科学的研究焦点转移到资源的有限性和稀缺性，以及资源的持续利用对社会经济持续协调发展的影响，资源生态、资源经济、资源立法和资源管理成为了研究的主要领域。现代自然资源科学以此为出发点，得到了充分的发展。综合来看，自然资源的研究方向可以归纳为以下几个主要方面：

（一）地理学方向

地理学的研究领域可分为自然地理和经济地理两个主要方向。自然地理学关注的是自然资源的生成、变迁及其在地球表面的分布模式，尤其注重对各种规模和类型的区域自然资源特征的研究；而经济地理学则专注于分析自然资源开发与经济结构布局之间的相互作用，以及如何指导区域资源的有效开发及利用。

（二）经济学方向

经济学分支专注于应用经济学的原理来分析资源的开发、利用、保护和管理。这一领域的研究内容包括资源的稀缺性及其量化、资源市场运作、资源价格的决定和评估、资源的优化配置和规划、资源产权制度、资源核算机制、资源贸易政策、资源产业化的管理等问题。作为资源科学领域中最具活力和快速发展势头的学科之一，它强调人的因素和动态发展的理念，以实证分析、规范研究和合理预期为研究方法，依据价值规律来引导资源在经济活动中的开发和分配，并通过生产与消费的相互关系来探讨资源利用的经济效益。

（三）管理学方向

管理学研究利用创新的理论和方法来探索自然资源开发利用的最佳实践和策略，以及制定相应的政策、法律和组织管理结构，以实现自然资源的有序及高效管理。

（四）工程技术方向

该领域集中探讨自然资源的开发利用及保护方面的技术细节与工程项目设计。在目前正在进行的考察、研究、方案实验和后续跟踪研究当中，工程技术方向因其显著的实践应用价值而显得极为关键。

第二章 自然资源研究的原理及方法

第一节 自然资源研究的基本原理

一、地理学的基本原理与规律

（一）综合系统规律

自然资源学的重要特性之一是其综合性。此学科的研究对象是地球表层各种自然元素、能量以及与其组合的人类社会活动构成的复杂且动态的巨系统。所以，无论是在理论体系构建还是研究方法论，自然资源学都是一门兼具自然科学和社会科学属性的综合性学科。

自然资源学的综合性主要源于自然资源本身及其作用过程的复杂性、边界的模糊性和演变过程的动态性等特性。

自自然资源系统的复杂性首先源于其组成要素性质的不确定性。由于资源要素之间的相互作用、因果关系的复杂性、边界模糊和重叠、以及不同层次因素位置的可变性，研究具体作用过程时，很难对要素进行结构化处理，也难以明确要素群的主导或从属、直接或间接作用。随着研究对象和作用过程的复杂性增加，要素性质的界定变得更加困难。自然资源学研究的是一个复杂、开放、动态的巨系统，其要求对其主要驱动力和机制的研究必须建立在坚实的跨学科基础上。地球表层系统正经历快速变化，人类对自然生态系统的干预强度和范围不断扩大。所以，自然资源学的研究应集中于资源要素的相互作用以及与人类活动共同构成的智能圈的耦合和互动。全球环境变化及其区域效应、自然资源保障与生态环境保护、区域可持续发展与人地系统机制调控、地球信息科学和"数字地球"研究等前沿领域，都对自然资源学的综合研究提出了更高的挑战。

（二）地域分异规律

地域差异性是自然资源学研究的关键规律之一。这种差异性涉及到自然资源系统中的各个组成要素以及它们构成的综合体在地表沿特定方向呈现的规律性变化，这些变化由太阳辐射在不同纬度的非均匀分布引起的纬度地带性、由地球构造和地形变化导致的地域差异、由海陆相互作用引起的从海岸到内陆的干湿度地带性（也称作经度地带性）、随着山地高度变化的垂直地带性，以及由地方地形、地表物质和地下水深度不同引起地方性差异。地域分异规律可分为4个等级：①全球尺度的分异规律，如全球性的热量带，一般划分为寒带、亚寒带、温带、亚热带、热带。②大陆和大洋尺度的分异规律，如横贯整个大陆的纬度自然地带和海洋上的自然带。③区域性规模的分异规律，例如，在温带地区，由于湿度从沿海向内陆逐渐减少，形成了依次为森林带、草原带和荒漠带的地理分布。此外，山地自然景观及其构成要素随着海拔的升高呈现出垂直地带性变化，这也是一种区域性的分异规律。④地方性分异，主要表现为：地域分异由地方地形、地表物质的差异和地下水埋深的不同引发，表现为一系列的地域变化。此外，地形差异还导致坡向上的地域分异。

地域差异性规律对自然资源的地理分布模式起着关键的作用，为自然资源的分类和地区性开发提供了有力的理论支持和实践指导。例如，特定区域的水热条件和土壤类型会影响该地的特定农作物组合和栽培制度，这对农业自然资源的研究和应用极为关键。同样，矿产资源的分布受到成矿过程的显著影响，因此展现出特定的模式。理解成矿过程的基本特征和矿产资源的区域分布模式对于矿产的勘探和利用具有显著的指导价值。

自然资源的地理分布表现出显著的地域差异，各地拥有不同类型和数量的资源，展现出独特的区域资源特点。自然资源的开发和利用总是与特定的社会经济和技术条件相结合，导致不同地区在资源开发利用上存在条件差异。因此，开发自然资源时必须遵循"因地制宜"的原则。这一原则旨在协调人与资源在资源－生态－经济系统中的关系，要求在资源开发过程中充分考虑自然条件、资源特点和社会经济背景，遵循自然规律。在自然资源的研究和利用中，因地制宜的实质是在资源－生态－经济系统内部实现各要素的和谐共生，以实现资源的持续利用和经济可持续增长。

（三）区位论

区位理论发端于19世纪20至30年代，它集中研究人类经济活动在空间上的规律和原则，旨在确定自然资源利用的最佳地点。这一理论旨在指导合理的空间布局，因其实用性和广泛的应用性，已成为自然资源学基础理论的一个关键部分。人们在地理空间中对自然资源的开发利用可以看作是区位选择过程，这包括农业中作物的选择和土地的利用，工业企业在地理位置上的选择，交通路线如公路、铁路、航道的规划，城市内不同功能区域如商业、工业、居住、文化区的设立和划分，城市绿化的位置和树种的选择，以及住宅开发的位置选择等等。

区位选择应遵循的原则：

1. 因地制宜原则

在进行区位选择时，必须仔细评估那些影响区位活动的各种因素，包括气候、地形、土壤、水源等自然条件，以及市场、交通、劳动力素质和数量、政策等社会经济条件。这样可以使区位活动充分利用当地资源，优化生产成本，并最终实现经济效益最大化。

2. 动态平衡原则

区位选择受到众多因素的影响，从动态与静态的角度来划分，这些因素可分为两类。静态因素包括土壤、地形、气候和矿产资源等，它们主要是自然条件；而动态因素则涉及市场、交通、政策和科技等，这些主要是社会经济条件。由于动态因素不断演变，它们对区位选择的影响应当被给予更多关注。采用辩证法和动态视角来分析影响区位选择的因素，有助于确定科学研究中的关键因素，以便抓住核心问题，并作出合理的区位选择。

3. 统一性原则

区位理论起源于工业化时代的资本主义社会，伴随着劳动分工的扩展而逐步完善，它是经济增长和经济分工的直接结果。自区位理论形成之初，追求经济效益一直是其核心关注点。区位被视为一个开放、多元、不断变化的环境子系统，它要求我们在做出区位决策时，不仅要确保系统内部各部分之间的和谐统一，还要关注系统间的协调一致；不仅要追求经济效益，还要实现经济效益、社会效益和环境效益的和谐统一。

二、生态学原理

自然资源的生成、演变及其应用均嵌入于生态系统之中，并参与一系列的生态进程。洞察自然资源的生态机制是合理认知与有效利用这些资源的基础，因此，自然资源的研究应基于生态学的原理。生态学中关于生物间相互依赖与相互限制、物质循环与再生产、以及物质交换的动态平衡等理论，为自然资源的研究提供了关键的指导。

（一）相互依存与相互制约规律

相互依存与相互制约，反映了生态系统内各生物间的协调关系，是构成生态系统的基础。生物间的这种协调关系主要分为两类：①普在生态系统中，生物间的相互依存与制约关系至关重要，这被称为"物物相关"的规律。具有相同生理和生态特性生物，会占据与之相适宜的小生境，形成生物群落或生态系统。不仅同种生物之间存在相互依存、相互制约的关系，异种生物（系统内各部分）之间也存在这种关系，不同群落或系统之间同样存在。这种影响有直接的，也有间接的；有些立即表现出来，有些则需要一段时间的滞后才能显现出来。②生物之间通过物质和能量的交换建立联系并相互影响。每个物种在食物链中都有一个特定的角色和功能。生物种类之间存在相互依赖和制约，共同进化。被捕食的生物为捕食者提供生存必需品，同时也受到捕食者的控制；同样，捕食者也受到被捕食者的影响。这种相互依存和相互制约的关系使得整个系统或群落成为一个协调的统一体。或者说，系统中的生物种群都维持在一定的数量水平上，即它们的大小和数量之间存在某种比例关系。生物之间的相互促进和相互制约有助于维持生物数量的相对稳定，这是生态平衡的一个重要的组成部分。

（二）物质循环与再生规律

生态系统中，植物、动物、微生物和非生物成分通过能量的流动进行相互作用。能量在不断地从自然界摄取并转化为新的复杂物质，同时又随时分解为简单物质，成为生态系统的营养成分。然而，在能量沿着食物链转移的过程中，大部分能量会转化为热量而散失，通常只有约 1/10 的能量能够转移到下一级生物体内。这种能量的利用率仅为1/10，造成了剩余的 9/10 的能量损失。人们通过绘制食物链和食物网中各级生物的生物量，绘制成图并与其形状进行比较，发现它与埃及金字塔相似。因此，人们将这种能量的传递规律称为"能量金字塔定律"。这个定律描述了能量在生态系统中的流动和转化过程，以及能量利用率的问题。

（三）物质与能量输入输出的动态平衡规律

对于一个稳定的生态系统，物质的输入与输出始终保持平衡。任何不适当的输入与输出，无论是过少或过多，都可能破坏生态系统的平衡，导致变化，如养分不足或富营养化等。

（四）相互适应与补偿的协同进化规律

生物与它们所处的环境之间存在相互影响的过程。生物能够对环境产生影响，而环境同样能够影响生物的进化和成长，例如土壤的形成过程当中生物的作用以及土壤对生物成长发育的影响。

（五）环境资源的有效极限规律

在任何一个生态系统中，生物依赖的各类环境资源，无论是质量、数量还是空间分布、时间变化，都存在着一定的约束。因此，生态系统的生物生产力通常会有一个相对固定的上限。每个生态系统都能承受一定程度的外来干扰，但这种忍耐是有限度的。一旦外来干扰超出这个限度，生态系统可能会遭受损害、破坏甚至崩溃，例如草原过度放牧、森林过度采伐以及过度捕鱼等行为。

三、经济学原理

（一）稀缺性理论

在现代微观经济学中，自然资源的稀缺性是一个核心的概念。对于人类而言，自然资源既是至关重要的，又是有限的。正是因为这种有限性，我们面临着如何高效地分配和使用自然资源的挑战。自然资源的分配方式可以大致划分为两大类。

①市场配置，这就是以市场为基础的自然资源配置方法。其倡导由市场来决定价格和进行自由交易，重视效率和竞争中的优胜劣汰。市场分配机制得到了古典经济学、新古典经济学和公共选择理论等经济学派的青睐，它们主张资源配置应以提高效率为首要原则。

②政府配置，即政府发挥宏观调配的作用对资源进行配置。通常采用管制手段，如许可证、配额、指标、投标等。这一理论逐渐被越来越多的国家和政府采纳，成为加强宏观调控的重要理论依据。

制度经济学将自然资源和生态环境视为有限的、公共的自然福利资产，因此主张将这些资源融入社会发展和经济循环中，并主张它们应参与定价和分配过程。它呼吁纠正生产的社会成本与个人收益之间的不对等，推动外部成本的内部化，以达到经济增长、自然资源供给和生态环境之间的一致，从而实现了社会福利的最大化和公平。

（二）外部性理论

外部性是外部经济性（Economic Externality）、外部不经济性（Diseconomic Externality）的简称，其核心思想是指经济行为的成本或收益向经济行为以外第三方的溢出，即外部性是一个经济人的行为对另一个经济人的福利所产生的影响，或者某一经济人的行为影响了其他经济人的生产函数和成本函数，其他经济人无法控制这种影响。外部性存在于多种形态，其中一些表现为正面的（即收益外溢），被称为正外部性；另一些则表现为负面的（即成本外溢），被称为负外部性。正外部性指的是某个经济行为为其他经济主体带来了利益，而这些利益获得者无需支付任何费用。相反，负外部性指的是某个经济行为对其他经济主体造成了损害，而行为者无需为此负责。通常，研究更多地关注负外部性的影响。由于外部性的存在，自然资源的配置效率受到损害，导致难以实现帕累托最优状态。自然资源的开发利用对不同代际有着不同影响，既有对当代社会福利的即时影响，也即"代内影响"，同样也有对未来社会福利的潜在影响，即"代际影响"。其负面的外部效应包括能源的枯竭、自然资源的损耗和浪费、环境污染的加剧以及生态平衡的破坏等。这些问题不仅可能使经济增长和发展达到极限，还可能威胁到人类的生存。资源开发利用中的外部性主要是负面的，这种外部影响不仅不可逆转，而且具有持续性，当代的外部负面效应往往会导致后代也面临类似的负面影响。

（三）科斯的产权理论

经济高效率的产权应该具有以下的特征：①明确性。该制度体系应当全面涵盖财产所有者的各项权利，并且规定当这些权利受到限制或破坏时，应当实施相应的惩罚措施。。②专有性。它使所有报酬和损失都直接与责任人相联系。③可转让性。这些权利可以被引到最有价值的用途上去。④可操作性。明晰的产权制度有助于有效地处理外部不经济问题，即那些导致社会成本高于个人成本的活动，如对环境的负面影响，而行为者并未为此承担相应责任。在交易成本较低条件下，即便初始产权界定不够明确，市场交易仍能实现资源的优化配置。因此，可以通过市场机制来解决外部性问题。科斯产权理论的基本观点是，经济活动的顺利进行依赖于制度安排，这些制度本质上是规定人们行为权力的协议。所以，经济分析的首要任务是明确产权界限，并通过产权的交易来实现社会总产量的最大化。

西方的一些学者早在很早之前就开始批判性地审视正统微观经济学和标准福利经济学的基本观点。现代产权理论正是在这种批判性研究的背景下形成的。资本主义市场机制并非像标准福利经济学和传统微观经济学所描述的那样完美。实际市场运行存在着一些缺陷，其中一个主要的缺陷是外部性。外部性的根源在于企业产权的界定不明确，而这种模糊的产权界定又会导致交易过程中的摩擦和障碍。这些摩擦和障碍严重影响了企业行为和资源配置的结果。因此，在研究市场行为者追求利润最大化时，产权必须被纳入考虑范围，而不能简单地排除在分析的范围之外。

自然资源的产权概念可以从宽泛和狭义两个层面来解读。宽泛层面上，它涵盖了保护自然资源价值特性的一切权利，这包括了资源的债权和物权。资源的债权是指权利主体有权处理资源，从而使自己或与之有债务关系的他人获得利益或者遭受损失。狭义上，资源产权等同于资源债权。这里的"债"不仅仅是指传统的借贷关系，而是指通过合同、侵权行为等产生的各方之间的权利和义务。资源的物权则是指权利主体对资源拥有占有、使用和处置的权利，可以进一步分为自物权和他物权。自物权是权利主体对自己拥有的资源的权利，而他物权是权利主体对他人的资源的权利。债权是针对特定人的权利，其权利和义务的主体都是具体的个人，通过个人的选择来设立。物权则是对所有人的权利，其权利主体是特定的个人，而义务主体则是所有其他人，包括权利人以外的所有人，它是通过公共的选择来设立的。资源产权通常是复合的，以一组权利（或一个权利集）的形式存在。内容包括：①资源使用权，即在权利允许范围内以各种方式使用资源的权利；②资源收益权，即直接从资源本身或经由与资源有关的契约关系从别人那里获取利益的权利；③资源转让权，也就是通过租赁或销售的方式，把关于资源的使用权转让给他人的权利。这些权利可以进一步划分，例如，一片水域可以用于航行、捕鱼和灌溉等多种用途，因此其使用权可以细分为航行权、捕鱼权和灌溉权等。资源产权的界定形式有：①私有产权，指的是那些被明确赋予给某个特定个体的资源产权，产权持有者有权自由地行使这些权利，并防止其他人对同一资源行使相同的权利；②社团产权，指的是赋予某个集体内每个成员的资源产权，集体内的成员都有权对该资源行使相应的权利，不会阻止其他成员同样行使这些权利，但这种权利排除了集体外成员对集体内任何成员行使这些权利的干扰；③集体产权，这指的是赋予特定集体组织的资源产权，这些权利需要由该集体组织以某种集体决策方式来确定如何行使，任何个人成员不得擅自行使；④国有产权，这描述了一种特别的集体所有权，其中相应的集体组织是国家。对于同一资源，可以采用不同的方式来定义不同的产权形式；例如，在中国的现行制度下，耕地的所有权属于集体，而使用权则可能被视为私有的。资源产权的核心作用是通过建立制度框架，来推动外部性的内部化，从而约束人们获取和利用资源的无效率行为。确立产权首先鼓励人们以合作而非冲突的方式解决他们对有限资源需求的争议，降低资源流转中的交易成本，提升资源配置的效率；其次，它为资源交易提供了合理的预期，激励人们规划长期经济活动，对资源进行投资、保护和节约，保证资源的有效利用。资源产权反映了人们对资源合理利用和保护的集体行为共识。维护这些关系的社会机制包括最高政治权力的法律支持、价值观念和习俗法，以及国家或其代理机构制定的法律法规。

四、物理学原理

物理学的多个原理为自然资源的研究和应用提供了理论支撑，比如惯性原理和能量守恒定律等可被用于自然资源的研究与利用。在自然资源被转化为人类生活资料并带来经济效益、生态效益和社会效益的过程中，如果这一过程得到合理利用，即不存在"阻力"，那么它可以持续无限地进行。反之，如果处理不当，这个过程最终会减缓甚至停滞。因此，人类在开发利用自然资源时应采取生态和长远的视角，尽量减少过程中的"阻力"，以实现自然资源的持续使用。

热力学第一定律，即能量守恒定律，为自然资源研究提供了理论基础。在资源、生态和经济构成的系统中，自然资源可以用不同形式的语言能量来表示，能量在转换过程中其总量保持恒定。基于这一原则，我们可以充分挖掘每种资源的特性和能量效率，开展资源间的互补和替代研究。

五、自然节律原理

自然节律描述了自然地理和生物现象随时间变化的有序性，主要受水热条件的变化影响。自然资源的变化显示出明显的周期性，尤其是在生物圈资源中。为了有效地利用自然资源，并在适当的时间和地点实现最大化的利用，以及预测自然资源利用的未来趋势，了解自然资源的自然节律至关重要。因此，自然节律成为自然资源研究中一个关键的基础理论。

德国生态学家汉斯·萨克塞（Hans Sachsse）提出，自然界在农民眼中几乎成为了效仿的典范，它揭示了人生的模式。生物学观点认为，生物节律是生物为了适应外界环境的周期性变化而形成的。外部环境因素可以调节这些节律，使它们的周期与外部环境的变化相协调。生物为了在自然选择和生存竞争中生存，会调整自己的活动节律，以便在能量获取最有效的时刻进行活动。只有当生物能够及时且准确地将自身的节律与外部环境的周期变化同步时，它们才能确保获取足够的能量来维持生命和物种的繁衍。人类凭借其严格的节律性，能够高效地获取能量，规避风险，从而达到最佳适应性。

六、管理学原理

管理自然资源的目标和任务在于合理地分配和使用有限的资源，促进高度专业化的社会分工，并构建有效的社会生产力。中国面临着相对不足的自然资源供应，加之产业结构的特定因素，导致了单位产值比较高的资源消耗。

（一）系统原理

系统原理涵盖了整体性、动态性、开放性、环境适应性和综合性等原则。整体性原则强调系统中各部分之间的关系以及它们与整体的关系，要求局部利益服务于整体，以实现整体的最优效果。动态性原则则指出系统作为一个持续变化的实体，其静态状态是暂时的，而变化是永恒的。系统不仅作为一个功能实体存在，也作为一种持续的运动和变化而存在。开放性原理强调所有有机系统都是耗散结构，需要和外界不断地交换物质、能量和信息以维持其生存。环境适应性原理指出，系统必须与周围环境建立多种联系。一个能够与环境有效交流物质、能量和信息的系统能够保持最佳适应性，显示出生命力；反之，不能适应环境的系统则显得缺乏生命力。综合性原理涉及将系统的各个部分、方面和因素综合考虑，以探究它们之间的共性和规律性。

（二）人本原理

人本原理主张在管理实践中以人为中心，维护人的权益，重视人的积极性和创造性，以促进人的全面和自由成长。其核心理念是"尊重人在管理中的主导地位和功能，促进人性的充分发展是现代管理的核心，而服务人是管理的根本宗旨"。人本管理强调将员工置于管理的中心，把组织成员视为管理的主体，关注如何最大限度地发挥组织内部人力资源的潜力，为组织的利益相关者提供服务，同时实现组织目标和员工个人目标。人本管理是一种管理理论和实践的集合，旨在通过重视人这一要素来实现组织的有效管理。

进行人本管理必须：①建立激励机制。管理学的激励理论可以划分为三类：内容型激励理论、过程型激励理论、行为改造型激励理论。②组织文化建设。组织文化是组织成员共有的价值观体系，它为组织带来独特性，使之与其他组织区别开来。组织文化的起源通常可以追溯到组织创始人的经营哲学。员工的招聘、现任高层管理者的行为、以及组织的社会化过程等都是维持组织文化的重要因素。组织文化通过多种方式传达给成员，包括故事、典型人物、仪式、物质标志和语言等。

以人为本的管理方法是极其丰富且形式多样的，可以归纳为目标管理、企业文化建设、工作轮换、工作扩大化和工作丰富化、思想教育工作、权变领导等方面。

目标管理有以下几个突出的特点：①强调个人与事业的共同发展；②体现参与管理；③实行自我管理；④充分授权；⑤注重成效。

企企业文化企业在长期运营中塑造的管理理念、模式、价值观、精神、个性、道德标准、行为规则、制度以及习俗等的集合。在以人为核心的管理模式中，培育企业文化有助于营造一个和谐、积极、学习创新、道德高尚和团结协作的工作环境。这样的环境能够激发员工充分发挥其智力与才能，在提升个人素质的同时实现自我价值，并助力企业的持续成长。

工作轮岗允许员工在不同职位上施展才华，工作扩展涉及增加工作职责以提升员工的参与感，而工作充实则通过提供更具挑战性的任务来增强员工的工作成就感。这些管理策略均体现了以人为本的理念，旨在拓展员工的知识和技能，激发创造力，鼓励员工承担更多责任，并且为员工提供成长和展示才能的机会。

权变领导强调在领导方法上要充分考虑人的重要性和个体间的差异，以及所处的不同环境，实施适应性领导，以应对任务和权力的挑战。其核心在于灵活调整领导风格，以克服潜在的不利因素。

（三）责任原理

明确每个人的职责，合理设计职位和委授权限，奖惩要分明、公正而及时。

（四）效益原理

组织的存续和成长直接受到效益高低的制约。因此，管理者在制定效益观念时，应确保经济效益和社会效益的统一，并力求对效益进行客观和公正的评估。

（五）伦理原理

一个组织要想维持足够长的生命力，不仅需要遵守法律，而且还需要遵守伦理规范或讲究伦理。

七、行为学原理

行为科学是一门采用自然科学的实验和观察手段来探究人类行为以及部分动物行为，在自然和社会环境中的科学。它的研究重点涵盖了个人的心理状态、团体动态、领导风格以及组织运作等方面。个人行为研究涉及人的心理构成，如知觉、思维模式、归因、动机、性格、态度、情感、能力和价值观等，并探讨这些因素与人的需求、兴趣和目标实现之间的关联。群体行为研究则关注群体特性、群体内部和外部的心理与行为、人际关系、信息交流、群体对个体的影响以及个体与组织间的互动。领导行为的研究内容包括领导职责与素质、领导行为模式、领导情境理论，并且强调将领导者、被领导者和环境视为一个整体进行综合分析。组织行为的研究领域还包括组织变革策略、变革理论与成效评估、工作生活质量、工作扩大化与丰富化、人际和环境的合理配置、行为评估方法以及现代信息技术在管理中的应用等等。

激励理论是行为学的基础和核心，包括内容型激励理论和过程型激励理论。

（一）内容型激励理论

1. 马斯洛的"需求层次理论"

马斯洛提出了一个五级需求层次结构，包括生理需求、安全需求、社交需求、尊重需求和自我实现需求。生理和安全需求被视为基本需求，位于需求层次的较低级；而社交、尊重和自我实现需求则是在基本需求得到满足后出现的高级需求。生理需求，包括对食物、水、空气和住房的需求等，是人的最基本的需求。

安全需求，是指对于安全稳定、无忧虑和一个有结构、有秩序的生存环境的需求。

归属需求，所述需求涉及对人际互动、情感联结、浪漫关系、亲密友谊以及同事间友好相处的渴望，同时也体现在对职场中建立联系、开展合作以及增进新社交联系的机会的追求。

尊重需求，人们普遍追求他人的尊重、自我尊重以及对他人的尊重。个体希望得到认可，并从事那些能够带来成就感、被接受感和自我价值认同的职业或兴趣活动。

自我实现的需求构成了需求层次结构的顶端。其涉及到个体最大限度地发挥自己的潜能、展现才华和情绪的渴望。

2. 麦克利兰的"成就激励理论"

麦克利兰的"成就激励理论"的主要观点是：在满足了基本的生理需求之后，人的需求可以归纳为对权力的追求、对友谊的渴望以及对成就的追求。权力需求体现在个人对控制和影响他人的追求，这一需求在不同发展阶段有不同的表现，从依赖他人到独立自主，再到控制他人，最后可能回归到自我隐退。友谊需求支持权力的实现，权力的失落也可以通过友谊来弥补。成就需求则是指向追求具有挑战性的目标，激发全力以赴的精神，刺激情绪的高涨。

成就激励理论着重于识别和培养成就需求，这有助于扩展马斯洛关于自我实现需求的观点。对于管理者来说，这个理论能够有效识别具有成就潜力的人员，并帮助他们提高下属的成就需求。

3. 赫兹伯格的"双因素理论"

赫兹伯格的双因素理论主张，某些因素能够带来满足感，而其他因素只能消除不满足感。前者可被称为激励因素，后者则被归类为保健或环境因素。

激励因素是指能够激发和提升个人积极性的因素，主要包括工作本身的吸引力、社会责任的承担、社会认可、成就、发展与进步等方面。而保健因素则主要指那些能够防止人们产生不满情绪的因素，相当于马斯洛所描述的低层次需求，比如工资、安全、福利、住房、交往、工作条件和人际关系等。

（二）过程型激励理论

过程型激励理论主要关注激励的心理过程以及行为的指向和选择，它研究行为的产生、发展、保持以及结束的整个过程。此理论包括期望理论、目标设置理论和公平理论等，重点探讨行为产生、发展和变化的原因。

1. 目标设置理论

目标设置理论是从行为的目的性角度出发，为行为动机研究提供了理论依据。该理论进一步发展了目标管理方法，强调目标的激励作用。目标能够将人的需求转化为动机，并指导个人的行为方向。同时，通过与既定目标相对照，人们可以及时调整和修正自己的行为，从而实现目标。

这一理论的核心观点包括：在工作能力允许的范围内，工作的目标难度与工作水平之间存在正向联系，即目标越具挑战性，个人会投入越多的努力并保持持续性；相较于无目标的情况，清晰且具有一定难度的工作目标更能促进效率和业绩的提升；为确保目标设定的有效性，需要定期提供绩效反馈，因为这有助于个人调整努力程度和工作方法；合适的激励措施能够增强目标设定的效果；目标设定理论适用于不同教育水平、年龄层

和文化背景的人群。

2. 公平理论

这一理论的基础要点在于：员工的积极性不仅与其实际获得的报酬量有关，还与他们对于报酬分配的公平感知更为相关。人们会不自觉地将自己所投入的努力和所获得的回报与他人进行比较，并判断这种比较是否公平。此种公平感直接影响着员工的工作动机和行为。因此，激发动机的本质过程是人们之间进行比较，对公平性进行判断，并以此为依据来指导他们的行为。

公平理论提出的基本观点是客观存在的，但公平本身却是一个相当复杂的问题，这主要有下面几个原因：

第一，与个人的主观判断有关。无论是自己的还是他人的投入与回报，都是个人感知的结果。通常情况下，人们倾向于高估自己的投入，同时低估他人的投入；对于自己的回报，人们往往持低估态度，而对别人的回报则倾向于高估。

第二，与个人所持的公平标准有关。衡量公平标准的方式因个人而异，常见的有基于贡献比例、需求满足度和平均分配等观点。

第三，与绩效的评定有关。他们主张根据绩效给予相应的报酬，并认为各岗位之间的报酬应相对均衡。然而，如何衡量绩效呢？是依据工作成果的数量和质量，还是基于工作中的努力程度和付出的劳动量？或者按照工作的复杂程度、困难程度？或者根据工作能力、技能、资历和学历？不同的评价标准会产生不同的结果。最佳的选择应该是基于工作成果的数量和质量，采用明确、客观、易于核实的标准进行衡量。然而，在实际工作中，这往往难以实现，因此有时不得不采用其他方法。

第四，与评定人有关。绩效的评定者应当是公正的第三方，但不是组织内部的领导者、群众或员工本人。由于评定者往往不是同一人，因此在同一组织内往往会出现松紧不一、回避矛盾、姑息迁就、抱有成见等现象，这些现象可能导致绩效评定出现不公平的情况。

然而，公平理论提供了几个关键的启示。首先，激励的效力不仅取决于报酬的实际数额，而且取决于报酬的相对比较。其次，为了有效激励，应该努力实现公平，即使存在主观判断上的偏差，也应该尽量避免造成强烈的不公正感。此外，激励的过程中应当关注激励对象的公平心态，帮助他们建立正确的公平观念：一是要理解绝对的公平是难以实现的；二是避免无谓的比较；三是不要仅仅因为报酬而工作，因为这样的心态可能会导致公平问题的恶性循环。

为了减少员工的不公平感，企业常常采取多种措施，在组织内部营造一种公平和合理的环境，从而让员工感受到主观上的公平。例如，某些企业实施薪资保密政策，防止员工之间得知彼此的薪酬和福利对比，以免引发不公平的感觉。

第二节 自然资源研究的基本方法

自然资源科学研究对象的范围虽然明确，但其研究内容却十分广泛。许多资源的特定领域已经由其他学科涵盖。自然资源学通过整合其他学科中与资源相关的研究内容，形成了独特的学科领域，具有极高的综合性。所以，自然资源学是一门横断科学，其研究方法也因此变得较为复杂。

一、自然资源研究的传统方法

探索自然资源研究的基础理论让我们明白，地理学、生物学、物理学等学科的一些研究手段可以被直接用于自然资源的探索。自然资源学传统的研究手段包括地理分区、经济分析、数学技巧、实地考察及观察实验等方法。

（一）地理区划法

地理区划法是指根据特定原则，对一定区域进行自上而下的划分，包括自然区划和经济区划。我国学者在经济区划方面进行了大量研究并取得了显著成果。

根据经济区划所涉及的经济活动范围，可分为综合经济区划和部门经济区划两大类。对于所有经济活动，如工业、农业、交通运输业等进行区划的，称为综合经济区划。而针对某一特定经济部门进行的区划，则称为部门经济区划。部门经济区划包括工业区划、农业区划、林业区划等流通方面的区划有货流区划、供销区划等。

经济区划具有四个主要特性：①客观性。经济区划是对客观经济现象主观刻画，它体现了人们对于经济区域的理解和科学分析。经济区是基于经济活动在空间上的实际分布和联系所形成的区域实体。其中，涵盖所有经济活动的称为综合经济区划，而专注于特定经济领域的则被称为部门经济区划。综合经济区划和部门经济区划都旨在揭示不同经济活动在空间上的差异和联系。在进行经济区划时，必须摒弃任何非科学的个人主观意识和本位主义、地方保护主义的影响，力求真实地反映经济区的本质特征。经济区划的进行需要遵循一致的原则和标准，这些原则和标准的有效性是判断其科学性的核心。存在一些观点过于强调经济区划的主观方面，而忽略了其应准确反映客观实际的重要性。这种看法可能会对提高经济区划的科学性产生负面影响。②区域性。经济区划涉及将特定的地理空间划分为若干具有特定特征的区域。这些区域是地球表面的一个组成部分，具备一定的面积、明确的界限，并且可以在地图上标示和测量。区域的界限可以通过经纬度线条或者其他地理特征来确定。不同区域之间存在空间上的相对位置、排列和方向联系。因此，经济区划的过程包括确定区域的界限。那些边界不固定、具有伸缩性或无法在地图上准确绘制的区域，不符合严格意义上的经济区划。③全面性。经济区划是对被划分的地域进行全面划分，包括不重叠性和全覆盖性两个要求。不重叠性即指一个地区不能同时被多个区域所包含，即不存在重叠现象；全覆盖性则要求确保区域划分能够全面覆盖相关地域，不应有任何地区被遗漏。④层次性。经济区划呈现出层次结构。对于特定的地域单元，可以将其划分为一级经济区、二级经济区、三级经济区等多个层次。每个高层次的经济区是由多个低层次经济区有机组成的整体。当这些低层次经济区结合成高层次的经济区时，会形成新的特质并展现出新的特性。因此，不同层次经济区划分的原则和标准是不同的。

综合经济区划的原则：①生产地理分工原则。综合经济区是生产地理分工的结果。每个综合经济区都应该具备特定的专业化部门，这些部门成为区域内经济活动的主要推动力。生产地理分工原则是制定综合经济区划分的基础。②经济的整体性原则。综合经济区内部的经济活动构成了一个相互关联的整体，它们以专业化部门为核心，发展出一系列相关的产业，并通过交通网络紧密地相互连接。这种整体性并不是指封闭或追求"大而全"，而是为了推动专业化部门的发展。如果一个区域内没有统一的交通网络，导致内部经济活动分别与外部联系，那么就难以形成一个完整的综合经济区。③统一的经济中心。综合经济区通常需要一个或多个强大的经济中心，这些中心通过交通网络与区域内的其他部分相连。所以，综合经济区划分与中心城市的作用发挥是相辅相成的。④与行政区协调一致原则。行政区在经济发展的过程中扮演着重要的角色。当行政区与经济区相一致时，行政区能够发挥其经济职能，即行政经济区。⑤发展方向一致性原则。综合经济区划不仅需要指导当前的经济增长，还应规划未来的经济活动，这就要求经济区划具有一定的前瞻性。随着自然资源的开发、经济的进步以及交通网络的改善，某些地区的经济联系和发展的方向可能会经历各种转变。因此，综合经济区划必须能够适应这些变化。

（二）经济比较法

经济比较法在商品生产、消费和流通研究领域应用广泛，其核心目标在于寻找实现最高经济利益的道路，同时这种方法也适用于自然资源领域的研究。作为一种定性研究手段，经济比较法通常基于一系列技术经济指标来评估不同方案的经济效益，并从中挑选出最佳方案。例如，它可以通过比较单位面积上的投资成本与产量或收入，以及计算生产单位产品所需的劳动时间或费用，来评价不同方案的优劣。

（三）数学方法

数学工具如数理统计、线性规划和动态预测等技术，不但推动了自然资源研究向定量分析的转变，而且使得资源的研究、开发和利用能够通过优化和预测得到有效实施。

数理统计作为数学的一个重要分支，以概率论为基础，通过统计学的方法对数据进行深入的分析和研究，以揭示其概念和规律性。数理统计的主要研究对象是随机现象中局部与整体之间的联系以及各因素之间的相互关系。在实际应用中，它利用样本的平均数、标准差、变异系数、检验推断、相关、回归、聚类分析、判别分析等统计量计算，对实验和调查数据进行分析和研究，从而得出所需结果。这是一种科学且实用的方法。

这一方法主要有两方面的应用：①试验的设计和研究，也就是研究如何更合理、更有效地获得观察资料的方法；②统计推断，即研究如何利用一定的资料对所关心的问题作出尽可能精确可靠的结论。

线性规划是一种用于确定多变量决策问题的最优解决方案的技术。该方法涉及在多个相互依赖的变量约束下，优化一个线性目标函数，目标是实现最大化的效益或最小化的成本。这种技术适用于在有限的人力、物力和财力资源下，如何分配这些资源以实现最大的经济或其他形式的收益。当资源的限制或约束条件可以表示为线性方程或不等式，并且目标函数也是线性的时，线性规划提供了一种解决问题的途径。目标函数反映了决策者希望实现的目标，通常用最大化或最小化符号来表示。约束条件则是实现目标时所面临的限制，由一系列线性方程或不等式来描述。线性规划被视为决策过程中的一个静态最优化的数学工具。

运用线性函数规划法建立数学模型步骤是：第一，确定影响目标的变量；第二，列出目标函数方程；第三，找出实现目标的约束条件；第四，找出目标函数达到最优的可行解，即该线性规划的最优解。

二、自然资源数据库

数据库的出现及广泛应用，是计算机技术水平提高的一个重要标志。

随着计算机技术的进步，数据库技术也得到了快速发展。除了文献和管理类型的数据库，各种专业性的数值型数据库也陆续被创建并不断完善，显示出其越来越多的优势。自然资源研究是一个新兴的学科领域，具有广泛的外部联系和高度的综合特性，这些特性为数据库技术的应用提供了良好的基础。在自然资源研究领域，数据库技术的应用主要体现为建立资源数据库，通过计算机存储关于资源在不同时间和空间范围内的质量、数量以及社会经济相关信息，从而实现对自然资源数据的有效和严格管理。这对于推动自然资源学科的进步和解决国家经济发展中的实际问题都具有至关重要的意义与作用。

（一）建立自然资源数据库的必要性

1. 建立自然资源数据库可以提高数据利用效率，减少重复劳动

科研人员通过多种途径和手段收集大量资料，经过手工处理后形成考察报告、图件和表格。在加工处理过程中，经过多次筛选，只有一小部分资料和数据被用于正式出版的报告、图件和表格，大部分积压或散失。如果资料收集者本人继续进行深入研究，可能会再次使用这些积压资料；然而，其他部门、专业或个人无法利用这些资料，他们必须重新收集资料，重复他人的劳动。这种资料的积压或者散失是一种巨大的浪费，重复他人的劳动也是一种巨大的浪费。建立自然资源数据库可以实现资料的完整存储和共享，同时不断更新过时的、无用的资料，这将大大减少浪费现象。

2. 建立自然资源数据库可以使资料数据系统化

在自然资源的综合研究、开发与应用过程中，资源与环境、资源与经济以及各类资

源间的相互作用极为复杂。利用数据库技术能够有效地分析多种因素在不同组合下的状态和动态变化。例如，对于我国生态系统变化的研究，如果没有全面的数据支持，仅依靠主观感觉和经验，将难以准确揭示生态环境变化的规律。通过建立自然资源数据库，可以将长时间内的资源利用和环境变化信息进行系统性存储，从而有助于发现生态环境演变趋势，实现对变化的科学预测和合理管理。自然资源数据库中储存的完整资料可以帮助科研人员了解科研动态，据此确定研究方向，进一步推动自然资源学科的进步。

3. 建立自然资源数据库可以加快数据处理速度

如果自然资源考察研究工作仅依赖于人工操作和现场调研，其速度将缓慢、周期将漫长，这难以满足国家国土开发和国民经济快速发展的需求。通过构建自然资源数据库，可以定期地收集、储存和处理大量数据。当需要时，只需进行少量的补充调查和实地核验，即可将数据投入应用。特别是在自然资源数据库中，已有的应用程序系统能够根据用户需求迅速处理数据，为国土开发和长期规划的制定提供了及时、科学的参考依据。

（二）自然资源数据库的建库目的

自然资源数据库的主要作用是为自然资源研究机构、国土整治决策机关提供数据信息储存和处理服务，为国土开发整治、资源利用和保护提供科学依据，并为自然资源学科研究提供素材。该数据库的用户包括各级国土整治决策机关（如国家计划委员会国土局和各省级行政单位的国土处）以及自然资源及其他国土资源研究机构。该数据库的服务对象既包括研究性用户，也包括生产性用户，无论是自然资源学科研究还是自然资源的开发利用，都以单项或综合的自然资源为研究对象。目前，已建立或准备建立的单项资源库涵盖土地、森林、草场、矿产等资源，这对于每一项资源的深入研究和合理利用是必要且有益的。自然资源数据库并非单项资源数据的简单叠加，它并非替代单项资源数据库的作用，但与各单项资源数据库有着密切的信息交换关系，可为各种自然资源的研究和利用提供综合性数据。所以，自然资源数据库具有独特作用，主要是为自然资源综合研究和综合开发利用提供支持。

（三）自然资源数据库的功能和系统边界

1. 自然资源数据库的功能

自然资源数据库的功能主要是提供以下信息：①全国（或分行政区、经济区、自然地理单元）各类资源的分布图、统计表或数字；②全国（或分区）已利用的资源的图、表或数字；③全国（或分区）未利用的资源及其潜力的资料；④资源平衡表；⑤在特定的经济资源条件下，为拟建设地区提供若干个可供选择的综合开发整治最优的方案；⑥为拟建设地区提出若干个供选择的工农业生产布局方案或工农业内部结构方案；⑦一个自然地理单元（如山脉、冲积扇、河流流域或盆地等）不同年代生态环境的状况、演变图表或数字；⑧全国（或分区）生态环境的预测；⑨一个地区采取治理保护措施后自然资源及生态环境的演变，从而评定治理措施的优劣。以上功能全部实现汉字终端输入、输出，以便于用户使用。

2. 自然资源数据库的系统边界

自然资源数据库的系统边界主要取决于其数据收集的广度及深度。国土工作的区域性、综合性和战略性特点决定了其数据需求广泛且丰富，但同时也不能过于深入或专业。自然资源数据库选取了全部自然资源实体作为系统内容，包括可更新资源（如气候资源、水资源等）和不可更新资源（如煤、铁、石油等各种矿产资源），这些实体集在数据库中被称为数据集。这一范围决定了自然资源数据库数据收集的广度，同时也体现了地域广阔的特点，收集的数据涉及全国范围内的自然资源。对于数据收集的深度，则相对难以确定。首先，自然资源科学作为一个新兴的交叉学科，其数据库涉及到的实体集，如土地、水、气候、森林、矿产资源等，通常由不同的学科领域负责。其次，由于这些实体集各自都有专门的管理机构（如农业农村部、林业和草原局、水利部等），自然资源数据库没有必要也不可能将所有这些实体集的详细属性全部纳入数据库中。为了实现数据库的多功能性，应当根据需要选择相关的数据项（即属性的抽象概念）；在设计数据库系统时，应当避免将与应用无关的属性包含为数据项。因此，对资源属性的选择应设定一定的范围，这样既确定了数据收集的深度，也保证了数据的适用性和相关性。

（四）自然资源数据库的支持系统和概念模型

1. 自然资源数据库的支持系统

计算机系统是数据库运行的基础平台，包括硬件和软件两个部分。数据信息存储在具备高储存能力的硬件设施中。电子计算机具备庞大的存储空间和多样的输入输出设备，适用于脱机或联机操作。资源数据库的信息储存通常采用多层次的存储结构：主存储器（即计算机的内存）用于存储核心的系统软件，磁盘作为辅助存储设备，可以直接与主机交换数据，而大型的磁带库则用作备份存储。数据库所涉及的软件组件包括但不限于编程语言及其编译器、应用程序、数据库管理系统（DBMS）以及操作系统等等。

2. 自然资源数据库的概念模型

自然资源数据库系统由多个子系统构成，每个子系统内又包含多个实体。对于每个实体，需要选取特定的相关属性，并且实体间存在特定的联系。将自然资源系统的所有实体、关系和属性通过文字或图形描述出来，构成数据库的概念模型。为了构建这一概念模型，首先需要绘制出初步的实体关系图。通过规范化处理来消除数据和联系的冗余，并在用户反馈的基础上对图进行多次修改，最终形成一个基本的实体关系图。在实际构建数据库时，需要为每个子系统绘制实体关系图，并详细标记所有关系和实体的值类型及属性。完成概念模型设计后，才能进行逻辑设计和物理设计，从而确定数据库数据的广度和深度。显而易见，概念模型设计是构建自然资源数据库的关键基础工作。

应当明确，自然资源数据库在满足国土规划和管理的需要的同时，还能作为科研人员研究自然资源的有力工具。然而，其并不能完全替代复杂的研究工作。

中国科学院地理科学与资源研究所负责建立了中国的自然资源数据库，这是一个涵盖资源、环境、人口和社会经济等领域数据的集成系统。该数据库收录了包括水资源、土地资源、气候资源、生物资源、自然灾害、环境治理、人口、劳动力以及社会经济等多个方面的数据，旨在为地球科学、资源环境科学的研究人员、管理决策者以及其他相关从业人员提供数据支持。根据数据的存储形式，数据库中的数据可以分为属性（数值）数据、空间（矢量和栅格）数据以及图形图像数据。

三、系统分析方法

（一）系统分析的特点

1. 多学科

系统分析专注于研究复杂的系统，这些系统通常涉及多个学科领域。例如，在进行自然资源的系统分析时，研究者需要融合土地资源、生物资源、水资源、能源等领域，以及环境科学、生态学、气候学、地质学、社会学、经济学等学科的理论、概念和数据。在进行综合分析时，还会运用数学、经济学、控制论、计算机科学等学科的方法。所以，开展系统分析工作需要来自不同学科的专家共同协作。这些专家需要将各自的专业知识集中于共同的目标，并且理解其他学科的知识，这是成功协作的重要前提。

2. 多方案

系统分析者的职责是为决策者提供针对特定问题的多种潜在解决方案，并通过对比分析明确每个方案的优势和劣势，以便决策者做出选择。在系统分析的过程中，最优化方法被广泛应用，但需要注意的是，"最优化"通常是在一定条件和限制下的最优解。由于这些条件和限制可能随时间变化且往往存在不确定性，所以系统分析者需要提出多种方案供决策者挑选。

3. 定量和定性方法相结合

系统分析方法广泛使用数学模型和各种数学技术。然而，并非所有系统组件都能量化，例如，资源和环境政策的执行效果往往难以完全通过数字来衡量。系统分析的核心在于将定量和定性分析相结合，这种综合方法促进了系统分析的普及和应用。

4. 系统分析工作能促进专业学科的发展

系统分析不仅仅是多个学科的简单融合，它不仅要求遵循所涉及学科的学术规范，而且常常探索这些学科尚未涉足的新领域，特别是在不同学科的交界处。因此，系统分析既依赖于多学科的有力支撑，又在实际工作中推动了相关学科的进步。这也是系统分析领域越来越受到专业科学家关注的原因之一。

（二）系统分析的工作步骤

系统分析可有不同的研究对象或者系统分析可能处在系统的不同层次上，但是系统分析有着共同的工作方式 —— 研究策略。其工作步骤可归纳为如下几个方面。

1. 确定研究对象

在系统分析的过程中，明确研究目标是最关键的步骤，因为它直接影响到了整个分析的成效。研究目标通常来源于决策者的需求，或者是决策者和系统分析师共同讨论的结果。尽管决策者通常只能提供大致的要求和方向，但精确界定问题的范围则由系统分析师负责。一旦确定了系统的界限和需要考虑的因素，研究目标的复杂性就得以确定。为了不损害系统的核心特性，可以只关注那些关键因素，从而减少不确定性和系统的复杂度。在确立研究目标的初期，专业知识、经验以及定性分析方法扮演着关键角色。随着分析的深入，定量研究和更细致的分析可能会揭示最初设想中的错误，甚至产生新的想法，这可能需要对原先的研究目标和范围进行调整，进而引发迭代过程，这一过程可能会多次重复。

2. 提出解决方案

在确定了研究对象后，我们初步明确了研究的范围和目标，并且开始寻求解决问题的方案。为了提出这些方案，我们需要搜集有关研究对象的信息和数据，并针对如何解决所提出的问题和实现预定的目标，提出多种可供选择的方案。在此过程中，我们需要充分利用不同专业研究者的知识、经验、想象力，提出尽可能多的不同方案。然而，由于数学或基本概念的困难，我们会舍弃一些难以进一步比较的方案。另外，有些方案初看起来可行，但由于无法获得所需的信息和数据而不得不放弃。同时，某些变量可能存在间接数据，因此数据分析前尚未知其存在，但是在分析过程中可能会意外获得。这些都成为提出尽可能多方案的理由。

提出多个比较和分析的方案的根本原因在于系统内部的不确定性因素。以资源—生态—经济系统为例，这个系统中的许多因素之间的因果关系可能尚未完全明了，同时人类行为的不确定性也增加了系统分析的难度。系统分析不仅需要描述和分析系统的当前状况，更重要的是要预测不同决策对未来系统发展的影响，以及系统在未来某一时间点的可能状态。面对这类复杂问题，往往很难确定一个绝对的"最佳"方案，甚至难以确立判断方案优劣的标准。通常情况下，会有多个可行的方案，每个方案都有其优势和劣势。通过比较这些方案，可以缩减可行的选项。要评估和选择方案，需要依赖于后续步骤工作。

3. 构造模型

构建模型并进行数据和假设的测试是系统分析的关键步骤之一。在模型构建过程中，必须对用于模型化的数据进行验证，并确立变量间的数学关系。在建模时，应紧贴既定的研究对象、变量和目标，同时进一步界定问题的范围，以确保模型既满足决策者的需求，又能够提供数学上的解答。

由于现实社会的经济、资源和生态系统的复杂性，以及研究对象层次和地域的多样性，构建模型所需达成的目标也大相径庭。特别是在系统分析和建模理论还在发展中的当下，很难制定出通用于所有情况的建模具体规则。对于任何特定研究对象，确定在特定精度要求下的最佳子模型数量是一项挑战。建模过程通常是在追求复杂性与简洁性之间的平衡。当一个简单模型运行结果大致正确时，研究者可能会尝试增加模型的复杂性以获得更精确的结论。这时，可能会出现两种情形：如果模型精度确实提高，研究者可能会继续构建更复杂的模型；如果模型精度没有改善或有所下降，研究者可能会回归构建简单或更简单的模型。通过这样的多次迭代，最终确定模型的规模。

构造模型包括以下几个步骤：①给出研究对象的文字描述或者文字模型；②列出借助模型描述和解释的系统动态行为的目的；③确定模型的时间水平；④确定必需的变量；⑤确定系统的结构，将实际存在的因果关系和反馈关系概念化；⑥估计模型参数，将因果关系和反馈关系定量化；⑦通过计算机模拟评价模型的灵敏性和效果；⑧用可能提出的策略方案进一步检验模型；⑨写出结果报告。

现已得到广泛应用的社会—经济—资源—生态系统模型大致有如下几种：①宏观经济模型，这是一种高度综合、反映大区域经济活动的模型；②投入—产出模型，这是由一个投入—产出系数矩阵将各部门的生产和消费联系起来的线性模型，该模型经过修改后可包括动态变化，亦可与其他模型联系起来进行最优化研究；③最优化模型，如线性规划模型就是较为古老的但仍在继续发挥作用的最优化模型之一；④对策和相互作用模型，当引进不同策略时，该类模型可以模拟不同策略，并通过模型相互作用协调所应选择的策略；⑤局部模型，该类模型由综合模型分解而成，可以按地域划分，亦可按部门分解；⑥世界模型，如世界能源模型等。

4. 方案评价

借助于初步构建的模型和备选方案，可以在计算机上进行模拟，从而对各方案进行初步的评估。将这些评估结果整理成文档，并与决策者和相关人员进行交流讨论。讨论过程中，可能会针对模型和参数提出修改建议，也可能会根据评价结果激发新的方案构思。如有必要，应调整模型并重新进行计算。通过评估、初步实验和多次深入讨论，最终应当能够确定一个最终方案。

5. 方案实施

在经过一系列步骤后，一旦形成了一个实际可行的解决方案，系统分析人员应当参与该方案的执行过程。在实施过程中，可能会浮现出在模型构建和试验阶段未被识别或被视为次要的新因素。系统分析者应当对这些新因素的影响进行评估，并将它们纳入模型中，同时提出相应的应对策略。

模型的构建、变量间的定量关系、基本假设的确定等研究工作成果，均直接反映在选定行政方案中，并随着时间的推移不断接受检验。系统分析人员参与方案实施，不仅能及时发现并解决新出现的问题（即进入系统分析的第二阶段），同时也是获取新知识和提升理论水平的宝贵机会。

系统分析工作的成功与否，除了依赖于系统分析人员的协作和业务技能外，决策者的支持同样是一个至关重要的因素。决策者需要充分理解系统分析的重要性，并在决策过程中认真考虑系统分析人员的建议。决策者的支持还体现在授权系统分析人员在他们的职责范围内顺利获取所需的资料和数据。决策者应当具有批准相关方案实施权利，这样才能完成系统分析的整个流程，并有效评估系统分析的成果。

四、自然资源信息系统

（一）自然资源信息的特征

自然资源信息是资源客体本质、特征和运动规律的属性。自然资源信息具有如下一些特征。

1. 普遍性和知识性

在现实世界中，物质和精神始终处于动态变化之中，随之产生的属性信息无处不在，这为人类理解客观世界提供了便利。信息本质上揭示了事物的本质特征和运动规律。如果我们对自然资源的本质和特性缺乏了解，当我们获取了关于这些资源本质、特征及其运动规律的信息后，我们就获得了关于这些事物的新知识，从而减少了事物的不确定性，使之由模糊变得清晰。信息掌握得越全面，获得的知识也就越丰富。获取知识过程是人们认识和了解自然资源客体的唯一途径。

2. 可共享性

自然资源信息的共享性是基于其信息的非消耗性而存在的。

3. 可传递和存储性

信息是从自然资源中提取的，并透过各种渠道（无论是物质的还是非物质的媒体或载体）传递给接收者，这个过程在时间和空间两个维度上进行。信息可以以多种形式存储在光学、电子、磁性或等介质中，确保了信息的长期保存。利用先进技术，人们能够将具有历史价值的信息恢复至其原始状态，其为回顾历史和预测未来提供了极为有利的条件。

4. 可加工和增值性

人类对自然资源的理解是通过处理其属性信息来实现的。自然资源是由多个系统构成的复合体，其中每个资源实体、现象和运动规律都是整体的一部分，表现为不同的信息。可以根据不同的目标和需求对这些信息进行加工，提炼出多条适用于各种目标或应用的信息。同样，人们可以整合多条关于不同实体的信息，通过综合加工和整理，创造出超越单一信息的高层次目标或应用，从而使信息在处理过程当中实现增值。

5. 明显的区域差异性

自然资源信息揭示了自然资源客体的本质属性、特征以及运动规律。自然资源的各个组成部分都明显地展现出其区域特性，因此表征这些客体的信息也会呈现出对应的地域差异。

6. 多元性和多层次性

自然资源作为一个复合体，涵盖了多种资源和类型。每种资源都能根据不同的空间范围进行分类，例如全球水资源、国家级水资源、地方级水资源或特定流域的水资源等，这样的分类使得描述它们的信息呈现出多样化和多层级的特点。

7. 时效性

自然资源随着时间推移而发生变化，所以在理解自然资源信息时，必须考虑到时间因素，即信息的时效性。

8. 海量级的信息量

随着自然资源信息收集技术的提升和先进手段的应用，相关信息的数据量呈指数级增长。在这样的数据背景下，如何筛选出对特定目标有用的自然资源数据，成为有效利用这些信息的重要挑战之一。

（二）自然资源信息系统的构成和基本内容

1. 自然资源信息系统的构成

自然资源信息系统旨在搜集自然资源的相关数据（或资料），并通过信息技术对这些数据进行处理、分析和解释，最终提供所需的自然资源信息。由于自然资源的范畴广泛，自然资源信息系统由多个子系统构成，形成了一个复杂的整体。这些子系统可以根据自然资源的类型进行划分，或者按照国家的行政区划来设置。

2. 自然资源信息系统的基本内容

自然资源信息系统，不论其具体架构如何，都应涵盖三个基本要素：首先，它应包含带有经纬度网络或行政区划边界的自然资源位置坐标信息；其次，系统内的自然资源信息需要被标准化和数字化，以便于利用电子计算机进行存储和分析，并促进信息的交换和处理；最后，建立信息的空间结构和时间序列，以实现系统的数据存储、更新、传递和转换功能。作为一个专注于空间信息研究的技术平台，自然资源信息系统为资源研究领域提供了稳定且精确的量化基础，并为国家经济建设的规划提供了可靠的科学依据。

（三）自然资源信息系统的支柱

自然资源信息系统是资源科学与新兴技术科学相结合的产物，它作为现代最先进的技术的集合体，充分体现了多种新兴学科和技术发展水平。

它的主要支柱学科有以下几种。

1. 信息论

自然资源信息系统利用信息论提出的表示信息的方法，将各类资源的实体以信息的形式呈现出来，这有助于自然资源资料的收集、加工、整理、传递和应用的实现。

2. 系统科学

系统科学也称为系统分析，运筹学、系统论、控制论是它的理论基础，数学模型是它的重要方法，电子计算机是它的重要工作手段。系统科学为资源研究解决四个方面的问题：①自然资源的综合研究和综合开发利用，处理好局部与整体的关系，实现整体的功能和目标。②研究自然资源内部各组成要素（子系统）的关系。自然资源的总体系统是由多个子系统组合而成的，每个子系统又由多个要素构成。所以，对自然资源的研究既要深入探究同一要素在不同级别、不同层次之间的纵向联系，也要分析不同要素在相同级别、相同层次之间的横向关系，因为这些要素是相互联系和相互制约的。系统分析的目标就是控制和优化系统内各个要素之间的相互作用。③建立数学模型。通过在自然资源的各个子系统或整体系统中构建数学模型，可精确地把握各种因素间的相互联系和相互作用规律。这样一来，系统变得可量化，不仅允许进行定性分析，还允许进行定量研究。④研究最优化方案。系统分析的终极目标在于提出最优解决方案。基于数学模型，从整体系统出发，在动态中调整整体与部分之间的关系，以实现系统的最佳整体效果。通过应用系统分析对自然资源进行综合研究，可以科学地制定出资源开发、利用和保护治理的优化方案。

3. 数学

自然资源科学中的数量化研究和数学紧密相连，各类系统模型的建立本身就是数学在资源研究中的应用体现。计算数学的发展为数学在自然资源科学，尤其是自然资源信息系统中的应用，展现了广阔的发展前景。

4. 计算机技术

鉴于自然资源的信息量巨大，并且在综合分析中需要考虑众多因素，自然资源的全面研究只能依靠电子计算机技术来完成。

5. 数据库技术

数据库技术是计算机技术的一种应用形式。由于自然资源的研究和开发利用涉及众多因素，传统的信息数据系统已不能满足现代信息处理的需求。数据库技术能够实现数据的科学存储、高效检索、广泛共享和及时更新。自然资源数据库构成了自然资源信息系统的核心部分。

6. 通信技术

在现代化研究中，快速且准确地在大规模区域内传递资源信息是基本要求，这离不开先进的通讯技术。光导纤维通讯技术为信息传递带来了宽广的发展空间，而所谓的"信息高速公路"已经成为最先进的通讯手段，这些技术的发展为自然资源信息系统提供了坚实的后盾。

7. 遥感技术

遥感技术是信息技术的一个重要分支，自20世纪60年代兴起，成为一门新兴的跨学科领域。得益于空间、电子、光学、计算机等科技的进步，遥感技术在国防和国民经济众多领域得到广泛应用，尤其在地球资源勘探、制图测绘和环境监测等方面表现出色，成为一种关键技术手段。在自然资源研究领域，遥感技术被用来收集自然资源数据，成为自然资源信息系统的主要信息来源之一。此外，遥感技术在自然资源信息系统的信息更新和监测自然资源变化方面发挥着其他技术和手段无法替代的关键作用。

8. 统计学

统计数据是国家制定战略决策和社会经济计划的重要依据，也是国家实施社会经济活动管理和监督的重要手段。丰富而准确的统计资料是自然资源信息系统的重要数据来源。只有准确、及时、科学的统计数据被输入到自然资源信息系统中，才可为国家提供有用、可靠、综合性的信息和决策方案。

（四）自然资源信息系统的建立和应用

综合来看，自然资源信息系统是一门将信息理论、系统科学、计算机技术和遥感技术等先进技术应用到自然资源研究的新兴技术。它能够对自然资源数据进行有效的采集、处理、输入、存储、综合分析、管理以及提供多种输出方式，因此，它已经成为多个国家自然资源研究发展中的关键技术支持。在中国，随着自然资源的全面开发与国土整治项目的推进，越来越多人开始意识到建立自然资源信息系统的必要性。研究和应用自然资源信息系统，表明中国自然资源研究已经进入了一个全新的发展阶段。

自然资源信息系统中有大容量的资源数据库和为决策研究所提供的各类模型，加之先进的通信技术和资源数据采集装备的支持，这一切决定了自然资源信息系统具有广阔的前景和广泛的用途。归纳起来，自然资源信息系统在如下几个方面获得了广泛的应用：①利用大容量的资源数据库存储重要的资源数据，实现数据库所具有的功能；②开展自然资源各学科的研究；③在国土规划、流域规划和综合治理、资源综合开发以及经济预测等方面，满足综合研究的需要；④环境保护和动态监测；⑤资源预测和灾害预报；⑥各类自然资源图件的编制。

五、自然资源考察跟踪研究

自然资源调查旨在合理开发利用资源、改善和维护生态环境。伴随着社会快速的进步和经济的增长，对自然资源的科学研究考察得以推动。综合性的自然资源考察是为了特定目标，整合多个学科领域对自然资源进行全面的科学调查和研究，这种方法是科学研究中极为重要的。其核心任务包括揭示资源现状、制订开发计划和保护策略，同时推动相关科学的充实和进步。根据考察的性质，综合性的自然资源考察可以分为三大类。

（一）特定地区自然资源综合开发与经济布局的综合考察

对一定地区，进行自然资源分布、自然条件特点和社会经济状况的全面、综合调查研究，最终提出地区开发方向、生产布局方案和有关专题研究报告。

（二）特定自然资源与生态环境建设的专题性综合考察

以解决自然资源开发与生态环境建设中的重大实际问题为目标，进行综合性的调查研究，并提交相关建议和研究报告。比如，以黄河与黄土高原水土保持为主要任务的黄河中游水土保持综合考察，以发展热带、亚热带生物资源为中心的综合性考察，以及中国西部引水地区的自然条件调查等。

自然资源及引水线路选择的南水北调的综合考察等，都属于此类考察。

（三）基础科学资料积累的区域综合考察

这类综合考察通常在科学资料缺乏的地区实施，主要目的是收集地质学、生物学等基础科学资料。其旨在为基础理论研究和自然资源的合理开发利用提供全面考察，比如青藏高原的科学考察项目。

中国自然资源的研究正逐渐从专注于区域资源的开发战略转变为通过综合考察来提出开发方案，并进一步将这些方案应用于实际操作和实施之中。把考察成果直接应用于实践，并且通过区域经济结构的布局来验证和调整考察结论，有助于资源科学理论的持续改进和成长。

第三章 自然资源的价值分析

第一节 自然资源价值基础

一、基于伦理观的自然资源

（一）关于自然资源的伦理的讨论

1. 背景

对于自然资源领域，而且人们逐渐认识到单纯的应急措施只能暂时解决特定区域的问题，却无法实现整体的根本改善。资源环境问题背后隐藏着更深层次的根本原因，这不仅仅归咎于科技发展的不足；试图仅仅凭个人努力避免这些问题是无效的。这个根本原因在于人类的生存价值观。

建立平等的人际伦理关系是必要的，同时，人与自然之间也应该建立合理的伦理关系。人类应该从道德角度出发，关怀自然环境，因为自然环境具有人类所期望的价值。自然生态环境的价值虽然多样，但从生态环境伦理学角度来看，基本分为两种：一是工具价值（自然存在物和生态共同体对人的有用性，这是人类赋予自然界的，以人类为评价标准，使自然存在物和生态共同体获得价值）；二是内在价值（自然存在物和生态共同体以自身为评价标准，自我肯定价值）。保护自然生态环境对人类具有工具价值，因此形成了人类中心主义生态环境伦理观；动物自身拥有权利，自然生态环境本身具有内在价值，所以人类应该尊重自然界，并承担道德义务，这形成了非人类中心主义生态环境伦理观。

2. 人类中心主义的基本观点

人类中心主义的生态环境伦理观提出，人类作为自然界中唯一具有理性的大型生物，其理性本身即为一种目的，具有内在价值。所以，伦理和道德被视为人类社会的特有概念，用以调节人际间的互动。在这种观点下，人类被视为唯一的道德主体，其他自然存在物由于缺乏理性，被视为价值的客体，仅为人类目标的实现提供工具，而不具备道德关怀的资格。伦理关系这一概念的存在，依赖于两个基本条件：不同主体的存在以及这些主体之间通过某种中介实际存在的义务与权利关系。本质上，伦理关系是主体间的权利和义务的关系，伦理主体应当自觉地履行道德义务和享受道德权利，这要求他们具备相应的能力和资格。

由于伦理概念具有特定的含义，它适用于特定的应用领域，即人类社会中的人与人之间的互动领域，而不涉及非人类社会领域或人与物（包括动物、植物和其他非生物）的相互作用领域。伦理关系的双方必须是人类。因此，人类与自然界之间并不形成直接的伦理关系，而人类和自然界的关系本质上是从属于人类社会人际关系的，且最终反映的是人际间的相互作用。人类对自然环境的破坏和污染会直接影响到其他人类的利益。脱离了人与人之间的关系，单独讨论人类与自然界之间的伦理关系是没有意义的。自然环境是人类生存的基础，是可持续发展的资源条件，因此人类应当从道德的角度关注自然生态环境。然而，人类保护自然生态环境的根本动机并不是为了自然环境本身，而是为了人类的自身利益，人类利益是其行动的起点和终点。

人类中心生态伦理观其基本观点如下：

（1）立论基础

"人类中心主义"是一种价值观理论，源于人类历史上对自身在自然界中特殊地位的认知与需求，目的是为了强化人类的利益至上性和优越感。

（2）基本要求

人类的总体福祉和未来利益构成了保护自然生态环境的根源和目标，为人类的自然保护行为提供了依据，同时也构成了评价人类与自然关系的根本标准。

（3）基本原则

在人类与自然的相互作用中，人类扮演着主导角色，既是自然资源的利用者和开发者，也是保护和管理自然环境的责任者。

（4）基本信念

人类的主体性表明了人们有能力利用自身理智和科技技能来影响和维护自然，以此来达成个人的目标和抱负。

3. 自然资源的伦理是披着非人类中心主义外衣的人类中心主义

根据联合国的定义，自然资源是指在特定的时间和地点条件下能够产生经济价值、提高人类当前和未来福利的自然环境因素和条件的总称。自然资源的伦理关系是指在社会发展中，人类与自然资源之间的道德关系，涉及人类在开发和利用自然资源时应承担的义务和享有的权利，同时也涉及人与自然、人与人之间的关系。这种伦理观强调以满足人类需求为前提，将生态环境视为人类利用的工具性价值。所以，这种伦理观可归类为人类中心主义的生态环境伦理观。虽然这种伦理试图将道德关怀扩展到自然资源领域，但其内涵和范围仍然围绕人类需求。它会提出有关自然资源利用的原则和注意事项，然而，其焦点始终放在满足和保护人类利益上。不论这里的"人"指的是局部人群、整个人类，还是人类未来的延续，这种伦理都无法提供足够的道德依据来确保自然资源的保护。因此，将其作为指导人类与自然共存的伦理框架，实际上是无法实现的，本质上仍是典型的人类中心主义观点。原因如下：

①在实践中，将自然存在物仅仅视为对人类有益的资源进行保护，会面临一些无法克服的问题：第一，人类的知识和理性都是有局限性的，我们根本无法准确预测一个物种的消失或生态系统的破坏会带来什么长远影响。某些现在人类认为无用的自然存在物，未来可能成为新的重要资源。如果我们因暂时无法确定其价值而毁灭它们，这就等同于对后代犯罪。第二，资源的不同稀缺性意味着，若我们只是将自然物体当作资源来保护，我们就必须对它们的稀缺性进行评级，这导致了人为地划分自然界的不同层次，从而引发自然界内部的矛盾和对立。第三，如果我们因为暂时无法确定其价值而毁灭它们，这就等同于对后代的犯罪。其次，资源的稀缺性意味着需要对自然物品进行等级划分，这可能导致自然内部的矛盾和对立。最后，如果某些不具备直接资源价值的自然物的毁灭带来了灾难性后果，那么这个责任应该由谁来承担？

②自然资源的伦理和利己主义遵循的是同一逻辑：行为主体，无论是作为个体还是集体，应当仅选择对其有益的规则，自利被视为其行动的主要驱动力。但是，如果个人层面的利己主义是错误的，那么为何集体或者人类整体的利己主义就变得合理了呢？虽然开明的自利可以作为道德行为的起点，但它绝不是道德的唯一准则或终极目标。道德的核心在于对义务对象的尊重。一个人在道德上达到成熟，是在他超出自我中心，考虑到其他人。那么，对于作为个体集合的民族和整个人类，又当如何呢？

（二）第三条路——人为自身立法

1. 自然资源的辩证观

①尽管自然资源系统是开放的，且人类认识和利用自然资源的潜力似乎是无限的，但这并不意味着我们应该对所有类型的资源采取一致的态度。我们不能仅仅因为资源可能有限就变得消极，也不能仅仅因为资源的潜在无限性就变得盲目乐观。相反，我们应该采用辩证和具体的方法来分析自然资源的特性，并且保持一种谨慎的乐观心态。

②要辩证认识自然资源大国与自然资源小国问题。我国"地大物博"，但又"人多物薄"。我们既要充分认识到自然资源在总体上的巨大潜力，以巩固发展壮大的信念；也要深刻理解在人均资源上的短缺现象，以提高警觉性和节约使用资源的意识。

③要辩证认识自然资源的开发和保护问题。保护若不能促进发展，则失去了其意义；

而如果只追求开发而不实施保护，则无法维持长久。应当把开发与保护视为相互交织的一个整体，通过在开发过程中实施保护措施，同时在保护中寻求可持续的发展途径。

④要辩证认识自然资源的量与质的问题。自然资源的质量既受到其自然属性的影响，也受到技术经济发展水平的影响。鉴于自然资源之间存在显著的质量差异，我们不能仅通过资源的总量来评估其整体状况。而应该运用特定的技术经济标准来对不同类别的资源进行标准化统计，从而更准确地了解自然资源的实际情况。

⑤要辩证认识自然资源的有用性与有害性问题。河流在得到有效利用后可以用于发电和航运等目的，但如果利用不当，则可能导致洪水等灾害。因此，我们应当发掘资源的价值，同时采取措施最大限度地减少和转化自然资源可能带来的负面影响。

2. 自然资源的系统观

我们经常观察到这样的情况：上游的开垦或采矿活动破坏了植被，导致了水土流失，进而引起中游河床的淤积，最终影响到下游入海口鱼类的生存。自然资源之间是相互关联的，构成了资源整体系统的一部分。系统思维要求我们不能单独看待某个资源的管理与保护。根据系统理论的基本原则，自然资源系统的动态平衡是其可持续存在的关键，同时，不同资源系统之间的相互作用需要建立积极反馈循环。在人类社会与自然环境的巨大系统中，人类活动对资源环境系统的影响应当与该系统的自我更新和调整能力相匹配；资源环境系统向人类社会提供的功能也应当满足人类社会的基本生存和发展需求。这种资源系统间的功能协调原理，构成了人与自然关系和谐的基本准则。系统间的功能协调和系统内的动态平衡是经济社会与资源环境协调发展的基本原则，也是实施可持续发展战略的必然要求。

3. 自然资源的层次观

自然资源系统是一个矩阵式的结构，具有明显的层次结构特征。这个系统可以横向分为土地、水、海洋、矿产、生物、气候等多种类型，也可以根据人类利用方式的不同，纵向划分为物质和能量等多个层次。在农业社会，人们对自然资源的理解仅限于其物质形态。然而，工业革命期间，通过机械将物质转换为能量，并且利用煤炭、石油等新型能源，自然资源的利用提升到了分子和原子的层面。在工业社会的后期，人们开始利用原子能，将自然资源的利用带到了原子核的层面。我们不仅需要关注自然资源各子系统之间的相互作用，以建立良好的自然资源循环系统，还要注意到自然资源利用层次随着社会发展和科技进步而不断演变。历史表明，每一次自然资源利用层次的提升都伴随着利用效率的大幅增长和利用领域的显著拓展。

4. 自然资源的价值观

在过去，自然资源并未被视为资产，它们没有定价，因而资源型产品价格低廉，这导致了自然资源的过度消耗。在可持续发展的理念指导之下，对自然资源的更新、建设和保护变得至关重要，自然资源的价值属性也越来越受到重视。只有当我们将自然资源视为有价值的事物时，才能更好地调整资源产业链中的各种关系；才能对自然资源进行准确的价值评估，并将其纳入到国民经济核算体系中；才能科学地构建自然资源的租税体系，依法保障自然资源的各种权益；才能设立科学资源性资产运营监管机制，并逐步形成一套基于市场资源配置的新宏观调控体系。

5. 自然资源的道德观

为了引导人们在自然资源利用上采取负责任的行动，最广泛适用的自我约束方式是建立与可持续性相符合的资源利用道德准则。这是人类根据自身意志制定法律的具体体现。在可持续发展的背景下，最为关键的自然资源道德准则是公正原则。这一原则，也称作正义或公平观念，体现在个人与个人之间的公平、国家与国家之间的正义，以及人类与自然界其他生物之间的公平对待。

（1）人际公正

人际公正涉及在不同时代、民族、性别的人们在资源利用、生态环境保护和发展维护中实现权利与义务的对等、贡献与收益的对等、机会与风险的对等、行为与后果的对等、善行与奖励的对等、作用与地位的对等。其包括代际公正和代内公正两个方面。代内公正是关于如何在同一代人中公平地分享资源和保护环境，以及合理分担责任和获得补偿的原则。代际公正是关于当代人在满足自身需求的发展活动中，应当如何保护环境，以确保未来几代人的生态需求得到满足的正义观念。

代际公正的概念因其涉及未出生且无法直接感知的人类后代，常常引起争议。然而，总体而言，我们肩负着为后代留下一个适宜生活环境的职责。因此，代际公正与代内公正在本质上是一体两面，相互依存且相互增强，不应单独考虑。一方面，只有考虑到代际公正，人际公正的全面性才能得到体现，代内公正的问题才能得到有效和适当的解决。另一方面，只有当代内公正的问题得到妥善解决，代际公正的实现才有了基础。显然，在现实中，两者之间常常存在着优先级的冲突，不同的主体可能会有不同的选择顺序。由于代内公正更贴近现实、更具敏感性及紧迫性，当两者发生矛盾时，代际公正往往需要让步于代内公正。实际上，不同主体在代际公正问题上往往能够达成共识，但对代内公正的要求则更为严格，例如在全球二氧化碳减排方案的讨论中便体现了这一点。

（2）国际公正

国际公正是将代内公正与代际公正结合在一起，并扩展到国家主体范围上的现实体现。如果说代内公正还包含着同一时代不同利益主体在环境保护中的正义性的话，那么国际公正则首先指同一时代不同个体、群体以及整体代表即国家之间在处理国际环境问题上的公正性。此外，由于国家利益不仅关系到当代人的发展，而且关系到国家后代人的生存，因此国际公正也内在地包含着以国家整体形式体现的代际公正，这是其重要的内涵之一。

（3）种际公正

种际公正涉及人类与动物、植物、微生物等不同物种之间的公平问题。人际公正和国际公正的建立、发展以及执行都建立在种际公正的基础上。种际公正并不将自然赋予神圣地位，也没有否定人类的尊严。虽然人类没有权利占有或支配自然，但人类有权利享受自然，即在自然环境中生存、利用自然资源来满足自身的需求。和其他生物通过本能享受自然不同，人类通过实践活动来体验和利用自然。

二、自然资源价值论

（一）经济价值论的解释

1. 基于劳动价值论的解释

劳动价值论的初步形成开始于经济理论的重心从流通领域（重商）向生产领域（重农）的转移。

马克思在他的劳动价值论中，是在批判地吸收了古典经济学的劳动价值论观点后，发展出自己的理论。他阐述了使用价值和交换价值之间的矛盾统一关系，并且首次提出了劳动的二重性概念。马克思认为，价值和使用价值存在于同一商品之中，使用价值是价值的物质基础，没有使用价值，价值就无从谈起；使用价值是商品的天然属性，由具体劳动所创造，而价值是商品的社会属性，由抽象劳动所形成。他强调："物品的有用性构成其使用价值"，而价值"仅仅是对人类劳动的无差异体现"，是"抽象人类劳动的物化或表现"。这些商品只是表明，在它们的生产过程中消耗了人类劳动力，积累了人类劳动，作为这种社会劳动的共同体现，它们就构成了价值，即商品的价值。

在探讨自然资源价值时，劳动价值论的观点关键在于自然资源是否融入了人类的劳动。目前关于这个问题存在两种不同的解释，即自然资源是否具有价值的意见分歧。一种观点坚持，自然状态下的自然资源是自然形成的，非人类劳动成果，因此未融入人类劳动，缺乏价值。正如马克思所言："如果不是人类劳动的产品，它就不会把价值转嫁给另一种产品。它的作用只是形成使用价值，而不是形成交换价值。像土地、风力、水、矿脉中的铁、原始森林的树木等，这些都是未经人类协助即存在的生产资料。"另一种观点则认为，随着社会的演进，人类为平衡自然资源与经济发展需求，投入了大量劳动力和资源，使得现代自然资源已不再是单纯的天然资源，而是带有人类劳动的痕迹，因此具有价值。经济社会发展面临的自然资源危机表明，自然界的自然再生产已无法满足快速发展经济的需要，我们不得不通过劳动参与自然资源再生产，进行生态环境的保护。因此，这种观点认为，自然资源的价值在于人们为维持社会经济发展与自然资源平衡所付出的社会必要劳动。因此，从价值补偿的视角来看，自然资源不再是纯粹的自然物品，而是包含了人类劳动，其价值形成是为了补偿自然资源消耗与使用之间的平衡所投入的劳动。

第一种观点基于马克思时代的背景，当时经济较为落后，资源充足，对资源的保护意识淡薄，所以认为自然资源无价值是可以理解的。第二种观点则站在现代经济发达的立场上，面对严峻的自然资源问题，资源的供给难以满足不断增长的经济需求，人类不得不参与自然资源的维护和再生产，这不可避免地涉及人类的劳动投入。按照劳动价值论，这种情况下自然资源应当具有价值。然而，实际上，这两种观点都没有彻底解决自然资源被无价使用的问题。前者认为自然资源无价值，所以无需支付价格，无偿使用自然资源似乎合理，这导致了自然资源的过度开发及破坏。后者虽然提到了自然资源的价值，但其所说的价值仅是对投入的劳动进行补偿，并未真正触及自然资源本身被消耗的问题。尽管经济手段在一定程度上限制了这种消耗，但最终的结果与第一种观点类似，自然资源依旧被无偿使用。

2. 基于效用价值论的解释

价值理论中的效用观点认为，价值是由"生产成本"和"边际效用"两个关键因素共同决定的，两者都是价值构成的必要条件。边际效用可以通过消费者愿意支付的最高货币价格，即市场价格来量化。在此基础上，该理论引入了"消费者剩余"的概念，并利用"需求弹性"来分析价格变动对需求量的影响。研究者探讨了生产成本如何转化为商品的供给价格，即商品的供给价格是由其生产要素的成本决定的，认为供给量会随着价格的上升而增加，随着价格的下降而减少，而利润则等同于商品的边际成本。当市场供需达到平衡时，达到了均衡产量，相应的价格被称为均衡价格。均衡价格是供给和需求价格一致的价格点。支付商品价格的必要性源于物品的稀缺性。价格的作用在于，在物品稀缺的情况下，限制对它们的消费需求。价格的形成过程遵循"稀缺性"原则。应用效用价值理论，可以轻易地推断出来自然资源具有价值，因为它们对于人类的生产和生存是必不可少的，因此对人类具有显著的效用。

（二）哲学价值论的解释

一般价值理论，也就是哲学价值论，其关注的是价值的本质、组成要素、评判准则和评估方法，主要从个体需求能否得到满足以及如何得到满足的角度，对物质、精神现象以及人类行为在个人、阶层和社会中的意义进行深入探究和评价。

在哲学中，价值概念是对各学科及日常生活领域中关于价值论述的综合与提炼。它所确认的是，客体的存在及作用与特定主体的需求及其成长之间的关系，即客体对于主体生存与发展的重要性。换言之，价值反映了客体对主体生存与发展的意义。在人类与自然资源的关系中，人类占据主体地位，而自然资源作为客体，能提供人类生存、发展及享受所需的物质商品与舒适服务，因此，自然资源对人类具有价值。再者，由于人类需求通常是按生存、发展、享受的顺序逐渐提升，自然资源的价值也随之增长。随着社会经济的发展和人民生活水平的提升，人类对自然资源及其所提供的舒适服务的需求和认知程度也随之增长，导致人们对自然资源的价值判断和支付意愿也在不断提升。因此，自然资源的价值首先基于其对人类的有用性，而其价值的大小则受到稀缺性和开发利用条件的共同影响。自然资源的价值是一个动态的概念，其根据不同的时间、地区和质量等因素进行调整，反映了自然资源对人类生存和发展的物质与精神需求的满足程度。自然资源为人类提供了空气、生物、淡水、土地等资源，这体现了其在物质上的价值。同时，自然资源提供的风景、空间等虽然不直接参与生产过程，但它们能满足人类的精神需求，并延长生产过程，体现了自然资源在精神上的价值。

（三）自然价值论的解释

自然界的价值是独立于人类意识的，它存在于自然实体之中，并在人类认识到它之前就已经存在。尽管自然的特性在人类认知之前就本质地存在着，但它们是通过人的感受和认知过程得以体现和理解的。在这个层面上，自然的属性作用于人的感官，个体通过主观的感知和解释，把这些属性转化为价值，使得自然显得有意义。然而，这并不是说价值完全是主观的。因为人在自然中并没有植入额外的东西，自然是以其自身的形态存在的，人们只是揭示了自然中固有的价值。价值本身是自然的一个本质特征，它内在地构成了自然的的一部分。价值并非由主体所创造，而是由主体所揭示。就像冰箱中的灯光，只有在有人打开冰箱门时才会亮起。自然中的价值也是一样，只有当人类意识到它们时，它们才显得显著，否则它们就处于隐形状态。然而，这并不意味着价值在人类感知之前不存在。价值属于其承载者，其效用并不由人的喜好决定。有些价值可能与人的偏好相关，而有些则不是。在特定情境中，价值的某些方面可能受到偏好的影响，但其他方面则可能与之无关。以莴苣为例，我对莴苣的喜爱部分源于我的个人喜好，部分则是因为我的生物化学机制对莴苣中的维生素和氨基酸的价值有天生的认可，这与我的意识偏好无关。

自然界的一个重要特质是其创造性，它是生命和万物生长的源头发源地。自然物的价值体现在它们所具有的创造性特征上，这些特征不仅促使生物为了生存和进步而适应环境，而且还通过相互作用、竞争和共同进化，增加了自然的复杂性和创造性，导致了生命多样性和进化的丰富化。自然界的创造性是价值形成的基础；自然界的一切创造物，作为自然创造力的体现，都具有价值。任何自发产生创造行为地方，都存在着价值。自然界是由内在价值、工具价值和系统价值构成复杂体系。工具价值是指某物作为达成特定目的的手段时的价值，自然界对人类而言长久以来被视为具有这种价值。然而，人类作为具有生态意义的内在价值的承载者，将重新审视和调整他们的价值观。

系统价值指的是将生态系统视为一个由众多相互依存、相互影响的价值元素构成的三维网络结构。从个体层面来看，每个个体都拥有内在价值，尤其是对于有机体而言，它们是价值的中心，拥有实现自身目的的内在驱动力。

综合各种观点，无论是经济价值论、哲学价值论还是自然价值论，都一致认可自然资源具有价值。从哲学和伦理的角度，哲学价值论和自然价值论为尊重和保护自然、倡导可持续发展的生态伦理提供了理论基础。然而，人类对自然资源的利用和破坏往往是通过经济活动间接实现的。如果自然资源的价值不能在经济系统中得到恰当反映，且市场机制不能有效实现资源的合理配置，那么自然资源的枯竭和恶化可能难以得到遏制。劳动价值论主要认为劳动创造价值，但在质和量上并不能充分地体现自然资源的经济价值；效用价值论则通过资源的稀缺性和人类需求来解释自然资源的价值，但在具体实施方面缺乏有效的运作机制。因此，在承认自然资源哲学和伦理价值的同时，还需要在经济价值论上进行创新，构建一种科学且可行的体系，将自然资源的经济价值融入成本，并通过市场交换来实现自然资源消耗的替代和补偿。

三、影响自然资源价值实现的因素

在人类社会的经济交往中，交换是表现形式之一，自然资源价值的实现也离不开交换。交换的基础是相关主体通过正式或非正式的方式对价值进行评估和量化。在经济体系中，价值并非仅仅存在于主体的观念中，而是通过各种经济主体在经济活动中对不同物品或资源反复比较和权衡而显现出来的。因此，经济体系中的价值应理解为交换中体现的价值，是交换双方共同认知的价值，是经济活动中实际支付的有效价值。通过等值交换，双方能够获得相应的效用和价值补偿，这一原则确保了自然资源的价值在转移过程当中不会发生折损。

尽管我们采用了多种估值手段来评估自然资源的价值，但是这些估值能否被市场和各类经济参与者所采纳，从而实现自然资源价值的最终变现，仍然是不确定的，并将受到多种因素的影响。

（一）市场供给与需求因素

自然资源的价值实现程度受到其价格与价值之间关系决定性影响，而价格的确立和变化则受到诸如价值规律、市场竞争规律以及供求规律等自然法则的指导，并且这些价格变动最终会通过供求关系与价格的相互作用展现出来。

资源市场的供给量受到多种因素的影响，其中包括资源自身的成本、替代品的收益潜力、开发资源的费用以及资源企业的数量等因素。与一般商品相似，资源的价格是其供给量的主要决定因素，这一点在供给曲线上体现出来。而其他因素则会导致供给曲线的整体移动。

市场需求量的多寡受多种因素的作用，其中包括资源本身的定价、替代品的价格水平、替代品的可用性、替代程度、消费者偏好以及市场预期等等。资源的价格是影响需求量的一个关键因素，这一点在需求曲线上的表现为需求量与价格之间的负相关关系。其他因素则会导致需求曲线的整体位移。

资源价格与供给之间的关系为：当资源的价格升高时，若其成本一定，资源的供给量就可能会上升。

（二）自然资源外部性存在

"外部性指的是在没有直接经济往来的情况下，一个经济主体对另一个经济主体产生的影响。" 这个定义突出了外部性发生在没有经济交易所形成的双方之间。分析外部性的概念，其出现的两个前提条件是：首先，当一个经济个体的福利或生产函数中包含其他个体（不论是人、企业还是政府）的非市场决策变量，并且这些变量的值不会影响第一个个体的福利时，外部影响就产生了；其次，如果一个经济活动的后果会对其他个体的效用或生产函数产生影响，而这些影响没有通过支付或获得补偿来衡量其价值，那么外部性就出现了。

外部性可以分为经济性外部性与非经济性外部性。对于自然资源而言，如果存在正外部性，那么其市场售价往往低于其真实价值；相反，如果存在负外部性，市场价格通常会高于其合理水平。

资源外部性产生的原因有很多，总结起来主要分为以下几个方面：

一是市场失灵引发的资源外部性问题。在传统经济学理论中，市场被视为一只"隐形的手"，指引人们在追求个人利益的过程中，间接增进社会福祉。然而，市场机制的有效性基于一个关键前提：产权的清晰界定。一旦这个条件不被满足，市场就可能变成一只"隐形的大脚"，导致个人行为对社会利益的损害，而非促进。这种情况下，个人往往为了自身利益而忽视社会利益，甚至不断损害公共利益。由于这种自私动机，所谓的"公地悲剧"便会不断上演，即出现了大量只享受利益、转嫁成本的"免费搭乘"行为。在自然资源的开发和使用过程中，正是因为某些人的自私行为通过这种"隐形的大脚"影响了整个社会的福祉，才导致了外部性，尤其是负面的外部效应。

二是资源的所有权问题。自然资源具备公共属性，缺乏排他性和竞争性，这使得产权难以界定。即便产权得到了确定，监督和维护的成本也极高。在这种背景下，个人对资源的使用和损害不会受到相应的价值回报，而是由集体承担后果。这种机制可能激发个体为了追求自身利益而过度利用资源，进而产生资源外部性。这也是导致我国在计划经济时期资源长期未得到合理定价或者低价使用的一个原因。

三是利益的分化。在市场经济和计划经济中，经济活动通常是分散进行的，各个经济实体在追求利益时具有独立性。厂商们往往只关注自身的内部成本与收益，而忽略了其社会责任。尽管可能有少数厂商出于自觉愿承担社会责任，试图减轻其经济行为对社会的影响，但在缺乏广泛的法律约束和找不到既减少外部影响又不会增加私人成本的解决方案的情况下，激烈的非规范市场竞争所导致的"劣币驱逐良币"现象可能会迫使这些厂商放弃社会责任，导致自然资源外部性的产生。

四是政府行为的不当。首先是产业政策的不当实施，某些本意是推动经济增长和本地产业发展的政策实际上可能对自然资源和环境产生负面影响。特别是当关键产业的选择和支持政策不当时，就可能导致自然资源和环境外部性的产生。其次是公共项目的不当评估，公共项目的评估通常采用费用－效益分析方法，其要求考虑项目的社会成本和社会效益。然而，在中国，许多城市公共项目的决策往往只关注项目在现任官员任期内能够带来的直接社会效益，忽视了其长期影响和外部效应。在项目设计阶段，很少会预见其对资源和环境的潜在影响，也忽略了项目可能导致资源耗竭和环境恶化的不可逆转性，以及未能将对资源与环境的影响进行充分的量化评估。因此，公共项目实施过程中所显现的问题往往难以得到有效解决。此外，政府管制的不足也源于信息的不完备。虽然获取全面信息需要耗费大量的资源，但信息的不全面通常是一种普遍现象。这种情况下，政府管制可能失效。即便政府拥有充分的信息，干预措施从制定到实施并产生效果也往往需要一段时间，无法立即解决问题。另外，政府部门在追求自身利益时，可能会寻求最大化权力和最小化责任，这可能导致不良的非经济行为，如寻租现象，从而使政府的环境政策、土地政策等无法达到预期效果，进而导致资源与环境的外部性。

（三）资源利用的短视行为

资源产权的不清晰会导致外部性的产生，而市场机制的失效则使得资源的价值难以得到充分实现。即便资源产权得到了明确，仍有可能出现资源价格与其实际价值不符情况。

资源开发的理想配置应当是在长期利用过程中实现资源总收益现值的最大化。然而，如果自然资源的使用忽视了代际间的公平性，即当前的所有者或使用者没有将资源的持续性及对后代的影响纳入考量，仅仅关注眼前的利益，那么他们在利用资源时将只追求自身生命周期内的收益最大化，而忽略了资源的枯竭问题。这种情况下，资源的价格往往会显著低于其实际价值。

第二节　自然资源与经济增长

一、自然资源经济评价

自然资源的经济评估是基于经济发展的需求和生产布局，结合现代科技条件，对资源开发的可行性、方向和合理性进行全面的分析和对其经济价值及效益的评价。自然资源对劳动力的地域分工和地区经济发展的特点、方向以及劳动生产率有着显著的影响。由于不同自然资源具有独特的属性，当社会决定经济发展方向时，必须考虑利用这些自然资源的优势，以产出尽可能多的社会产品。所以，对自然资源进行充分且准确的评估至关重要。这种评估可以揭示自然资源与生产分布之间的关联，以及自然资源与地区经济发展特点之间的联系，为发挥地区优势和实现合理的生产布局提供科学的参考。

（一）自然资源经济评价的基础

自然资源是人们生活和生产不可或缺的物质基础，是社会发展的基石。任何生产活动和布局都需要以自然资源作为主要劳动对象。由于不同的自然资源对生产的影响和作用各异，不同的生产部门和布局对自然资源的依赖程度也有所不同。因此，自然资源经济评价必须基于经济发展的方向和生产布局需求进行。

在分析和开发自然资源特性时，必须考虑各种相关条件和因素，特别是那些对特定生产部门或地区经济发展方向和布局有重大影响的关键因素，需要进行优先评估和深入分析。在全面考虑多种因素之后，才能决定对自然资源的开采和使用。在自然资源的开发利用过程中，经济合理性是核心考虑因素。自然资源开发的经济合理性指的是在不对自然资源及其生态环境造成破坏的前提下，通过开发利用所能实现的价值及其满足度的最大化。自然资源的开发利用存在多种选择，每种选择的经济合理性各不相同。自然资源的经济评价不仅需要对资源的数量、质量和经济地理条件以及国家政策等进行合理评估，还必须对其经济合理性进行评价。若没有对此进行评估，即使资源被认定可以开发利用，也可能在实际操作中难以实施，其价值也无法得到充分的体现。

（二）自然资源经济评价的原则

自然资源对人类的生命活动和生产活动都有着不可替代的作用，在评价时需要遵循一些基本原则。

1. 有的放矢，避免一般化

自然资源的经济评估应当基于经济发展的大方向和各个生产部门的实际布局需求。由于自然资源各具特性，根据不同的经济发展方向，对自然资源的需求也会有所区别。随着社会经济的发展，不同的生产部门和布局对自然资源的需求也会发生变化。所以，在自然资源的开发和利用过程中，应当依据经济发展的大方向和各个生产部门的实际需求来进行，不能采取一刀切的开发和使用方法。而应该采取有针对性的策略，防止采取过于泛化的处理方式。

2. 全面综合分析，突出主导因素

自然资源构成了一个多样且复杂的整体，它们之间存在相互影响及协调。开发某一种资源可能会对其他资源产生影响。因此，自然资源的经济评估需要同时考虑其有利的自然条件和不利的潜在影响；不仅要关注经济效益，还要平衡社会和生态效益；不仅要对单个资源要素进行评估，还要基于各类资源之间的相互联系、时空分布和组合特征进行综合评价，以实现全面的分析。自然资源的开发利用受到多种因素的影响，包括自然条件、社会状况和经济状况等，这些因素呈现出多种形式。应当根据自然资源的具体特点，识别出对特定生产部门和地区经济发展与布局具有决定性作用的关键因素，并进行重点评估和深入分析。

3. 在技术可能性的基础上论证经济合理性

同一类型的自然资源在运用过程中可能存在多种运用途径，首要是考量技术层面上能否将该资源有效转化为实际使用。在确认技术条件满足基础之上，再聚焦于经济合理性这一关键因素。不同利用选项带来的经济效益各不相同，故需要对可能的使用方案进行细致评估与对比筛选，在不损害自然资源和生态环境的前提下，挑选出能让该自然资源展现出最优经济价值的最佳方案。

（三）自然资源评价的内容

1. 自然资源的数量和质量

自然资源的数量和质量对于它们对生产部门的适用性和保障性有着不同的影响。对自然资源数量的评估通常涉及对其总量的大小进行计算，也可以通过计算每单位面积上的资源密度来衡量。以矿产资源为例，数量的评估包括已探知的储量、可开采的储量以及潜在的远景储量等。质量评估则关注矿物的纯度，如含矿率、有害杂质的含量以及有益的伴生矿物的存在。此外，矿产资源的质量评估还包括矿层的厚度、矿床的埋藏深度、是否适合露天开采、矿物开采的剥离比例、水文地质条件等因素。自然资源的数量评估

还应考虑资源的绝对量与社会需求量之间的比例，即相对量，这可以通过每人平均资源拥有量来表示。这一指标能够反映一个特定区域内资源的富裕程度。例如，某些国家虽然土地面积广阔，资源总量丰富，但由于人口众多，人均资源拥有量实际上并不富裕。资源的富裕程度对于确定地区经济结构比例、生产规模和合理布局具有重要的参考意义。根据生产的具体情况和科技发展水平，数量和质量可以被进一步细分为一系列指标。

2. 自然资源的地理分布特点、相互之间的结合状况和季节分配变率

自然资源的经济价值并不仅仅源自于其存量的数量与品质，其分布情况、内在结合状态及其动态变化同样至关重要。以矿产资源为例，资源的地理分布各有千秋，比如，意大利的大理石资源即以其品质上乘、分布广泛而冠绝全球，中国地区的贵金属矿产则主要集中在胶东地带。不同季节间，资源需求各异，所需分配量也因此不同。因此，在对矿产资源的开发和利用时，除了考量资源的基本质量与数量外，还需关注其地理位置、结合情况以及随季节而波动的产出分配特点。

3. 自然资源开发利用的主导因素和可能方式及方向

在评估资源开发利用时，需考虑众多自然和社会经济因素，并深入探究那些起决定作用的主导因素。不同生产部门和各类地区，其主导因素各不相同，且随着经济技术条件的演变，这些主导因素也可能发生变化。自然资源经济评价的一个关键环节是确定自然资源的主导因素。通过对影响因素的全面分析和主导因素的数量、质量等系列指标的深入研究，可以把评价区域划分为不同级别的自然资源经济评价类型区，并在地图上进行标注。进一步研究这些自然资源的可能利用方法和方向，从中挑选出既技术上可行又经济上合理的最优方案，以实现最大化的经济效益，推动生产和生活的持续发展。

4. 自然资源的效益预测

对自然资源效益的预测涉及三个方面：经济效益、社会效益和生态效益。其中，经济效益预测是对自然资源价值的具体衡量，也是对其经济合理性评估的体现，影响着开发利用的方式。经济效益涵盖了最佳和最差的情况。例如，建设水坝利用水资源时，需要预测在不同的水位条件下，如正常水位、最高水位、最低水位，发电、灌溉、航运等方面可能带来的最佳和最差效益。在评估自然资源时，不仅要关注其经济效益，还应考虑开发利用可能带来的社会效益和生态环境的变化。因此，自然资源的经济评价应当全面考虑经济效益、社会效益和生态效益，避免只追求经济效益而忽视对社会发展或者生态环境的不利影响。

二、资源稀缺对经济的影响分析

随着人口数量的增加和经济社会的进步，人类对资源的需求日益增加，相对于人类的需要，资源正逐渐变得更为稀少，因此，"稀缺性"已经成为人类社会与自然资源相互关系中的关键问题。

（一）资源稀缺的概念

稀缺性是指在一定的社会发展阶段当中，在一定的技术条件下，某种资源相对于人类欲望的有限性。

1. 资源稀缺的类型

依据资源需求的特性和资源的时空分布特性，可以将稀缺性分为两种类型：绝对稀缺和相对稀缺。绝对稀缺是指在特定的经济和技术环境下，某种资源因其消耗速度而其存量难以满足总需求，且难以找到合适替代品的稀缺状态。所有资源相对于人类不断增长的需求来说，都存在着绝对稀缺的问题。相对稀缺则是指尽管自然资源的总体供应量能够满足需求，但因资源分布不均或人类活动导致的环境和生态问题，某些地区可能会出现资源供应不足的现象。当资源需求增加，价格上升，可能会导致原本相对稀缺的资源变得绝对稀缺。在经济学领域，相对稀缺是更为常见的研究对象。

按照资源的定义，稀缺可以被分为广义稀缺与狭义稀缺。广义稀缺指的是经济环境里的整体稀缺，资源的限制性作用是对于整个经济规模或生产能力约束，即对于经济潜力的瓶颈。短期内，资源的广义稀缺在价格与成本上对经济体产生供给冲击，可能导致经济下滑或剧烈波动；长期则对经济体的产出上限形成约束，决定了经济的最大生产能力。另一方面，狭义稀缺则是指个体或企业所面对的资源限制，是对于其盈利或收益的约束。这种稀缺性意味着可利用资源的有限性，限制了企业盈利可能达到的数额或个人可以实现的最大收益。

2. 资源稀缺的原因

资源的稀缺性是由于人类需求的无限性与资源数量的有限性之间的矛盾而产生的。随着人类需求的不断增加，资源供给的有限性使得它们无法完全满足所有的人类需求，从而呈现出稀缺的状态。资源稀缺的形成有许多原因。

首先，自然资源的总量是有限的，存在其自然上的边界。由于新发现的资源储量通常增长速度低于消耗速度，随着资源消耗的快速增加，技术和经济上可用的自然资源逐渐减少，导致稀缺性的出现，并在某些情况下可能导致资源的枯竭。

其次，人口数量的快速增长加剧了资源的短缺问题，特别是在发展中国家。

再次，全球生态环境的演变导致资源稀缺。人类生存的环境中的一些要素出现了对人类不利的变化，这破坏了人与环境之间的平衡。伴随着世界各国尤其是发展中国家的工业化速度加快，人类对自然资源的大量消耗导致了环境质量的下降。例如，一些理论上可再生的资源因过度使用而消耗速度超过了其自然更新的速度，导致生态系统服务的退化。生态系统的退化进一步削弱了资源的更新能力，加剧了资源的稀缺性，形成了一个恶性循环。

最终，从国家和区域的角度来看，自然资源的不均衡地理分布、国际经济秩序的不完善、科技技术的不足、各国经济发展水平的不同、经济社会体制的不适应以及资源分配的不公都是导致资源稀缺的因素。

（二）资源稀缺性的度量

资源稀缺性的度量可以分为物理度量及经济度量两大类。

1. 物理度量

资源稀缺性的物理度量涉及对某种资源当前储量的评估，并基于当前及预测的未来使用速率来估算该资源可被利用的时间长度，进而评价资源的稀缺水平。根据计算模式的不同，物理度量方法可以分为静态和动态两种。静态的物理度量方法通过将资源的当前储量与每年的消耗量相比较，来衡量资源在特定时期的稀缺程度。计算公式如下：

$$Y = \frac{S_0}{R_0}$$

式中，Y 为静态储藏指数，用年表示；S_0 为当前资源储量；R_0 为当前年开采量或年利用量。

上式中假设 R_0 不变，然而实际上，未来的年利用量是不断增长的，并不是一个常数。假设资源每年利用量以 r 的比率增长，则在第 t 年时，资源的利用量为：

$$R_t = R_0 \times e^{rt}$$

式中，R_t 为第 t 年资源的利用量；R_0 的含义同上。则未来 T 年的资源利用总量为：

$$R(T) = \int_0^T R(t)dt = \int_0^T R_0 \times e^{rt}dt = \frac{R_0}{r}\left(e^{rT} - 1\right)$$

式中，$R(T)$ 为 T 年的资源利用总量，其余变量含义同上。

因此，储量耗竭的年限计算公式应为：

$$Y = \frac{S_0 r}{R\left(e^{rT} - 1\right)}$$

储藏指数具有前瞻性、可比性和可计量性，计算结果也简单易懂，所以被广泛使用。

2. 经济度量

资源稀缺性的经济度量比其物理度量更具有研究意义，稀缺性的经济度量主要从以下几个方面进行：

（1）资源价格

资源价格揭示了资源的价值，当资源价格充分体现了所有相关社会成本时，市场能够确保这些资源被最有效地使用。对于同类但储量有限的资源，随着不断的开采，其未来可用量逐渐减少，从而导致稀缺性逐渐增加。在功能正常的市场中，随着资源的稀缺性提升，其产品价格通常会上升，因此资源价格能在一定程度上反映出资源的稀缺程度。资源价格具有预测性、可比较性和可量化性等特征。通常认为，资源的内在价值越高，其稀缺性也越强。资源的稀缺性通过价格机制在市场当中得到体现和反映。

（2）边际开采成本

边际开采成本是指开采一单位稀缺资源所涉及的价值牺牲，即生产资源的边际私人成本。随着累积开采量的增加，许多资源的边际开采成本呈现出上升趋势。最初，优先开采的是品质较高的资源。然而，随着开采量的增加，开采难度逐渐加大，同时人类需求持续增长，在现有技术水平下，被迫开采品质较低的资源。这些低品质资源的开采成本随着开采量的扩大而上升，导致边际私人成本的持续增加，进而使得资源的稀缺性也随之增强。

（3）边际使用成本

对于储量有限的资源，每多开采一单位，未来就少了一单位可开采资源，因此需要在当前开采中考虑到未来放弃的机会成本，这即是边际使用成本。从收益的角度，稀缺租金用于衡量这一成本，它等于资源的市场交易价格与边际开采成本的差额，并归资源所有者所有。随着累积开采量的增加，边际开采成本逐渐上升，导致边际使用成本随时间推移而增加。这意味着，随着边际开采成本的提高，未来保留资源所带来的净收益减少，从而使得资源的稀缺性随着时间而加剧。

（三）资源稀缺对经济的影响

资源稀缺对经济活动产生的主要影响集中于经济增长、技术发展、产业结构和制度结构等关键经济领域。简而言之，通过这些途径直接影响经济发展的过程。具体体现在以下几个方面：

1. 经济增长

资源是支撑经济增长的关键物质条件，而资源的稀缺性可能会引发经济衰退或造成经济波动，其决定了经济体的生产能力极限，从而成为制约经济增长的一个客观因素。在其他条件保持稳定的情况下，经济活动规模越大，对资源的需求就越迅速，导致资源稀缺与经济发展之间的矛盾越加尖锐。资源的稀缺性推动人类从依赖大量资源消耗以实现经济增长的传统模式，转变为更注重提高资源利用效率的节约型经济增长模式。

2. 技术进步

资源的匮乏促使社会持续探索高效利用资源的经济发展模式，从而对技术水平提出更高的要求。资源稀缺对技术进步的影响具有复杂性。一方面，技术的进步本身就依赖于一定的物质基础，缺少资源支持，技术发展将会受限，因此稀缺性可能延缓技术进步的脚步。另一方面，随着资源的不断消耗导致其日趋稀缺，迫使人们寻求改进资源利用效率的方法，进而推动技术创新，因此稀缺也对技术进步具有推动作用。

3. 经济结构

经济结构是由多个系统组成的多层次、多因素的复杂体系。众多因素影响着经济结构形成，其中最核心的是社会对终端产品和服务的需求。经济结构的状态是评估一个国家或地区经济发展程度的关键标准。判断一个国家或地区的经济结构是否优化，主要取决于其是否高效地运用了各类资源。因此，资源稀缺对一个国家或地区的经济结构有着

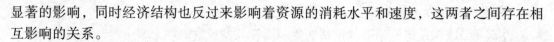

显著的影响，同时经济结构也反过来影响着资源的消耗水平和速度，这两者之间存在相互影响的关系。

4. 社会经济制度

社会经济制度是由特定社会发展阶段占主导地位的生产关系构成的复合体，其构成了该社会的经济基础。资源配置涉及对资源的用途选择及其在不同部门或地区间的分配。资源配置可通过市场机制或政府干预来实现。市场配置在市场经济体系中运作，依据供求关系和利益驱动原则自动调节资源至各个领域和地区。而政府配置则是通过政策手段直接或间接地调整资源配置的分布和规模。资源的稀缺性会在一定程度上影响资源配置的效率，可能导致资源流动的自由性受限或影响政府的调节措施，进而对社会经济制度产生影响。

三、经济增长与自然资源的关系

历史视角下，人类社会的进步与自然资源的利用紧密相连，人类的开端与自然资源的利用同步，两者的发展轨迹也相互交织。伴随着文明的进步，人类对自然资源的需求和消耗不断增加，利用自然资源的领域也在扩大，深度加强，对自然资源的依赖性日益显著。自然资源的开发对经济增长至关重要。纵观历史，几乎每项新发明和使用的出现都是基于对新自然资源的认知、开发和应用。不同国家或地区的发展历程和现状表明，由于自然资源认知和利用的方法、路径的差异，导致了社会生产力的巨大差异和国力的强弱之分。例如，蒸汽动力及其依赖的煤炭和金属资源的发展，显著提升了某些国家的相对实力。自然资源开发对经济发展具有多方面的积极影响，主要体现在以下几个方面：

第一，自然资源开发为物质资料生产提供了关键的原材料与能源支持。物质资料是人类生存的基础，代表了社会财富的基本形态，是经济活动的主体载体，积累物质财富是经济发展的核心表现。所有物质资料最终由自然界产出，通过人类劳动对其进行加工和转换而来。自然资源开发既包含物质生产的环节，又是对资源进行有目标的物质转化过程，旨在为社会生产提供各种原材料的经济活动。各个资源的开采与加工、资源产品的创造，为工业化文明与科学技术进步提供了需求和物质基础。能源作为工业血肉、经济的命脉，也通过自然资源开发转化为现代社会所需的各种能源形式，确保了经济活动的顺利进行。

第二，自自然资源的开发有助于促进就业机会的增加和相关产业的增长。这一过程涉及大量的劳动力使用和资本投入，且依赖于运输、金融、商业等配套服务行业的支持，逐渐在资源丰富地区建立起以资源为核心、相关产业为辅助的区域性产业体系，进而推动该地区经济的蓬勃发展。例如，中国鄂尔多斯地区煤炭资源的开发不仅直接创造了众多就业岗位，还因为人口集中促进了第二和第三产业的发展，从而体现了自然资源开发在促进就业和激发产业联动方面的积极作用。第三，资源收益是工业化资本积累的重要来源。资源的开发为社会积累了巨大的财富，也为工业化资本积累创造了条件。资源的大规模开发必然带来资源收益的快速增长，如果通过完善的制度安排和体制机制对资源收益分配加以约束，避免资源收益被误用或者滥用，就能够为工业化资本积累和经济起步提供良好的资金来源。对许多国家来说，通过资源输出换取外汇是积累工业化所需资金的重要手段。在经济发展的初期，拥有丰富自然资源的国家可以通过资源出口获得较高的收入，而这些出口收入在一定程度上有助于地区工业化资本的积累。

第四，自然资源开发是制约产业结构和产业布局的重要因素。在某一特定的经济发展阶段，自然资源开发对国家或地区劳动分工、产业结构和产业布局产生了重要影响。产业结构一般是指以社会分工和协作为基础而形成的各产业、各部门之间的关系体系。制约产业结构的因素是多方面的，除了生产力发展状况、科技发展水平以及各产业间的关联效应等因素外，自然资源禀赋及其开发状况也是重要因素之一，不同区域在自然资源的结构和储量方面均有所差异，由此形成的具体劳动的种类也就不同，因而最终形成了具有区域色彩的社会分工和产业部门结构。自然资源不仅对产业结构有制约作用，同时对产业布局也有着重要影响。自然资源的开发利用贯穿于区域经济社会发展历程，一些区域的经济结构、产业结构与水平、城市功能与布局无不打上了资源的烙印，在自然资源与区域经济发展两者之间一直存在着复杂交织的紧密关系。

第三节　自然资源价值重建

一、自然资源价值理论

（一）自然资源无价值论的产生

在传统的经济价值观中，一般认为没有劳动参与的东西没有价值，或者认为不能交易的东西没有价值，所以都认为天然的自然资源是没有价值的。资源无价值论的产生，既有思想观念、经济体制和历史传统的因素，也与自然资源本身的性质有关。

1. 确定价格的市场机制不合理

常见的定价方法包括生产成本加成法和市场供需法。自然资源产品的定价往往只覆盖了开采、加工和运输等直接成本以及预期利润，而没有反映自然资源自身的价值。例如，在我国的一段时间内，木材售价仅考虑了采伐和运输费用，忽略了造林和地租成本，导致了森林资源的价值被忽视。同样，水资源的定价只考虑了供水环节成本，而排水和污水处理成本、以及水资源本身的价值则未被计入。土地资源也曾长期被免费使用，而矿产资源的定价也通常只包括了开采和运输成本，忽略了资源本身的价值。近年来，人们开始认识到这个问题，并开始征收水资源费、土地使用费、矿产资源费等，但这一问题尚未得到根本性的解决。

2. 历史因素

过去的思想观念未充分认识到自然资源的重要性，这在一定程度上源于早期历史阶段，自然资源普遍并不稀缺。在当时的低经济发展水平和民众生活水平下，人类对自然资源的利用程度相对较低，而且自然资源相对于人类的需求来说相对丰富，因此常常被视为无需付费的自由资源。由于人类的需求较为基础，主要是满足基本生活需求，如食物和住所等，因此没有意识到自然资源和环境的价值是可以理解的。

3. "公共财产"问题

大气、水体、未开发的土地等自然资源通常被视为公共资产，人们可以不花钱使用它们，但没有人对它们的使用负责。即便是私人财产，也常常带有公共属性。例如，一个私人林场的土地和树木可能属于林场主，但其提供的生态服务，如美学价值、碳固定等，是大家共享的，这部分"公共物品"的价值难以衡量，也更难以进行市场交易。

现在，资源的稀缺性已经成为阻碍社会经济持续发展的关键限制因素，而对自然资源的不当使用也是导致环境污染和生态破坏的直接导火索。目前，人们已经开始意识到稳定和充足的自然资源供应以及一个清洁和美丽环境的重要性。随着经济的进步和生活水平的提升，人口增长和资源环境约束的严峻性日益凸显，自然资源和生态环境的价值也将越来越受到重视。要解决自然资源和生态环境的问题，需要从制度、政策法规、技术等多角度着手，而重新评估和确认自然资源的价值是一个根本性的解决方案。

（二）自然资源无价值论的后果

将自然资源视作无价值的思维方式，及其在理论和政策实践中的体现，助长了自然资源的无偿使用、过度开采和消耗，进而引发了生态系统的退化与环境问题的加剧。

1. 自然资源的破坏和浪费

由于自然资源常常可以无需支付费用地使用，其利用过程中往往伴随着浪费和损害。例如，常见的不当行为包括随意占地、随意改变水流、在矿产资源开采中只开采富集部分而忽视其他部分、乱砍滥伐、资源利用不当等。拥有自然资源使用权的实体或个人往往不会考虑资源利用的经济回报，缺乏节约资源和提升资源效率的积极性、主动性和制约力，这导致了自然资源的严重浪费和破坏。

2. 导致财富分配不公和竞争的不平等

由于自然资源被视为无价或没有明确定价，它们的所有权和使用权往往不是通过市场竞争力获得的，而是可能依赖于权力、关系或偶然的机会。因此，那些成功获得资源的单位或个人通常会比未能获得资源的单位或者个人更有优势，而那些获得高质量资源的单位或个人相较于获得质量较低资源的单位或个人也会更有利。这种资源分配的不平等和竞争的不公平性导致了自然资源丰富往往掩盖了管理上的不足。尤其是在矿业、林业、农业和蔬菜种植等行业中，劳动生产率与自然资源的丰富程度有着直接的关联。在相同的经营管理和外部环境条件下，富铁矿区每开采 1 吨铁矿石的收益可能会是贫矿区的五倍。油田的劳动生产率差异更是显著。由于自然资源可以免费使用，资源丰富的企业即便管理不善,通常也能比那些自然资源贫乏但管理良好的企业获得更高的经济效益。自然资源带来的财富能够弥补经营上的不足,从而隐藏了管理中许多问题。

3. 国家财政收入的减少

许多自然资源属于公共或国家所有,本应能带来重要的财政收入,但由于自然资源没有被赋予价值或定价,使用它们的实体无需支付费用,因此,这种所有制形式实际上名存实亡,相应的财政收入未曾实现。

4. 资源物质补偿和价值补偿不足,导致自然资源财富枯竭

自然资源在使用的进程中,需要不断地被保护、升级、补偿和修复,人类利用自然资源的活动实际上是一部不断优化和维护自然资源的历史。然而,如果从理论上将自然资源视为无价值,并在实践中允许无偿使用自然资源,那么对自然资源的维护、保护和补偿工作很可能会被忽视,被视为不必要的重负。即便有所关注,也被认为是不产生直接经济效益的非生产性投资,这种投资难以回收,往往导致持续的亏空,难以持续进行。

5. 国民财富的核算失真

一个国家的经济实力可通过国民财富来衡量,这体现了该国几百年甚至几千年来的辛勤劳动所积累的成果。在这其中,自然资源,尤其是土地资源,扮演着至关重要的角色。在西方国家,土地资源(即不动产)往往占到国民财富的四分之一以上。

(三)自然资源价值的建立

因为自然资源被认为没有价值,这导致了资源的滥用和自然资源使用带来的负面外部影响。为了解决这些问题,通常需要依赖政府和市场两种方式来进行改善。

1. 政府干预

英国著名经济学家庇古(Pigou)从福利经济学的视角对市场失灵中的外部性问题进行了深入研究。他指出,外部性问题无法通过市场机制自行解决,而应由政府进行干预。通过实施附加税或提供津贴,政府可以对私人决策产生影响,使其更加符合社会整体的决策。这种政府干预有助于恢复市场秩序。政府在促使私人主体达成协议方面的作用,与现代经济学对政府调节职能的认识相契合。但庇古理论存在着一定的局限性:其一,庇古理论的前提是政府天然代表公共利益,并能自觉按公共利益对外部性活动进行干预。然而,事实上公共决策存在很大的局限性。其二,政府不是万能的,如它不可能拥有足够的信息。其三,政府干预本身也需要花费成本。其四,庇古理论使用过程中可能出现寻租行为(寻租是指人们凭借政府保护而进行的寻求财富转移的活动。它包括"旨在通过引入政府干预或者终止它的干预而获利的活动"。租,即租金,也就是利润、利益、好处。寻租,即对经济利益的追求。有的企业贿赂官员为本企业得到项目特许权或者其他稀缺的经济资源。后者被称为寻租。是一些既得利益者对既得利益的维护和对既得利益进行再分配的活动。

2. 市场机制

"只要产权关系明确地予以界定，私人成本和社会成本就不会发生背离。通过市场的交易活动和权利的买卖，可以实现资源的合理配置。"这种观点实质上是利用市场机制，让外部性在产权明确的基础上重新融入市场。产权在解决市场失灵和提升资源配置效率方面扮演着关键角色，其功能包括：促使人们内化外部性，防止资源浪费，并增强资源配置的效率；形成激励机制，降低经济活动中搭便车机会主义行为；降低不确定性，进而提升资源配置的效率。

理论上，市场和政府干预都存在无法避免的缺陷。单纯从一种有缺陷的方法转向另一种，并不能在逻辑上确保更合理的选择。在实践中，无论是政府调控还是市场重构，都无法完美解决市场失灵的问题。然而，通过政府和市场的相互作用，可以补充市场的不足，并且有助于解决资源浪费和外部性问题。

3. 建立效用价值论

随着社会及经济发展与人口、资源、环境问题的凸显，人类对自然界功能及效用的理解以及对其利用方式发生了根本性的转变。自然资源的价值观从仅被视为生产要素，逐渐扩展到了包含其提供多元服务功能的认知，使得效用价值论成为了主流论述，而劳动价值论的地位则相对减弱。

效用价值论提出，商品的价值不是由劳动量决定的，而是由其效用所决定的。这一理论后来被发展为边际效用价值论。边际效用价值论指出，即价值源自效用，且需物品的稀缺性作为支撑，两者共同构成了价值的基石。价值的大小取决于边际效用，即满足个体最后需求的那个单位商品的效用。在此框架下，"价值"是经济主体对物品重要性的一种评估。随着个体消费某物品数量的增加，其对该物品的欲望通常会降低，这是边际效用递减原理。而为了最大化总效用，不论各种欲望起初的强度如何，最终需要使每种欲望的满足程度相等。商品的效用量是由市场的供需状况所决定的，并且它与需求的强度成正比。物品的价值则是由其效用和稀缺性共同决定的。对于生产资料来说，其价值取决于生产出的消费资料的边际效用；而对于有多种用途的物品，其价值则由各种可能用途中边际效用最高的那个用途所决定的。

二、自然资源价值评价的方法

自然资源的价值评估涉及将自然资源的价值转化为货币价值。那些可以进入市场的自然资源的价值可以通过市场价格直接衡量。

由于市场机制的不完善，自然资源使用产生的外部性无法在市场中体现，因此需要进行非市场价值评估来补充市场机制的不足。基于自然资源价值的特点和信息的获取方式，自然资源价值评估方法被分为三种主要类型。第一种是传统市场法，包括生产函数法、人力资本法和重置成本法；第二种是替代市场法，涉及旅行费用法和规避行为与防护费用法；第三种是意愿评估法或称为条件估值法、市场模拟法。

自然资源的价值评估可以根据评价的主观性和客观性来分为两大类。客观评价法通过分析自然资源变化带来的直接物质影响来进行评估，其中包括生产函数法、重置成本法等。相对而言，主观评价法则是基于人们的偏好或通过对人类行为的研究来估算自然资源的效益与损失，代表性方法有旅行费用法、人力资本法、意愿评估法等等。

（一）传统市场法

传统市场法依赖市场行为的数据，因其清晰、易理解且有较强说服力而广泛应用。然而，在市场不成熟或扭曲严重的情况下，或者当产出的变化可能大幅影响价格时，这种方法的局限性变得明显。市场价格往往无法充分反映真实价值，这是由于消费者剩余和外部效应的忽视所致。所以，传统市场法在评估自然资源价值时的适用性受限于特定条件和范围：当自然资源的数量或质量变化直接导致其产品或生态服务的增减，且这些产品或服务已在市场上存在，或者有明确的替代品；当自然资源的变化影响明显并可被观察到，且可通过实验验证；以及当市场较为成熟，市场功能完善，价格能准确反映其经济价值时。

在现有条件下和范围限制之外，市场上往往是无法完全折合自然资源价值的。鉴于此，经济学界开发了若干评估方法来科学地以货币形式反映非市场领域内的自然资源价值，这其中包括替代市场法和意愿评估法引入。

（二）替代市场法

当所评估的自然资源本身缺乏直接的市场价格时，可以找到某种具有市场价格的替代品来间接衡量其价值。例如清新空气、整洁环境、优美景观等自然资源没有直接的市场价格，就需要寻找相关的替代物来间接评估其价值。这就是替代市场法的基本思路：首先分析自然资源的各种价值属性，然后找到某种有市场价格的替代品来间接衡量。比如对自然资源的旅游休闲价值的评估，可以使用旅行成本作为替代指标。替代市场法包括旅行费用法、规避行为或防护费用法等具体方法。

1. 旅行费用法

旅行费用法是早期用于评估无市场商品价值的手段之一，最初设计用于衡量环境产品所带来社会收益的评估。

自然游憩资源通常被视为一种接近公共物品的属性。由于公共物品的消费者剩余较难量化，其价值评估也因此变得复杂。旅行费用法是首个将消费者剩余纳入公共物品价值评估的方法，为评估公共物品价值提供了新的视角。这一方法在美国已经被应用于评估包括国家公园在内的多个游憩目的地的价值。

旅行费用法以旅游成本（如交通费、门票和旅游地的花费等）作为旅游地入场费的替代，通过这些成本，求出旅游者的消费剩余，以此来测定自然资源的游憩价值。

在实际操作中，旅行费用法专注于特定的旅游目的地。评估过程从确定目标旅游地开始，将该地周围区域划分为几个同心圆区域，随着距离的增加，旅游相关成本也随之上升。接着，在旅游目的地对游客进行调研，收集游客的来源地、旅游频率、旅游开支以及游客的社会经济背景等信息。之后，分析这些调研数据，通过回归分析将旅游频率与旅游成本以及社会经济变量之间的关系建模。

2. 规避行为法（防护费用法）

在自然资源可能发生变化的背景下，人们会采取措施保护自己不受潜在的危害影响。这可能包括购买特定的商品或服务来补偿自然资源变化带来的损失。这些购买的商品或服务可以被视为自然资源价值的代表。因此，用于购买这些替代品的费用为衡量人们为保护自身而投入的最低成本，反映了他们对自然资源价值初步评估。规避行为法或防护费用法就是通过分析因自然资源变化而引起的替代品费用变化来评估自然资源价值的方法。

规避行为法用实际购买花费来度量人们对自然资源的偏好，度量自然资源价值，具有很强的直观性。运用规避行为法度量自然资源的非市场价值，主要有三个步骤：

第一步是识别有害的环境因素。这一步骤可能较为直观明了，但由于规避行为通常存在多种动机，因此在任何情况下都应当辨别出主导的有害环境因素。使用规避行为来体现自然资源价值时，可能会因为存在多种行为动机和环境目标而夸大单一有害因素的价值。因此，在应用规避行为法时，需要区分主要和次要环境因素，并将规避行为归因于特定的主导目的上。

第二步是确定受影响的人数。在评估特定不利自然资源因素时，需要划分受影响的不同人群。根据受影响程度的差异，可以将人群划分为受影响较大和较小两类。在应用规避行为法时，应该选择从受影响较大人群中抽取数据，以免仅考虑部分受影响的人群而导致对价值的低估。

第三步是获取人们对所受影响采取的规避措施的数据。在收集规避行为法所需数据时，可采取多种方式：对潜在受影响群体进行全面调查；在受影响群体较大时，采用抽样调查，如针对空气质量下降、水环境恶化或噪音污染等问题而采取预防措施的家庭；以及咨询因土壤退化而采取施肥等预防措施的农民等。另外，还可以听取专家意见，了解如预防措施的成本、恢复环境原状或替代环境资产的费用，以及替代品的购置成本等。但专家意见只能作为补充信息来源，用于验证其他方法得到的数据可靠性，不能直接用于价值评估或替代观察到的实际行为数据。

规避行为法相较于其他方法来说，操作简便且直观，但是在实际应用中亦面临诸多挑战。例如，在某些情况下，可能难以找到能够完全替代自然资源质量的替代品。例如，化肥虽可补充土壤养分，但无法恢复土壤结构，仅能实现部分替代。因此，通过规避行为法得出的自然资源价值可能只是其价值的一部分。该方法建立在人们能够了解并计算防护费用的基础之上，但对于新出现的风险或跨时期的风险，人们可能会无意中低估或高估这些费用。即便人们知晓所需的费用，市场的不完善和收入限制也可能限制他们的行为。例如，贫困可能导致自然资源变化的受害者无法承担足够的费用来保护自己。这些因素都会影响规避行为法在评估自然资源价值时的准确性。因此，该方法的有效性取决于特定条件，即当人们意识到自然资源变化带来的威胁，并采取可通过价格衡量的行动来保护自己时。

替代市场法提供了一种基于可观测市场行为和价格来估计非市场环境资源价值的手段，其应用范围比传统市场法更为广泛。然而，由于该方法依赖于另一种商品或服务的市场定价，它需要比传统市场估值更多的数据和信息，并且要求更为严格经济假设。

另外，传统市场法和替代市场法均无法评估自然资源的非使用价值，因而都可能存在低估价值的问题。为评估自然资源的非使用价值，目前多采用意愿评估法。

（三）意愿评估法

1. 意愿评估法简介

在没有市场价格的情况下，意愿评估法用虚构市场的方式，询问受访者对于非市场自然资源（如清洁空气等外部效益）的认识。受访者假想自己作为该市场的主体，通过直接访谈了解他们愿意为此支付的金额。这种访谈通常涉及在资源服务供给量（或质量）变化时，要求受访者基于该变化来维持其期望效用水平的支付意愿。研究者据此估算自然资源的价值。意愿评估法采用补偿变量和均衡变量两大指标来衡量消费者的剩余状况，并以此来计算资源价值。

意愿评估法通过创建一个假设的市场环境，来揭示人们对于环境改善所愿意支付的最高价格，或是面对环境退化时所希望获得的最小赔偿。在游憩资源的评估中，这种方法会让受访者想象环境状况的假设变化，并且引导他们表达出对游憩资源或活动的最大支付意愿。

在进行意愿评估调查时，为了获取受访者的支付意愿或补偿意愿，通常需要采用一种引导评估技术。这些技术包括投标博弈法、支付卡法、开放式问卷法和封闭式问卷法等。其中，后三种方法因其广泛的应用而较为常见。

支付卡法要求受访者在一系列预设的支付金额选项中选择他们愿意支付的数额。这种方法的优点是受访者操作起来较为便捷；然而，对于不熟悉的公共物品的价值评估，受访者可能难以决定哪个金额最为合适，导致可能出现猜测或随机选择的情况。为了解决这一问题，提出了一个改进版的方法，也就是"支付卡梯级法"。在这个方法中，受访者需要在支付卡上确定两个数值：一个是最低接受金额，另一个是最高拒绝金额。显然，确定这两个数值比仅仅选定一个金额更为简单。

开放式问卷法（open-ended questionnaire）与封闭式问卷法（close-ended questionnaire）是进行意愿评估调查时采用的两种基本评估技术。放式问卷法直接询问受访者对于环境改善的最大支付意愿，虽然提问简单，但受访者回答时可能会遇到困难，导致大量未回答的情况，以及许多金额过小或过大的支付意愿，特别是在受访者对评估对象不熟悉的情况下。封闭式问卷法，也称为二分选择问卷，设计使得受访者只需回答"是"或"否"来选择支付意愿的标值。这种问卷形式更接近真实市场，使得受访者更容易回答，并解决了开放式问卷中常见的无回应问题。二分选择问卷进一步演变，发展出了双边界二分法。假如受访者对第一个支付意愿标值回答了"是"，那么第二个支付意愿标值就要比第一个大一些，反之就要小一些。和单边界二分式问卷相比，这种方法能够提供更多的信息，在统计上也更为有效。还有的进一步引入 1.5 边界二分法。受访者先被告知物品的价格在 X ～ Y 元之间（X ＜ Y），然后询问受访者是否愿意支付 *x* 元，若回答是否定的问题结束；若回答为肯定的，就继续询问其是否愿意支付 Y 元。与双边界二分法相比，1.5 边界二分法在统计上的有效性方面更进一步：该方法在受访者回答之前就被告知其一高一低两个支付意愿标值，从而避免了因新标值的提出而可能引致的偏差。

2. 意愿评估法的有效性

在理论层面，意愿评估法通过支付意愿调查和补偿意愿调查来评估自然资源价值时，应当得出相同的结果。然而，根据预期理论，消费者通常对失去现有物品的评价更为重要，而对将来获得的新物品评价相对较低。因自然资源的供给是有限的，消费者的选择不仅是最终性的，而且通常是二选一的决定，即接受或永久放弃。这种情况下，消费者对于获得与失去的评价差异会更加敏感。

在现实情况中，补偿意愿调查往往会导致被调查者提出较高的补偿价值，因为他们需要放弃对自然资源的使用效益；而支付意愿调查时，被调查者可能会由于不愿承担高昂的费用风险而提供较低的支付意愿。因此，使用支付意愿和补偿意愿方法得到的结果通常会有显著差异。比如，假设在一个居民社区中，有一块公共绿地，物业部门为解决停车问题考虑两个方案：要么投资将部分公共绿地改造成停车场，要么花费更多资金在地下建造停车场。居民也有两个选择：要么接受物业部门的补偿放弃公共绿地，要么支付费用让物业部门建设地下停车场以保留公共绿地。在这种情境下，调查居民为保留公共绿地愿意支付的金额和放弃公共绿地所要求的补偿金额，很可能会发现支付意愿低于补偿意愿。通常情况下，补偿意愿可能是支付意愿的四倍。

因此，在使用意愿评估时，首先需要决定是采用补偿意愿还是支付意愿。虽然可以设计出有效利用补偿意愿的情况，但是在众多场合，尤其是在受益关系或权利界定模糊且复杂的情况下，补偿意愿往往难以准确反映真实的补偿价值，因此通常选择避免使用。

支付意愿方面，回答者可能会受到两种心理因素的影响：一方面，如果他们认为所声明的支付意愿最终将实际支付，为了减少未来的支付，他们可能会故意低估自己的支付意愿；另一方面，如果回答者知道实际支付金额与他们的声明无关，他们可能会为了获得外部效益而高估自己的支付意愿。

在进行自然资源的价值评估时，采用意愿评估法应尽量减少支付意愿和补偿意愿方面的误差。这可以通过使用相关的图像和合适的比喻来清楚地展示调查情境，以降低误解偏差。此外，增加调查样本量并确保调查对象具有代表性也有助于减少汇总误差。常用的策略之一是使用"是"或"否"的简洁问题来询问受访者是否愿意支付特定金额，同时明确指出可能会根据他们的支付意愿收取费用。另一种方法是根据支付意愿的大小来决定是否继续提供相关环境服务，以防止受访者过度或不充分表达他们的支付意愿。

意愿评估法通过分析个人所表明的支付意愿或补偿意愿来估算自然资源的价值，这一方法广泛应用于评估各种自然资源变化的经济影响。在市场价格或替代价格数据不足的情况下，该方法尤为重要，并且是目前评估非使用价值的一种唯一的手段。

　　然而，意愿评估法在实施时对数据的需求量大，耗时并且成本高昂，同时对调查问卷的设计和解读要求具备高度的专业性。另外，该方法并非基于可衡量或预设的市场行为，而是依赖于受访者的回答，这些回答是从他们自称的偏好中获得的，因此具有主观性。由于不同的人持有不同的价值观和环境伦理观，他们对同一问题的回答可能会出现大量的偏差。尽管可以通过精心设计问卷来减轻这些偏差，但是完全消除偏差是难以实现的。

第四章 自然资源的开发及管理

第一节 自然资源开发的辩证思考

一、辩证地看待自然资源，树立正确的资源观

（一）辩证地看待自然资源的优势和劣势

一个国家或地区的经济增长离不开一定量资金、产品市场以及政府对资源配置的能力。经济增长能否在较长的时间内持续，很大程度上取决于政府调动社会资源的能力，这种能力主要受到以下三个因素的影响：人均自然资源的丰富度、人口数量及起步资金的多少。

资源经济学家把自然资源视为总生产函数中的一个关键要素，以此探索国家经济增长的问题。生产函数描述的是在固定的技术条件下，生产要素的投入量与可能的最大产出量之间的联系。

自然资源状况对于区域经济的发展至关重要。依据上述分析，若一个地区能够基于本地自然资源的实际状况，进行全面而准确的自我认知，发挥优势并规避劣势，积极地进行开发与合理利用，那么其经济增长将得到加速。相反，如果地区不能对自身的自然资源优势进行正确评估，导致无法充分利用资源，或者由于资源条件的不足而感到沮丧，

甚至过于依赖自然资源，都可能导致资源未能发挥其应有的作用，甚至成为经济发展的阻碍。因此，正确理解和利用自然资源，是地区经济发展当中的一个关键问题。本质上，这要求我们用辩证的眼光看待自然资源，建立正确的资源观念。

近些年，有的区域经济快速增长，这在很大程度上得益于当地丰富的自然资源。例如，某些地方依托本地的煤炭、铁矿、铝土矿等矿产资源，打造了以初级加工为主的"资源型"经济，这种经济模式对生产技术的要求较为宽松，既适宜于技术含量低、资本投入少的企业，也能适应技术含量高、资本投入多的企业。此外，某些自然资源的垄断性特征为产品提供了一个相对稳定的市场需求，加上价格变动等有利的因素，使得原本经济欠发达的地区能够迅速发展。而以农业为主，尤其是粮食生产的地区，尽管农业发展迅速，人民生活水平也有显著提升，但与上述资源丰富地区相比，经济发展上的差距正在扩大。这些农业主导地区往往缺少可利用的矿产资源，导致一些人产生误解，过分重视矿产资源的开发，而忽视甚至忽略土地等自然资源的利用。这种观念不利于自然资源的最大化和经济的健康发展。

自然资源是指未经过人为加工的用以生产和生活的原始材料来源。广泛而言，地球上的所有自然物质都可以被视为资源，每个地区都拥有某种类型的资源，尽管它们在种类、数量、开发难度以及经济价值上有所不同。任何自然物质，无论其规模大小、数量多少、发挥作用的时间早晚，都有潜力成为对人类有益的物质或能量来源。因此，轻率地将任何自然物体排除在资源范畴以外是不恰当的。地区间的自然资源存在显著差异，这些差异构成了各地区的资源优势和劣势。一个地区的资源优势和劣势并非固定不变，它们可能会随着生产技术和经济条件的变化而相互转化。因此，我们应该采用辩证的视角来看待资源的优劣。

（二）辩证地看待自然资源的有利与无利

在商品经济体系中，自然资源只有当其被转化为商品时，才能真正成为财富，生产者才能真正获得经济收益。尽管某些自然资源具有实用性，但它们并不一定能被转化为商品。而那些能够转化为商品的自然资源，也未必都能为生产者带来经济效益。那些不为生产者带来经济效益的自然资源，往往被视为不具有经济价值的资源。

决定自然资源有利无利、利大利小的因素主要有以下三方面：

商在国家的煤炭和生铁价格调整之前，由于价格偏低，煤炭开采和生铁冶炼亏损。煤炭和铁矿石资源丰富的地区的居民，也无法凭借这些资源变得富有。只有在国家提高了这些资源的价格之后，这些自然资源才得到了积极的开发。一些农民对农业生产缺乏积极性的原因之一，就是粮食价格长期被压低，导致种粮收入不高，这就是所谓的"丰收悖论"。当一年中天气条件良好，农作物生长和收割运输都较为顺利，年终结算时会出现难得的好年景和大丰收，但结果是这家农家的收入却不如往年。这种"丰收悖论"的主要原因为小麦等基本粮食作物需求弹性小，消费者对粮食价格变动反应迟钝。粮食产量增加导致价格下降，但价格降低并不会显著增加需求量，因此好收成反而会使所有农民的总收入减少。相对于矿产资源开发的丰厚利润，土地资源的开发利润较低，甚至存在风险，这导致农民对土地资源开发缺乏积极性。以河南省洛阳市为例，褚春阳的研究调查了农业增产与农民收入之间的关系。改革开放以来，洛阳农业生产稳步增长，但农民收入的增长幅度却低于生产增长，甚至出现过下降的情况。

第二，自然资源被转化为商品的过程中涉及到的成本可以分为内部成本和外部成本两大类。内部成本涵盖了将资源转换为产品的直接生产成本，以及将产品从生产地运输到消费地的运输成本。而外部成本则主要涉及对环境的潜在影响和损害，这些成本通常不直接反映在生产者的账面上，但对社会和生态系统具有重要的影响。

①资源转化的生产成本。生产成本主要取决于：A.自然资源本身的构成和品位；B.开采自然资源所需的成本，由于各种资源储存的地理环境不同，开采的难易程度存在显著的差异，因此，开采成本不同。

②资源转化的运输成本。资运输难度、资源开采难度以及生产地与市场的距离直接决定了资源产品的运输成本。当生产和运输的总成本超过任何可能的市场价格时，资源的经济价值便无从谈起。在特定条件下，低廉的运输费用对资源经济价值的实现显得尤为重要。

③资源转化的环境成本。环境成本即指资源开采和利用过程中引发的环境污染和破坏所造成的综合经济损失，包括对国民经济的损害、社会及心理影响损失，以及生态系统遭受的破坏损失，这一切以货币形式进行量化。

由于生产技术水平等因素制约，当自然资源转化为商品需要较高的生产成本时，经济效益相对较低，这会削弱人们开发该资源的积极性。

自然资源转化为资源产品周期的长短。例如，采用土法高炉炼铁，建炉至投产的时间较短，资源转化为商品的速度快，因此收益迅速。相比之下，通过在荒山荒坡植树造林或发展畜牧业，资源转化为商品的时间可能需要数年至数十年，收益周期较长，从而可能降低人们的积极性。然而，商品价格、市场需求和技术水平等因素不断变化，使得哪些资源具有开发价值并非一成不变。所以，在评估自然资源的开发潜力时，应采用动态发展的视角。

二、两种经济类型中自然资源开发的辩证法

（一）"无资源型"经济的自然资源开发

在一些拥有矿产资源的地区，依托这些资源的开发确实能迅速推动当地经济的增长，这是众多地区的发展经验。而在矿产资源匮乏的地区，人们往往会误称当地资源贫乏（这种观点既不科学也不准确）。我们暂且采用这种说法，将这些地区的经济称为"非资源型"经济。实际上，这些地区并非一无所获，只是缺少矿产资源，而拥有丰富的土地资源可供开发。因此，"非资源型"经济的资源开发实际上指的是土地资源的利用。实践证明，在传统的农业区域，通过合理地开发和利用土地资源，同样能够有效促进地方经济的增长。许多地方通过在荒山上植树造林、种植粮食、经营果园、饲养家畜以及农副产品加工等方式，农民获得了显著经济收益。观察当前的生产发展水平，多数地区

的土地资源开发利用仍有较大空间，若积极行动，黄土便能转化为"黄金"。正如众多实例所证实的，"农林牧同样可以带来富裕"，"种植与养殖加工也能创造财富"。农林牧和种植养殖加工是当前土地资源开发利用的关键途径。从现有技术和资金需求来看，这些途径与现阶段多数地区的文化水平和经济状况相契合。农区不仅需支持自身的发展，还肩负着确保国家和地区的粮食及生态安全的重要职责，其作用至关重要。所以，根据一些地区的经验总结，农区的自然资源开发需要处理好以下几个方面的关系：

一是专业化与多样化的关系。考虑到各地区的自然条件、经济发展水平和技术能力，每个地区应重点发展一些核心生产项目，以此推动地区生产的区域化和专业化。这样做有助于提升生产效率和商品化水平，增加市场份额和生产稳定性。比如，人均耕地面积大或土地肥沃的荒山荒坡可被开发成集中的果园，迅速打造商品优势。农户不必局限于从事单一生产，而是可以根据自身情况和特长选择合适的经营活动。一个农户可同时经营多个项目，而不同农户之间可以有不同的经营项目。这种多元化的经营模式对于充分利用资源、优化劳动力配置和发挥个人专长具有重要意义。特别是在技术和社会服务不够完善、市场需求波动较大的情况下，多元化经营展现出更大的优势和适应性。妥善处理专业化和多样化的关系，往往能够带来更好经济效益。

推进农业的工业化发展。鉴于我国农村人口众多且占总人口的较大比例，期望通过农村人口向城镇转移来推进城镇化是不切实际的。相反，应通过市场化农业生产理念、企业化组织形式、科学化生产技术、标准化生产流程、专业化经营人员、多元化融资途径和区域化农业布局等措施，提升农业的整体收入和质量，增加农民的人均收入，促进农村生活现代化。工业化不仅是城镇化的助力，也是一种现代化的生产模式。它既代表着整体工业水平的提升，也强调在城镇化过程中，工业的作用在于促进农业的工业化，即把工业的技术和经验应用到农业中，支持农村种植大户转变为农业企业；支持建立各种农业专业协会，增强农业生产经营的组织性。

二是初级生产与加工增值的关系。土地资源开发利用的第一步应是种植业的发展，它为后续的养殖业和农副产品加工业打下基础，因此被视为初级生产。显然，种植业是必须首先关注的领域，因为它为整个生产体系提供基础。然而，由于土地资源的有限性，种植业的发展也受到一定制约，其收益也相对有限。为了获取更多收益，我们必须通过养殖业和加工业使初级产品增值。相比之下，加工业的增值途径十分广阔，仅依靠种植业使黄土变为黄金是不现实的，只有通过养殖业和加工业的多层次增值，黄土才有可能真正转化为黄金。

（二）"资源型"经济的自然资源开发

在审视"资源型"经济的自然资源开发时，应采取辩证的视角，既要认识到其自然资源的优势，也要意识到"资源型"经济的易受攻击性。开采矿产资源能在短期内带来显著的经济利益，并迅速推动当地经济的增长，这一点通常为大家所熟知。然而，人们在矿产资源开发过程中可能遇到的问题往往被忽视。本文把重点探讨"资源型"经济可能面临的脆弱性和如何实现持续的经济增长问题。

在矿产资源丰富的区域，若未能有效地利用这些资源，可能会孕育出一种扭曲的产业格局。这种格局存在几个显著的缺陷：首先，它表现出一种惯性。一旦形成了以特定重工业为主导的单一产业结构，它就会变得相对稳定，难以在短期内通过内在机制来适应市场的动态变化，其调整周期往往迟于市场的波动。其次，其呈现封闭性特征。这些区域的生产资料，如煤炭和铁矿，主要是不可再生资源，其产品主要用于出口，而进口的通常是消费品，这些消费品对产业结构的演进影响力有限，导致了一种单向的输出结构。生产过程就是劳动对象减少的过程，或者说是结构系统内熵不断增加的过程。当劳动对象减少到一定限度（熵达到某个阈值），生产过程就会停止，整个结构系统就会崩溃，这是封闭的平衡系统演化的必然结果。三是它的保守性。煤炭、铁矿等一些初级产品的质量是由资源本身的属性决定的，与用什么技术工艺生产关系不大。由于觉得煤炭或别的原料是自产自用，取之容易，用之大方，因此往往不把能源和原料的节约放在重要位置。于是，提高生产技术水平和生产管理水平就缺少内在和外在的压力和动力，较易处于落后保守的状态。

为确保宝贵而有限的资源得到更加高效的开发和利用，从而提升资源所带来的收益，同时增强地区经济的适应性和长远发展潜力，必须积极解决上述问题，并对产业结构进行合理的调整。为了实现"资源型"经济的产业结构由单一化向多业化的转变，必须充分重视以下几个方面的问题：

应当注重资源的合理利用和生产发展的宏观调控。不少地区因为缺乏规划的资源开发导致了人力、物力和财力的浪费，同时也对资源造成了不同程度的破坏，使得资源利用效率大幅下降。因此，对矿产资源的开发利用需要进行科学的规划和有序的管理，实行统一的开采组织和资源分配。高品质的矿产资源应分配给技术先进、资源利用效率高的企业进行开发；对于价值高但现有技术尚未充分利用的矿产，应暂时限制开采；而对于那些浪费资源或破坏性开采的小煤窑、土高炉等，应当限制其生产或予以取缔。同时，要根据资源分布、市场变化、电力供应、交通运输等实际情况，合理规划企业布局和产业发展，实现从无序到有序的发展转变。

第二，应当关注初级产品向高阶加工转化的进程。煤和铁等产品除了一小部分直接面向消费者外，多数作为工业原料重新投入生产，这使它们的生产受到其他工业生产和交通运输等因素的限制和影响。在某些情况下，开采出的煤炭和铁可能会因销售或运输问题而积压，这限制了生产的持续。因此，资源产地应发展多阶段的加工转化产业。这不仅是提供就业、提升收入的关键途径，也是增强产业结构活力、提升地区经济适应性和降低运输负担的有效手段。近几年来，多个地区通过发展乡镇企业，在本地利用煤炭建立小火电，然后用电力和煤炭冶炼生铁，进一步利用生铁进行铸造加工，利用矿渣生产水泥等，形成了一个完整的产业循环，实现了部分煤炭和铁产品的就地利用。此外，一些地区还致力于发展煤化工、炼钢轧材等高端生产项目，实现了煤炭、生铁等产品的高效转化。

第三，应关注非资源型产业的资本积累。矿产资源作为不可再生资源，最终会有耗尽的时候，而这些资源密切相关的产业也会随其枯竭而衰败或遭受重大打击。如果这些产业是某一地区的唯一经济支柱，那么该地区的经济发展可能会因资源的枯竭而停滞。虽然根据已知的储量和当前的开采速率，某些地区的矿产资源可供开采数百年，看似目前无需担心资源耗尽的问题。但对于许多地区而言，资源枯竭已迫在眉睫，这必须引起人们的深切关注。通过开发矿产资源获得的收益，除了小部分用于扩大生产外，大部分用于分配和社会福利，这导致了与经济发展不相协调的高消费。这些地区应尽量增加资本积累，减少非生产性支出，并且将资金主要用于发展非资源型的新生产项目，迅速形成新的主导产业，以确保地区经济的稳定增长。

第四，应当关注"重工业"导向产业结构的转型。根据之前的分析，部分区域已形成了不均衡的产业结构，并显示出其固有的多种缺陷。这种不均衡的产业结构最显著的问题是产业间比例失衡，重工业在总产值中所占比重过高，而农业与轻工业的比重则过低。因此，需要对"重工业"导向的产业结构进行轻化处理，各个地区应当结合自身特点，制定出适合本地区的产业结构转型策略。

第五，要必须重视提升企业的生产技术和生产管理水平。当前，"资源型"经济区的工业企业，特别是乡镇企业，在生产技术、装备及生产管理方式上普遍落后，仍停留在劳动密集和传统管理型的低水平阶段。为此，应通过技术改造、新企业建设和推广先进的现代管理技术等途径，逐步提升全地区的生产技术和装备水平，达到较高的标准。同时，还应努力提高劳动生产率，降低生产成本，提升产品质量，增强竞争力，以满足现代经济发展的需求。

三、自然资源开发中的辩证关系

恰当合理的自然资源开发是确保生态系统和社会经济稳定生长的关键，这对人类的生存和发展具有深远的影响。只有遵循唯物辩证法的宇宙观，恰当处理自然资源开发涉及的各方关系，才可真正实现自然资源的合理利用，从而达到最高的资源利用效率。

（一）自然资源开发与地理环境的关系

地理环境由自然环境与人工环境两大部分组成。自然环境是由各种自然要素相互影响、紧密相连的综合体，包括气候、地质、地形、水体、土壤、植被等元素。这些自然要素的相互作用构建了人类生存的自然环境，为我们的生存提供了必要的自然资源。在人类开发利用自然资源的过程中，我们逐渐改造自然环境，创造了人工环境。

从生产的角度来看，自然环境为人类提供了物质生产的自然资源。资源的丰富程度不仅体现在绝对数量上，也体现在相对数量，即人均资源占有量。对于特定地区而言，资源的绝对数量是固定的，但是人均资源占有量却显得不足。因此，人口、资源、环境三者之间存在着密切的联系。

人类首先是利用自然环境，进而对其进行改造并构建人工环境。在这个过程中，被利用的自然环境是指自然界中的原始物质，即自然资源。与大多数生物不同，人类对自然环境的利用是主动的、有意识的和积极的，表现在从自然环境中获取资源并用于创造人工环境。自然要素的可利用性和可改造性（即保守程度）从高到低排列为：地质、气候、地形、地下水、地表水、土壤、生物。所以，人类首先利用的是生物资源，包括种植作物和驯养动物；接着，人类进行土壤改良和水利灌溉；随后，人类开发矿产资源和建设工厂。这些活动逐步导致了农田、牧场、水渠、道路、矿山、工厂和城市等人工环境的形成。

在人类利用、塑造自然环境以及构建人工环境的过程中，自然资源始终是不可或缺的。人类对自然环境的影响主要体现在五个方面：开采、利用、改良、破坏和污染。开采涉及对未利用的自然资源（如矿产、水资源、土地、森林等）进行挖掘或开垦；利用则是指对已开采的资源进行基础加工，以实现资源的最大化利用，如多样化经营、综合化利用；改良是指将自然资源加工成为各类生产资料，用以改善自然环境并构建人工环境；破坏则指不合理地开发利用资源，如过度砍伐森林、过度放牧、不当开垦土地、乱采滥挖等行为，导致的环境恶化，如水土流失、沙漠化、地面塌陷等；污染是指在资源开发利用过程中产生的废气、废水、废渣等对生态环境造成的不利影响。为了防止和缓解人类对环境的破坏和污染，必须实施针对自然环境的治理及保护措施。

人类从自然环境中持续获取自然资源，经过加工处理后，一部分作为生活资料供人们使用，另一部分则作为生产资料用于改善自然环境和构建人工环境。在此过程中，人类还将废弃的有害物质和多余的能量送回自然环境，造成环境污染。自然资源开发和利用的过程，实际上就是物质和能量在地理环境中的转换过程。

近年来，科技进步、生产力提升和人口增长导致某些自然资源被过度开发，超出了自然生态的承受能力，对人类的生存和发展构成了严重威胁。所以，明智地开发和使用自然资源，以及有效保护生态环境，已经成为全球面临的重要议题之一。只有当自然资源的开发与环境保护同时进行，才能确保社会的可持续发展。

在开发自然资源的同时，我们也要注重保护地理环境。为此，我们需要进行全面的资源勘查和评价，确保资源的数量和质量，并在加强宏观控制的指导下，科学合理地利用。此外，我们还应加强环境管理和保护工作，确保社会和经济的可持续发展。为此，应当做好以下几个方面的工作：第一，加强自然环境保护宣传教育，提升公众环保意识刻不容缓。我们必须让公众深刻理解爱护自然、保护自然、合理利用自然资源、保护人类自身生存环境的重要性，增强环保知识的普及，提高公众保护环境的能力。这不仅关乎我们每个人的生活，也关系到地球的未来。第二，提升资源保育领域的科研水平，构建跨学科的科研集体，确保在自然资源的开发和应用之前进行严谨的评估，并制定全面的规划，以避免无序开发可能引发的问题。第三，环境保护应作为我国的一项基本国策，应在确保经济建设、城乡建设和环境建设同步规划、同步实施、同步发展的思想指导下，加强环境保护的立法工作，对现有环境保护法进行补充和完善。同时，根据实践的需要，还应制定新的有关环境保护的法律和法规，以确保自然环境和资源的保护有法可依。第四，妥善运用自然资源，致力于缓解资源供需之间的紧张状况。针对各类自然资源，应实施差异化的利用策略。对于可再生资源，需妥善平衡开采与培育，优先考虑培育，确保资源的开采速度不超过其自然更新速度，以维持资源的可持续发展；对于非可再生资源，则应特别注重有计划的开发，同时在利用过程当中平衡经济效益与生态效益，合理调整短期利益与长期利益，把开发利用与资源保护相结合，以最大限度地增加资源的有效使用周期。

（二）自然资源开发与经济发展的关系

尽管主流经济增长模型中自然资源所占的地位相对薄弱，但有关自然资源开发与经济增长之间关系的讨论历史悠久，可追溯到马尔萨斯时代，并形成了悲观派和乐观派两大派别。尽管双方讨论仍在激烈进行，人类对于此类问题的研究仍处在不断探索的阶段，但通过上述讨论，人类对于自然资源与经济增长之间的关系有了更为深入的了解和认识。历史和实践均表明，自然资源是经济增长的重要基础，是生产的重要原材料。随着社会的发展，人口数量呈几何级增长，而生活资料如自然资源等则按算术级数增长，由此导致的自然资源短缺和人口膨胀将导致经济增长的停滞，甚至可能导致世界经济因自然资源的枯竭而崩溃。这些问题的解决需要我们深入研究和探索，寻找可持续的发展路径。

自然资源存在于自然环境之中，要把它们转化为社会物质财富，劳动的参与不可或缺。这不仅涉及个体的体力劳动，更主要的是指整个社会具有高度技术和管理水平的生产活动，需要通过这些劳动将自然资源从自然环境中提取出来。

社会生产可以划分为三个层次：初级生产涉及使用自然资源的农业、林业、牧业、渔业和采矿业；次级生产则以经过初步加工的原材料为劳动对象，包括轻工业、重工业、交通运输和建筑行业；而三级生产则涵盖商业、服务业、教育、卫生等服务业领域。在这个框架下，食品、原料、能源的生产构成了社会的第一级生产，是社会生产和经济增长的根基。自然资源的供应与劳动力及资本的投入相关：如果自然资源储备无限，其成本在一定时期内将保持稳定，不会影响资源使用；反之，若自然资源储备有限，随着使用量的增加，成本将上升，进而影响资源的利用效率。自然资源和经济增长之间存在着如下的关系：①任何地区，都会存在一种或多种自然资源，对国民生产总值影响最显著；②自然资源影响经济增长的程度有强有弱；③分析经济增长时，可找出影响经济增长的"瓶颈"因素，即稀缺性资源或高成本开采的资源，因此自然资源的丰裕程度直接影响到经济的增长。

1. 自然资源影响产业布局

开发自然资源与推动生产和经济复苏是相互依存、相互作用的整体。利用自然资源能够激发区域产业结构的转型，进而加速生产力的增长，而生产和经济的提升又反过来激励更多的资源开发与利用。资源的种类、规模和品质直接影响着产业构造和分布。生产部门应当尽可能地设在资源产地或靠近资源的地方。这样，一方面可以充分利用资源；另一方面又可以减少运输和保管的程序和开支，降低了生产成本，有利于经济的发展。例如，木材加工企业最适宜选址于林区附近，石化联合企业则应设在石油资源丰富的地区或其周边，而轻工业和食品加工业适合建立在棉花和粮食主产区——平原地带。我们需要摒弃仅将原材料或初级产品出口的策略，纠正生产环节远离原料基地的问题。同时，也不排除在交通运输便利、技术与管理水平先进的地方建立综合性企业的重要性。一个国家或地区的产业布局首先受到其自然资源的限制。缺乏矿产资源和林业资源，采矿业和林业的发展将受到阻碍。生产力水平较低的国家，其自然资源对产业结构和空间布局的影响更为显著。

为了推动生产和经济的振兴，我们应当合理开发自然资源，追求最佳的经济和社会效益。同时，我们必须关注并把握资源的整体功能，以实现自然资源的综合开发。以沼泽资源的开发为例，沼泽地具有充足的水源、低洼的地势、高潜在肥力，排水后可转化为农田、林场或草场，汇水后的低洼池塘可发展淡水渔业。沼泽中的泥炭既是能源资源，也是多种用途的化工原料，具有很高的综合利用价值。沼泽植物中还有许多药用植物，有些植物的药用价值很高，常见的芦苇既是轻工编织的好原料，也是造纸的重要原料。认识到自然资源的多样功能和多种用途，我们应考虑在资源产地建立综合生产基地，充分合理地利用资源，避免浪费。

需要合理安排生产和资源开发的平衡，以科学的方式促进两者发展。应当摒弃只关注经济效益而忽视资源承载力的不平衡发展模式。只有当经济发展计划基于资源的可持续开发能力时，经济的发展才能够稳固且长期。

2. 自然资源开发利用可以有效地促进技术进步

伴随着人们对自然资源开发利用的深化，从初加工向深加工转变，这极大地推动了技术的进步，降低了生产对自然资源的依赖程度。对于不可再生资源，技术进步可以提高资源系统的承载能力和可持续发展能力；而对于可再生资源，技术进步则能提高资源的潜在利用效率，促进生态系统的稳定，并增加生产要素的数量，以及提高可再生资源系统的产出效率。

第二节　野生生物资源开发与管理

一、野生生物资源的重要性

（一）野生生物资源

野生生物资源是指在自然界中自然演化的有生命的动物、植物和微生物资源，不包括人工养殖或栽培的物种。目前地球上已知的生物物种有 500 至 1 亿种左右。虽然人们直接利用的生物物种有 2000 多种，但这只是生物物种总量的不到 1%，这表明绝大多数生物都处于野生环境之中。这些野生生物不仅在过去、现在和将来都是人类生存的源泉，也是自然环境系统的主体，它们为人类提供了食物、药物、能源和其他各种资源。

全球野生动物种类达到 42,487 种，而中国拥有 4,166 种，约占全球总量的 10%。全球野生植物种类在 30 万至 50 万种之间，中国有 3 万种（包括 301 个科和 2,980 个属），也大约占全球种类的 10%。由于生物种类的繁多，目前被人类利用的只是其中的一小部分，因此，对于生物种类的保护与利用成为了人类生存和发展中必须高度关注问题。现代生存学认为，野生生物对人类的贡献远远超出了提供物质资源，如食物、衣物、药品、工业原料、遗传基因和科学研究材料等。人类与其他生物共同生活在这颗宇宙中唯一已知能够维持生命的星球上，构成了一个庞大的生态系统，人类与其他生物紧密相连，共同承受着兴衰荣辱。人类无法独立于自然界存在，人与自然界的能量、物质和信息的交互是支撑人类生存和发展的基础。因此，妥善保护和合理利用生物物种不仅是人类的职责，也直接关系到人类的未来。

（二）野生生物资源的基本特征

1. 有机的整体性

野生生物资源与它们所处的环境形成了一个相互依存的生态系统，其中每一种生物资源都是这个系统的一个组成部分。生物与其环境之间存在一种相互适应的关系，野生生物资源只有在适宜的环境条件下才能生存和繁衍。适宜的环境不仅包括适宜的温度、湿度、光照和土壤等自然条件，还包括由不同生物和非生物要素相互作用形成的复杂生态系统。野生生物资源的生存不但依赖于特定的生态环境，同时它们也影响着这个环境，维持其平衡。因此，生态系统的各个组成部分之间存在着相互联系和相互制约，共同构成了一个有机整体。例如，在特定的水热条件下，形成了特定的土壤、植被以及相应的生物群落。如果其中的一个要素发生改变，会引起其他要素相应的变化，从而影响整个生态系统的状况。

2. 种类的多样性

地球上的野生生物资源种类繁多。根据估计，目前存在的生物种类在 50 万到 1 亿种之间，而已经得到描述和命名的生物大约有 250 万种以上，仍有许多生物未被正式识别和分类。被人类实际利用的生物种类相对较少，大部分野生生物仍在其自然环境中生长，这种繁多且多样的生物资源为人类持续利用自然资源提供了充足的物质保障。因此，对于野生生物种类的保护与利用是关乎人类生存和发展的重要课题，需要我们给予特别的关注。

3. 可更新性和循环性

野生生物资源属于可更新资源。在适宜的环境下，它们能够持续地进行生长和消亡的自然循环。只要人类不破坏它们的生存环境，并保持其生态系统的健康，这些资源便可以持续地被再生和利用。

4. 环境适应能力的脆弱性

尽管野生生物资源属于可更新的范畴，但它们对生存环境有着极为苛刻及专一的要求，使得它们对生态平衡的维持尤为敏感。这些资源遵循着自身的生态规律，任何外界的干扰都可能破坏其正常的生长和繁殖节奏，进而引发资源种群数量和构成的变动，甚至面临灭绝的风险。因此，野生生物资源的生态适应性通常非常脆弱。

（三）野生生物资源是人类持续发展的自然生物资源基础

野生生物资源构成了人类生存和发展的基础，对于满足人类需求、推动社会进步和保持生态平衡都发挥着关键作用。

第一，野生生物物种为人类提供了大量的工业原料，如皮革、皮毛、纤维染料、胶脂涂料等。

第二，野生生物种类是人类食物供给的主要组成部分。目前人类使用的所有动植物和微生物资源，都是从野生生物种类中经过培育和驯化得到的。那些尚未被开发和利用的野生生物种类，蕴藏着开发新型食物（如粮食、经济作物、肉食动物和可食用真菌等）的潜力，它们可以提供优质遗传基因，帮助提高农产品的产量、品质以及对病虫害的抵抗力。

第三，野生生物资源在保障人类健康方面扮演着关键角色。这些资源构成了许多药物的原料库，其中包括许多用于治疗人类疾病的中西药物，它们直接来源于动植物。

第四，仿生学通过研究生物的某些智能特性，能够促进人类科技的发展和社会的进步。例如，雷达、声呐、红外线追踪等先进技术，都是源于对生物特性的深入研究。

第五，野生生物资源对维持生态平衡和生态系统稳定具有特殊的作用。由于人类利用的生物资源只是生物界的一小部分，大量的野生生物资源构成了人类生存和发展的自然环境基础。人类与这个环境不断地进行物质、能量和信息的交流，因此，保持生态平衡和生态系统的稳定是人类生存和发展的关键。另外，世界上还有很多未被人类认识的生物种类，它们可能具有人类尚未发现的价值。随着人类文明的进步和科学的发展，这些野生生物资源对人类的贡献将会越来越大。

二、野生生物资源的开发与保护

（一）提高国民保护生物资源的责任意识

野生生物资源的命运取决于人类的态度和行为。它们可能因为人类的短视和的无知而遭受破坏，也可能因为人类的智慧和合作而得到拯救。保护生物资源是一项需要全社会参与的任务。因此，应当通过各种方式加强关于保护生物资源及其经济、社会和生态价值的宣传教育，提升公众对保护生物资源责任的认识，让保护生物资源成为全民的自觉行动和公共道德的一部分。

（二）制定保护野生生物资源规则

通过普查野生生物资源，我们能够了解不同生物的分布、栖息地、种群数量以及它们消失的原因和濒危状况。建立国家物种数据库和监测中心，以便更好地管理这些资源。根据生物的实际情况，将其划分为濒危、易危、稀有、正常和未定等级别，并据此制定出有效的保护和管理策略。

（三）野生生物的生境保护

为了挽救濒危和珍稀动物，稀首先动物应通过建立自然保护区和禁猎以及区及国家公园等措施，对濒危和珍具有代表性的野生生物进行生境保护。

国家公园是生物学上具有重要保存意义的地区。这些区域被确定为公园之后，由国家负责管理，旨在人类保护和控制下维持其自然或半自然的状态。虽然游客被允许参观，但狩猎、工农业以及商业活动是被禁止的。目前全球已经设立了超过 400 个国家公园。

禁猎区是国家设定的一片广阔地域，旨在保护野生动物资源，禁止在其中进行任何形式的狩猎和动物捕杀。而自然保护区则是涵盖了全面的动植物种类，实施最高级别的保护措施，只允许科学研究人员在严格监管下进行必要的调查研究，其他人类活动均被禁止。

（四）野生生物资源的生境外保护

野生生物生境外保护系指把珍稀和濒危的野生动、植物从原产地迁移到动物园、植物园、水族馆等地加以特别的保护，让其繁衍的一种保护方法。

尽管通过人工手段可以增加野生生物的种群数量，从而确保物种的存活和延续，但长期的人工干预和驯化过程可能导致物种逐渐丧失其野生本质，打破原有的遗传平衡。因此，当种群数量达到一定规模后，将它们重新引入原始的栖息地或产地，以实现其自然野生状态的恢复，这样可以在一定程度上弥补异地保护的缺陷。

（五）利用生物技术，对珍稀濒危生物进行"离体保护"繁殖

利用试管授精和胚胎冷藏技术来保存濒危动物的遗传资源是一种对抗物种灭绝的有效手段。研究人员通过将濒危或稀有动物的精子、卵子、以及其他组织如肺、肾、皮肤等在体外培养成细胞，然后将这些细胞冷冻在零下 196℃ 的液氮中以保持其活力。理论上，这种超低温保存方法可以使细胞寿命达到无限期。目前，科学家已能够利用植物的单细胞培养技术培养出完整的植株。细胞核移植技术也已经从鱼类和两栖类应用到了哺乳类。随着发育生物学和遗传工程等前沿科技的发展，一旦揭示了细胞分化的秘密，人类就有可能利用冷冻细胞技术重建已在地球上灭绝的生物种类。

（六）加强保护野生生物的国际合作

目前，全球在生物多样性保护领域正积极推进合作，成立了众多保护自然的组织，并制订了国际及国家层面的生物多样性保护法律和协议，以协调行动。同时，各国也被鼓励编制和发布指导手册、出版物及宣传材料，以提高公众对生物资源保护的意识。这些努力在促进各国生物资源保护方面发挥了重要作用。

野生生物是全球的共同资产。人类已经意识到，当前面临的许多挑战起源于过去的错误。在生物多样性保护上，我们不能重复过去的错误。人类需要跨越国界，共同管理生物圈，确保其为当代人带来最大的合理利益，并保持其对未来世代满足需求和追求的潜力。因此，保护生物资源的多样性成为全人类的共同责任和当务之急。

第三节　水资源的开发与管理

一、水资源的概念、特点

（一）水资源的概念

水是维持地球上所有生命所必需的关键元素，对于工业、农业、经济成长和环境提升至关重要，是一项无可替代的珍贵自然资源。随着社会的发展，"水资源"这个概念的含义也在持续扩展。依据世界气象组织（WMO）和联合国教科文组织（UNESCO）编纂的《国际水文学词典》中的定义，水资源是指那些可以被利用或潜在可利用的水源，这些水源需要有足够的数量和适宜的质量，以满足特定地区在一定时间内的发展需求。而根据中国科学技术名词审定委员会发布的水利学科名词，水资源被定义为地球上能够获得补充且可供利用的水，其具有一定的数量和质量。

水资源的概念因其内在的复杂性而具有多方面的表现：水存在的形式多样，具有流动性，各种水体之间可以相互转换；水被应用于多种领域，不同领域对水的量和质有特定需求；水资源的"量"和"质"在特定环境下可以发生变化；最重要的是，水资源的开发和利用受到技术、社会和环境等因素的限制。这些因素导致人们从不同视角出发，对水资源的理解和定义存在不一致性和差异性。目前广泛接受的水资源的定义是指人类在其长期生存、生活和生产过程中所需的水量，这些水量需要满足数量以及质量的双重标准，并具备使用价值和经济价值。

水资源的概念通常根据其范围可分为广义和狭义两种。广义的水资源涵盖了所有可以直接或间接利用的水及其中的物质，即整个水圈内的水量，包括所有对人类活动有益并具有经济价值的水。而狭义的水资源则限定在特定的经济技术条件下，仅指人类可以直接利用的淡水资源。在本词条中，我们讨论的水资源是在狭义范围内，即与人类生活、生产及社会发展紧密相关的淡水资源。

（二）水资源的特点

水资源是在水循环背景上、随时空变化的动态自然资源，它有与其他自然资源不同的特点。

1. 可恢复性与有限性

地球上的水循环是一个复杂的过程，大致遵循年度周期性。今年消耗或流走的水资源，可以通过大气中的降水在明年得到补充，这样的消耗与补给的循环使得水资源与矿产资源不同，具有自我恢复的特性，所以被视为一种可再生的自然资源。

在特定的地区和时间范围内（通常为一年），降水量可能会有所增减，但总体上是有限的。这决定了该地区年水资源量的限定性。过度开发和消耗水资源，或动用地下水和地表水的静态储藏，会导致超出部分难以恢复，甚至无法恢复，进而破坏自然生态的平衡。从长远来看，为了保持均衡，平均每年的水资源消耗量不应超过该区域的多年平均资源量。尽管水循环是无限的，但大气降水的有限补给规定了水资源的可恢复性和其有限性。

2. 时空变化的不均匀性

水资源的时空分布不均匀性主要体现在其年度和季节内的变化幅度上。因水汽条件、大气环流等多种因素的随机影响，不同年份的降水量差异显著，导致水资源在丰富年和枯水年之间波动很大，且丰枯年份的交替以及连续干旱或洪涝的情况都可能发生。此外，水资源在年度内的分配也很不平均，汛期水资源集中但不易利用，而枯季水资源减少又难以满足用水需求，且每年年内变化的情况都各有不同。水资源量的季节性变化与用水需求量的季节性变化之间的不匹配，也体现了水资源时间变化不均匀性。

水资源的空间分布不均匀性主要体现在水资源量和地表蒸发量的地理差异上。由于大气降水的地带性变化，多年平均降水量的地理分布差异，决定了水资源量在空间上的不均匀分布。这种不均匀性导致了各地区在水资源开发和利用方面存在显著的差异。此外，水资源的空间分布与人口和土地资源的分布不一致，这又是空间变化不均匀性的一个方面。

水资源在时空上的不均匀分布要求我们采取多种工程和非工程手段来利用水资源，包括跨区域调水、调节水量分配的时间结构、提升了天然水位以及制定调度计划，以确保满足人类生活和生产的用水需求。

二、水资源的开发利用与管理

（一）水资源供需平衡分析

随着我国人口不断增加和社会经济的快速发展，对水资源的需求也将显著上升。考虑到我国目前水资源供求的紧张状况，以及资源分布的不均衡性和时间空间上的大幅波动，未来要获取更多的水资源将需要付出更高的成本。进行水资源供需平衡的分析，是基于国家整体经济发展规划，考察水资源的需求量和水资源的时空分布规律，同时分析在特定时间内水资源的需求状况、供应能力以及供需之间的平衡状况，以此来为水资源的合理开发和利用提供科学的决策支持。

（二）水资源合理开发利用的综合效益评价

水资源在维持生态系统健康和人类生产生活中扮演着至关重要角色，因此对其开发利用受到了广泛关注。随着科技的不断演化，人们已经不再仅仅依赖水自然循环的被动利用，而是通过建设水利设施、改进灌溉方法等主动手段来高效利用水资源，以更好地服务于人类需求。水资源的应用范围极其广泛，每个水利项目都具有多元化的效益，同时也有多种技术方案可以选择。为确保水利工程能够最大程度地发挥其功能效益，并最小化潜在的负面影响，需要对水资源的开发利用项目进行综合评估，涵盖生态、社会和经济三个方面，以选择最佳的技术方案。

评估水资源开发利用的生态影响，意味着水利工程建设应当促进生态环境的优化，或者至少减少对生态系统的干扰，同时确保资源得到有效保护和合理利用。社会效益的评价则要求水利设施遵守国家法律法规，技术上完备可靠且先进，不对人民的生命和财产安全构成重大风险，并且有利于国家的国防安全，以及对文化和旅游资源的保护。经济效益的评价关注工程投资能否得到合理的回报，资金的使用效率，以及效益与成本的比例和净收益是否达到最大化。在评价水资源开发利用的方案时，需要综合考虑生态、社会和经济效益，确保各方面指标的平衡，避免单一追求某一方面而忽视整体的协调的发展。

（三）水资源合理开发利用与管理

1. 加强现有水利设施的利用与管理，大力兴建水资源工程，提高水资源的蓄调能力

近年来，我国水利设施在防洪、排涝、灌溉、抗旱、发电等方面发挥了重要作用。因此，加强现有水利设施的利用和管理，充分发挥其在蓄调水资源中的作用是至关重要的。同时，有计划地修建一些带有战略性的骨干水库，增加蓄水工程，以提高控制天然径流的能力，解决我国水资源时空分配不均的问题。这样不仅可以进一步调蓄、削减洪峰流量、防止水涝灾害和提高抗御旱灾的能力，还能够显著地改善我国水资源管理的效率和可持续性。

2. 节约用水，提高水资源利用效率

我国在水资源利用方面效率不高，因此，在寻求水资源增量的同时，更加重视水资源的节约利用，这对于提升水资源利用率和缓解我国水资源供需压力至关重要。基于此，我们必须调整策略，遵循我国提出的"强化管理，注重效益"的水利政策，通过内部挖潜和集约化经营来实现水的可持续利用。通过提升现有水资源的使用效率来降低总需求量，并结合增加必要的供水量，以减轻供求冲突。在农业用水方面的节约对于水资源的合理利用尤为关键。为此，一方面应运用经济措施和其他手段，推行水资源的有偿使用和增强全民节水意识；另一方面，应当大力推广创新的灌溉技术和方法，以便更好地利用水资源。

3. 采取工程措施与生物措施相结合的流域综合治理措施

水资源的工程建设措施包括建设各种规模的水库、塘坝、沟渠、围堰等水利设施。而生物措施则涉及在水库周边、河流上下游的山地、荒滩、沙漠以及其他适宜植树种草的地区进行植被恢复，以增加植被覆盖率。这样做可以利用森林和草原保持水源、减少水土流失、调节地表水流动等自然功能。在水资源的工程开发和治理过程中，结合生物措施在各个流域进行开发和治理，旨在提高水利设施在各个时期的蓄水和排洪能力，减

缓泥沙淤积，延长工程设施的使用寿命，从而增强了防洪和抗旱能力，以及提高水资源的利用效率。

4. 保护水资源，防止水污染

水污染已成为当今世界的公害。污染物进入水体的途径：①含有害物质的工业废水未经处理直接排入江河湖泊、水库等水体；②农业退水中含有农药、化肥的残留物质排入水体；③城市的生活污水排入水体；④大气污染形成的酸雨降落水体；⑤固体废物经风吹雨淋进入水体；⑥自然原因，如特殊的地质条件使某些地区某种化学元素大量聚集以及天然植被腐烂过程中产生的某些毒物进入水体等。

水污染对水资源的充足性和纯净度有着直接的危害。为确保供水安全，首先需要设立水源保护区，严格禁止污染物排放，清除污染源；其次，要重点治理废水、废气和固体废弃物，这是防止水资源受污染的根本办法；此外，还要注重工业用水的回收和再利用，这样既能节约用水，又能有效地控制污水对水体的污染。

5. 加强水资源管理，提高水资源利用的经济效益

在水资源的开发、利用和保护过程中，存在的问题与水资源管理的不力有着紧密的联系。强化水资源管理对于有效和合理地利用水资源，减轻供水压力，扮演着关键角色。为此，需要建立专门的管理机构，实现水资源的一体化管理。这样做可以消除分散管理、各自为政、多头管理而缺乏协调的弊端。合理解决农业灌溉、防洪、发电、航运、渔业、工业和城市生活用水等方面的冲突，使水资源开发利用更加科学合理。同时，还需完善法规体系，运用行政和经济措施来管理水资源，确保各地区和部门在水资源开发利用上有法可依、有规可循，从而使有限的水资源能够产生更大的经济效益及社会效益，以及生态效益。

第四节 气候资源的开发与管理

一、气候资源的概念及特点

（一）气候资源的概念

什么叫气候资源呢？气候资源是指能为人类经济活动所利用的光能、热量、水分与风能等，是一种可利用的再生资源，也是我国十大自然资源之一。气候资源是一种宝贵的自然资源，它可以再生，不可替代。可以为人类的物质财富生产过程提供原料能源和必不可少的其他物质条件。气候资源的形成因子比气候的形成因子更复杂。因为气候只是气候资源的来源与基础。气候还必须同一定的社会因子结合起来，才能转变为资源。

自 20 世纪 70 年代起，世界气象组织把气候视为气候系统相互作用的结果，该系统

由大气、海洋、陆地、冰雪圈和生物圈等多个组成部分及其相互联系构成。换句话说，气候是地表层五大自然圈层相互作用的结果。目前大家熟知的太阳活动、海水温度、地面温度、温室效应、厄尔尼诺现象等都是这个复杂系统中的部分环节。尽管任何一个环节的异常都可能对气候系统产生影响，甚至影响气候的变化，但它们并不能决定整个系统的运行，也无法决定气候异常的根本原因。目前，对于气候系统当中各部分及其相互作用的全面和精确分析以及预测仍然缺乏客观条件，这也是气候预测准确度提高缓慢的原因。同样的气候条件可能具有不同的利用价值，有时也可能引发灾害，这取决于人们的技术水平、政策和管理措施是否恰当。因此，气候作为一种自然资源的转化和利用，是与社会因素密切相关的。

气候资源因素是一个复杂的系统，其中既包含了众多的自然要素，也涉及许多社会要素。目前，人们对这个系统的各个组成部分及其相互作用还不够完全了解。因此，现有的方法往往是简化的，例如在估算某种气候资源的潜在价值时，假设其他条件如生产力和其他资源都处于最佳状态，仅计算在最佳气候条件下该资源的最大可能产量。

（二）气候资源的特点

气候资源涵盖了大气层中的阳光、热量、水分、风力以及空气中的氧气、氮气和负离子等，这些可以通过适当的方式转化为对人类有用的能量和物质条件。如同其他自然资源一样，气候资源对于人类的经济活动和日常生活提供了必不可少的能量和物质支持。

可持续发展战略强调经济社会发展与资源利用之间的融合，通过科技进步来平衡经济发展、资源高效利用与生态保护之间的关系，以实现生产、生态和经济的同步进步。气候资源对生物群体的生成和成长具有持久而微妙的影响。在确保环境与经济和谐发展的同时，合理运用气候指标并充分开发气候资源，可以最大限度地实现经济、社会和生态的效益，并有效避免气候灾害。合适的气候条件是一种珍贵资源，且无偿提供给地球上所有的生物。目前，气候资源作为一种无限可再生资源的观念正在转变，由于河流污染，淡水资源的利用价值下降，气候变化也影响了资源稳定性。在经济社会发展过程中，农业、能源、交通、建筑、经济、商业、健康和生活已成为对气候变化非常敏感的领域。探究这些领域与气候资源的关系对于合理开发和利用气候资源，以及实施可持续发展战略具有极其重要的意义。

气候能源主要来源于太阳辐射不均匀分布所形成的风能和可以直接使用的太阳能。社会经济的增长依赖于对能源的大量使用，而能源供应和环境保护成为了 21 世纪的关键挑战，也是经济持续发展的核心问题。据相关机构预测，能源的过度使用、工业排放的污染物和温室气体的增加正导致环境和气候变暖，这对社会经济的可持续发展产生了显著影响。因此，迫切需要节约和控制化石能源的使用，并寻找替代能源。推动风能、太阳能等清洁能源的开发和利用不仅有助于经济的可持续发展和环境保护，同时还可以带动相关产业的崛起和发展。

气候中的光、热、水、空气等自然物质和能量是农业自然资源的重要组成部分，它们对于种植制度的影响不容忽视，包括作物结构、种植年限、配置方式以及种植方式等等。然而，这些资源的分布并不均匀，因此，在制定农业发展规划时，应采取因地制宜的方法，充分利用本地区的自然资源优势，以实现最大经济效益。

随着农业科技的进步，合理并最大限度地利用气候资源变得尤为重要，以发掘农业气候资源的潜力。这包括提高对光照、热量、水分等气候资源的使用效率，例如，广泛实施间作、套作，推动生态农业与立体农业的发展。

二、气候资源对人类及草原的重要性

（一）气候资源对人类的影响

影响农业生产的气候要素主要包括温度和降水的月平均值、年平均量、太阳辐射量以及降水量季节分配等因素。这些气候要素决定了特定地区的农业类型、种植制度、生产潜力、布局结构以及农、林、牧产品的质量和分布，同时也影响着该地区农业的发展前景。

1. 气候与旅游

旅游业作为新兴产业，具有巨大的投资和丰厚的收入潜力，指的是为人类提供特殊的物质和精神享受，促进身心健康。气候作为旅游业中不可或缺的资源，其重要性体现在多个方面。首先，气候现象本身的美感，如冬日雪景的壮观、夏日雷电的惊心动魄、秋高气爽的平静以及春暖花开的生机盎然，都是吸引游客的重要因素。其次，特殊气候条件下形成的特殊自然景观与人文景观更是旅游的重要选择，如沙漠景观所带来的惊奇和赞叹，香山红叶、洛阳牡丹的闻名全国。再者，旅游作为人类活动，通常需要宜人的气候条件，我国明媚的春季和凉爽的秋季正是旅游的最佳季节。旅游是人类接近大自然的良好方式，因此，季节性旅游在国内外十分盛行。合理评价和开发气候资源，无疑也是推动旅游业发展的重要工作之一。

2. 日照与街道方位

在进行城镇规划和建筑设计时，我们应充分考虑光照与街道方位的关系。建议根据当地实际情况，对比不同街道方位的日照条件，以选出最佳街道方位。

3. 风向与城市规划

污染物的传播方向主要由风向决定。在那些一种主导风向长期存在的地区，排放有害物质的工业设施应建于主导风向下风向，然而居民区则应规划在上风向。在季风区域，对于排放有害物质的工业设施，应当选择在当地最小频率风向的上风向，而居民区则应位于下风向。

在海陆空交通运输中，气候灾害区对安全运行和经济效益具有重要影响。因此，在公路设计时，应充分考虑沿线暴雨、泥石流、大风等气候灾害的发生频率和强度，以及冻土和积雪深度等因素。桥梁设计应考虑当地暴雨强度的影响。同时，机场应选择在距城市较远、地势较高的地方，以避开各种气候灾害的影响，确保稳定的经济效益。

季节更替和气候变化对人体健康有着广泛的影响，有时甚至会导致疾病发生。某些疾病直接或间接地与气候条件相关，比如中暑、冻伤、感冒、慢性支气管炎、关节疾病以及心脑血管疾病等。同时，高山反应、空调病、风扇病等也与气候存在间接联系。为了保障居民的健康、延长寿命和提升生活质量，北京、上海、南京等城市的气象部门已经开始提供关于人体舒适度、中暑风险、心脑血管疾病、胃肠道传染病、紫外线强度和花粉浓度等方面的医学气象预报服务。气候条件不仅可能引发疾病，但恰当利用气候资源同样能够用于预防和治疗疾病。例如，通过攀登高山、冬季度水、滑冰和滑雪等活动来锻炼身体，以此增强体质。此外，气候疗养方法，如沙疗、日光浴、空气浴和冷水浴等，作为一种防病和治病的手段，正逐渐被更广泛地认可。天气预报中的信息，如穿衣建议、登山适宜性等，为人们合理利用气候资源、保持健康提供了指导。人们倾向于喜欢阳光，确保经常接触阳光或者在室内有充足的光线，这不仅能杀死病菌、减少疾病发生，还有助于身体对钙等微量元素的吸收，增强免疫力。

（二）气候变化对草原退化的影响

草原作为一种天然资源，在维护生态环境方面扮演着至关重要的角色，充当着生态屏障。然而，由于气候干旱、过度放牧以及人类活动（如开垦土地等），草原正面临着退化的威胁。气候对草原退化的影响程度，以及在不同时间和地点通过什么机制导致退化，是一个复杂的问题，目前尚无确切答案。解决这个问题不仅需要科学的方法来监测草原的变迁，而且需要有足够长时间序列的观测数据，这些条件目前科学家们尚未完全地满足。

草原退化与气候变化之间存在着密切的联系。温度等气候要素的年代际变化与草场退化呈正相关关系，而降水等气候要素则与之呈反相关关系。在草原退化过程中，气候的作用是多方面的，既有正面效应，也有负面效应，需要进一步研究和探讨。

草原退化加速的主要因素是气候变暖和降水量年度减少。这一结论与普遍的猜测一致，并且与不同学科领域的研究成果相吻合。

草原的蒸发量和风日数和草原退化的联系，难以通过统计相关性来阐述，只能理解为这两个气候因素在抑制或减缓草场退化方面可能具有积极作用。蒸发量和风日数的降低能在一定程度上增强草场的保水能力，并减轻土壤受到的风蚀和沙化现象。

草场退化与春季降水量密切相关。由于春季是牧草生长的关键时期，如果降水量减少且与牧草生长不成正比，就会影响牧草返青和种子发芽，从而导致草原出现退化的现象。

三、气候资源的开发利用

气候资源是自然资源中最为变动无常和波动剧烈的类型。适宜的气候条件能够促进自然生产力，从而带来益处；而不利的气候条件则可能摧毁生产力，对人类造成负面影响。如果得到恰当的应用，气候资源几乎可以说是无穷无尽的，同时它在空间和时间的分布上呈现不均衡性和不可替代性。因此，对于某一地区的气候资源，必须基于实际情况进行合理评估，以确保其得到有效的开发与利用。

中国在探索和利用气候资源方面已经取得了显著进展。然而，从整体来看，社会上对气候资源开发利用的认知仍然不足；当前的开发利用水平并未完全满足社会经济发展的需求；实际开发规模与潜在效益之间存在显著差距。所以，采取适当的措施，强化气候资源的开发利用，对于促进社会经济的持续发展具有至关重要的意义。

气候资源的开发利用有以下六个策略：

（一）最大限度地利用气候资源的生产力

气候资源是一种可以持续使用和再生的资源。最大限度地发挥气候资源的生产潜力是合理利用气候资源的核心。在人类活动中，农业生产与气候资源的关系最为紧密，因为农业生产的各个环节都深受气候条件的影响。因此，合理地利用气候资源，就需要对农业生产进行科学合理的组织和规划。

1. 因地制宜，发挥气候资源优势，合理布局农业生产

各种农作物都需要特定的气候条件，而我国的气候资源极为丰富，各地区的气候特点显著不同。在当前的科技和生产力水平下，我们无法在较大规模上改变特定地区的气候条件。因此，我们只能在理解气候规律的基础上，合理地适应不同的气候资源条件，并持续探索气候资源的潜力。根据不同地区的季节气候特点来合理安排农业生产，选择最合适的作物和农业管理方法来适应当地的气候，这样才能够充分利用气候资源的优势。

在我国的东部地区，因为光照、热量和水源较为充足，提升气候资源的生产潜力主要依赖于种植制度的改革。华北平原及其以南的区域，有望增加复种指数，其中黄淮海地区的水浇地和部分旱地可以实现一年两熟，更南方的地区甚至可以实现二熟或三熟。然而，目前黄淮海地区的复种指数仅为大约15%，而淮南、江南、华南的大部分地区已经达到180%～200%，亚热带地区仍有许多冬闲田地未充分利用。考虑到各地区的气候、土地等因素，在改善灌溉和施肥条件、提升科学种植水平的基础上，预计到20世纪末，华南地区的复种指数可以提高30%～50%，其他地区则可以提高10%～15%。实验证明，黄淮海地区水浇地的玉米和小麦实行一年两熟比一年一熟可以增产88%，旱地施加肥料并加强管理实行二熟比一年一熟可以增产70%，亚热带地区实行三熟比二熟可以增产20%～40%。

然而，在这一地区，由于水分状况在时间上的变化非常剧烈，降水量以及地表径流在不同年份、各个季节和月份之间的变化幅度大，稳定性不足，因此旱灾和洪灾频繁发生。此外，冬季到春季的转换期间，季风风力强劲，冬春交替时低温的影响范围也相对较广。

针对西北干旱区域的特殊情况，由于其降水稀少，至关重要的是应准确评估水资源的总量，这包括山区的降水、地表水和地下水等资源。在实施策略上，需要想方设法提升水资源的利用效率，以此来促进农业生产对光热资源的最大化利用。

对于青藏高原这类地区，由于年降水量不多且纬度较高的地理特点，以及相对较为贫乏的热量资源，适宜种植喜凉耐寒作物为主。这些区域还蕴藏着丰富的生物资源，蕴含着多样化的农业品种资源。云南和西藏南部位于低纬度地区，地形多样，地势落差大，展现出复杂的立体气候特征。这里在垂直方向上有显著的气候带差异，成为理想的天然

播种和移植实验的研究地。因此，充分开发利用高原气候资源，不管在农业生产实践还是科学研究上，都具有重要的价值和意义。

2.调节、控制和改良农田小气候，提高气候资源的利用力

通过调整和改善农田的微气候条件，能够增强作物的光合作用效率；调节土壤及近地面层的温度，优化农田的热量条件，并延长作物的生长期；减少土壤水分的蒸发，改善土壤的含水状态，从而在干旱地区或干旱季节实现生产活动。

为了调控和改善农田微气候，通常采取的措施包括调整农田植被的配置，优化通风和透光环境，提升作物的光合作用效率，推广保护性耕作技术和种植防护林带等等。

3.开发气候能源

通过合理安排农业生产，人们可以发掘气候资源的生产潜力。此外，气候资源也可以被当作一种辅助能源进行开发和利用。在中国，太阳能和风能的利用是最为广泛的。

太阳能的利用方式多样，其中以低温利用为主导，应用广泛。比如，利用太阳能温室种植蔬菜、使用太阳能蒸馏器进行海水淡化、以及太阳能浴室和太阳能炉灶等，这些方法都能显著节约能源，提升光能的利用效率。

风能的利用主要集中在有效风能资源的发电方面。除此之外，风能还可用于提升饮用水、灌溉作物以及晒制盐等用途。

（二）提高对不利气候条件的抗御能力，科学利用气候资源

不利的气候状况通常是由于某个或某些气候因素的异常，如过度或不足，导致极端数值或气候条件的剧烈变动，对社会生产活动产生负面影响。这些不利的气候条件往往是自然灾害的触发因素，给经济和社会带来重创。特别是在农业领域，不利气候因素导致产量减少的情况屡见不鲜。因此，增强对不利气候条件的应对能力，是提高农业产量和有效利用气候资源的重要策略。

为了增强对不良气候条件的适应能力，可以采取以下几种策略：首先，通过种植防护林和增加植被覆盖等措施，改善生态环境，进而对气候环境进行修复和保护，尽量减少人为活动引起的不利气候因素出现的频率。其次，强化气象预报工作，提供准确和及时的天气预报，这对于抵御自然灾害和合理利用气候资源至关重要。最后，培育和推广抗逆性强的优质作物品种，并加强科学的种植和管理技术。

（三）加强合作，不断提高我国气候资源开发利用的科技水平

为了推动农业生产、生态保护、城市发展和经济发展等领域的气候资源承载能力，深入探究气候变化规律对自然环境、生态系统以及社会经济体系产生的影响，积极开展气候资源变化的研究，开发有助于环境、资源、生态和经济可持续发展的产业布局和模式创新。需要在宏观战略层面制定长期应对策略，计划气候变化可能带来的挑战。同时，大力开发和优化气候资源利用技术（如太阳能、风能），不断研发高效实用的气候资源利用产品，进行人工气候调控的研究，并开发高效作业工具与作业方法，以提升气候变化适应能力。

（四）加大投入，提高气候资源开发利用和气候变化的监测服务能力

气候资源作为一项关键的自然资产，具有显著的再生特性，并对社会经济进步发挥着重要作用。因此，强化气候变化的监测工作，不断提升气候资源的开发利用以及气候变化监测、评估和服务的质量，对于扩展资源利用的界限、提升预测能力、推动环境、资源、生态与经济的持续发展至关重要。我们需要充分利用气候资源观测体系，构建现代化的气候资源变化监测网络，强化气候资源影响评估和气候数值模拟系统的建设，全方位进行气候分区、分析和影响评估业务，建立气候资源利用的经济和生态效益评估指标，并且对气候资源敏感的利用项目进行气候适应性评价和效益分析。

（五）加强领导、强化气候资源的管理

气候资源的管理是一个跨学科、多部门协作的复杂过程，它包括气象学、海洋学、农业学、地理学、能源学、交通学、环境科学和规划学等多个领域。此外，它还涉及到如何动员全社会的力量，在统一的政策、规划和组织下，合理地开发和利用气候资源。提高公众对气候资源重要性的认识，扩大气候资源的利用领域，提升气候资源的利用效率，防止人类活动对气候资源的损害，并致力于实现资源、环境和社会经济的协调发展。

（六）维护和改善气候环境

气虽然气候资源受限于各地的自然条件，但对其合理利用以及气候资源环境的持续维护和改善对气候资源的持续利用至关重要。目前，由于工业排放、过度开发和不当农业实践导致的环境污染和生态破坏，酸雨等问题日益严重，这些因素均加剧了气候的不稳定。所以，为了合理利用气候资源，我们需要从国家经济的整体利益出发，不仅考虑社会和经济效益，包括增加产量、收入、节约成本和降低成本，还要注重生态效益，确保生态系统的稳定和健康发展。将维护和改善气候环境作为所有生产部门的一项持续任务，以最大限度地发挥气候资源的作用，并为人类带来福祉。

第五节　矿产资源的开发与管理

一、矿产资源分类与分类特征

（一）矿产资源的分类

矿产资源类型众多，不同的分类方法存在。按照矿物的特性及其经济用途，矿产资源可以分为金属矿产资源与非金属矿产资源两类。在世界矿产资源消耗当中，非金属矿产，特别是砂石等材料，占据了主要的消费比例。

1. 金属矿产资源

金属矿产资源按其主要成分及用途又分为黑色金属矿产资源与有色金属矿产资源。

（1）黑色金属矿产资源

黑色金属矿产资源主要是铁、锰、铬、钛、钒、镍、钴、钼、钨等资源。其中除铁、锰外，其他各种元素都是作为铁的合金来使用的，所以有"黑色金属的辅助金属"之称。

黑色金属矿产资源与其他金属矿产资源相比具有以下四个特征：①在国民经济各部门中用途最广泛，使用量最多（占金属用量的90%以上）；②矿床规模大，工业对矿石储量的总要求高；③矿石品位高，有用金属含量常达数成；④简单矿石和块状矿石多，复杂矿石和浸染矿石少。

（2）有色金属矿产资源

有色金属矿产资源有狭义、广义之分。狭义有色金属是指比重在4.5以上的重金属；广义的有色金属是指除黑色金属外，其他所有金属。

对广义的有色金属，按其比重和物理、化学特性，又可进一步划分为如下5种：①重金属，比重大于4.5以上的金属，如铜、锡、铅锑、汞等。②轻金属，比重较小，一般都低于4.5或2.7，如铝、镁，碱金属钠、钾，碱土金属钙、锶、钡等。③贵金属，主要指那些矿石品位低，开采难度大，自然界中储量少，经济价值较高的金属，比如金、银和铂族六元素（铂、钯、铑、铱、钌、锇）。④稀有金属，与多种元素伴生，极难提纯的金属元素，包括锂、铍、铷、铯、铼、钽、铌、锆、铪、镓、铟、铊、锗等。⑤稀土元素，是指能产生激光并可用作光电材料、磁性材料和植物生长调节剂等金属元素。如镧、铈、镨、钕、钷等15个镧系元素以及与镧系元素化学性质相近的钪、钇，共17个元素。

有色金属矿产资源与黑色金属矿产资源相比较也具有以下四个特征：①种类多，各有独特性质；②矿床规模小，一般多是由几万到几百万吨；③矿石中含金属品位低，一般在百分之几到百万分之几；④矿石中一般含多种成分，因而综合利用价值较大。

2. 非金属矿产资源

非金属矿产资源主要是利用矿物的集合体，或单体矿物以及少数和非金属元素。所以，绝大部分非金属矿物原料有用性质不在于元素本身，而在于其结晶集合体——矿物。

非金属矿产资源根据其用途，可分为以下五类：①建筑材料矿产资源，如石料、砾石、砂、黏土、石膏、石棉等；②化肥资源，如硝石、磷灰石、钾矿等；③化工原料资源，如多种盐类、硫硼等；④冶金辅助原料陶瓷资源，如耐火黏土硅石高岭土石灰岩、白云岩等；⑤其他矿产资源，如金刚石、宝石、重晶石、萤石等。

非金属矿产资源与金属矿产资源相比具有以下3个特征：①种类更多，分布更广泛；②多作为辅助性原材料，使用量大。所以出于经济考虑，此类原料只能在其产地附近的有限范围内使用；③用途多种多样，不少品种可以互相替代。

（二）我国矿产资源的分类特征

1. 矿产资源的有限性

矿产资源的局限性意味着自然界中可用于开采和利用的资源在总体上是有限的。尽管随着科技的发展，人类对矿产资源的探测和应用越来越广泛和深入，可能会增加其后备储量，但是矿产资源的形成经历了漫长的地质时期，且无法再生。因此，每次开采都会减少一部分资源，矿产资源的这种有限性要求我们珍惜并合理利用这些资源。同时，从长期利益的角度出发，应当避免大量以原料形式出口矿产资源，而应该转向出口加工后的产品。

2. 矿产资源分布的地域性

矿产资源是在特定的地质环境下积聚形成的，每种矿产都有其独特的形成要求。岩石的分布通常不遵循地带性规律，而是由各地的岩浆活动及地壳演变历史所决定。因此，不同地区之间的矿产分布常常存在显著的差异，导致了矿产资源空间不均匀性。例如，许多有色金属矿床的形成与岩浆岩活动密切相关，特别是与中酸性岩浆活动有关。因此，在中酸性岩浆分布广泛的区域，往往可以发现铜、铅、锌、钨、锡、钼等多种有色金属矿床。

3. 矿产资源的伴生性

大多数天然矿产资源主要以一种矿物为主，同时含有其他有用的元素，这种现象在有色金属矿床中尤为常见。例如，铁矿常常与钒、钛或镧、钇等稀土元素共生；铅、锌矿中往往含有镓、铟、镉、锗和银等元素；铬、镍、铂矿则常常互相共生；而锡、钨、钼等元素也常常共生。这种矿产资源的多元素共生特性使得开采和提炼某些矿产的难度增加。然而，随着技术的进步，对共生矿产的利用技术也在不断提高，这也有助于扩大共生矿产的综合利用。

二、矿产资源开发利用与管理

（一）我国矿产资源的储量概况

我国地大物博，地质复杂，成矿条件优越，矿床类型齐全。目前，已经发现矿床和矿化点 20 多万个，探明储量的矿区 1 万余处，世界上现已发现各类矿产 160 多种，我国有 149 种探明了储量，其中黑色金属矿 5 种，有色及贵重金属矿产 20 种，稀有、稀土、分散元素矿产 28 种，冶金辅助原料 10 种，化工原料非金属矿产 23 种，特种非金属 7 种，建材及其他非金属 36 种，各类矿产资源的基本概况如下：

1. 黑色金属矿产

中国在铁、锰、钒、钛等主要的黑色金属矿产资源方面储量较为丰富，但存在品质一般的缺点，比如品位较低或者包含的伴生元素过多，这加大了资源综合利用的难度。根据统计，中国的铁矿总探明储量达到近 500 亿吨，但是其中多数为贫矿藏，固然，锰矿的富矿藏不多，而且以碳酸矿居多、氧化矿较少，已探明的铬铁矿资源大多数位于偏远地区。

2. 有色金属和贵金属矿产

中国的有色金属矿产业品种繁多，资源量充足，显示出其显著优势。在钨、锡、钼、铋、锑、汞、锌等矿产的储量方面均位于全球领先地位，其中钨的储量几乎是全球总储量的三倍，而锑的储量占全球总量的44%。此外，铝、铜、铅、镍等矿产资源的探明储量也较大，但仍待进一步开发。对于钴、金、银矿的探明储量则相对较少，除了金之外，主要集中在伴生矿床上，需要采用综合回收的策略。

3. 稀有、稀土和分散元素矿产

中国在这一类资源上品种丰富，已查明的储量颇为充沛，稀土、铌、锂、钽、铍等矿产的储量在全球范围内均占有领先地位。然而，一般而言，这些矿物的品位较低，并且大多数为伴生矿床，因此在选矿和冶炼过程中的难度较大，且未得到足够利用。

4. 化肥、化工原料非金属矿产

中国的磷和硫资源储备充足，磷矿资源位列世界第二。但这些资源主要以低品位矿藏为主，分布也不尽合理，全国磷矿的平均品位仅为16.5%，其中富矿仅占7%，难选的胶磷矿则高达82.5%。此外，磷矿资源在地理分布上呈现出南方较多而北方不足的特点。硫铁矿的已探明矿石储量为34.7亿吨，转换为标准矿石后为17.8亿吨。我国硫铁矿石的平均品位为18.1%，富矿比例较小，选矿能力亦不足以满足需求，因此每年不得不花费大量外汇进口硫磺。

中国的钠盐和芒硝储量在世界范围内居于领先地位，具有巨大的开发潜力。虽然重晶石和化工用灰岩的已知储量并不丰富，但是预期的资源量非常可观。在硼矿资源方面，中国的储量全球领先。然而，中国面临钾盐资源的短缺问题，并且天然碱的已知储量也不足。

5. 冶金辅助原料非金属矿产

中国在菱镁矿和萤石资源方面拥有丰富的储备，位居世界首位，这两种矿物资源是我国的主要出口矿产。熔剂石灰岩和白云岩在国内广泛分布，且质量上乘，耐火黏土和硅石的已知储量也相对较为丰富。

6. 建材及其他非金属矿产

中国在多种非金属矿产资源方面具有显著的优势，拥有多样的矿产品种和高品质的矿产。包括滑石、石膏、石墨、膨润土、水泥原料、大理石、沸石、珍珠岩、蛭石等新型轻质骨料资源在内，以及其他非金属矿产资源都非常丰富。石棉和云母的探明储量也相对较多，但大片的云母和长纤维石棉资源不足，宝石资源的详细调查还有待进行，而金刚石资源则显得短缺。我国的矿产资源从其储量、需求量和人均占有量来看，可归纳为如下五种情况：

第一，具在全球范围内，中国拥有稀土、钛、钽、钨、锡、钼、锑、钒、锂、石膏、膨润土、芒硝、重晶石、菱镁矿和石墨等多种矿产资源优势。这些矿产的已知储量在全球排名靠前，并且中国的人均占有量超过了世界平均水平。

第二，在中国，铌、铍、汞、硫、萤石、滑石、磷、石棉等矿产拥有地区性的优势。这些矿产的探明储量在全球范围内处于领先地位，但是中国人均占有量则基本与或稍低于世界平均水平。

第三，中国的锌、铝土矿、珍珠岩、高岭土和耐火黏土等矿产展现出潜在的发展优势。尽管这些矿产的人均储量可能不高，但总体探明储量较为可观，且资源的未来发展前景被认为是积极的。

第四，中国铁、锰、镍、铅、铜、金、银、硼等矿产的已探明储量较为有限，人均储量也相对较低。

第五，探明储量短缺的矿产主要有金刚石、铂、铬、钾盐、天然碱等。这类矿产探明储量较少，人均量很低。

（二）我国矿产资源的分布特征

由于矿产资源的地域性和我国复杂的地质活动历史和成矿条件，决定了矿产资源分布的不均匀性。统观全国各种矿产资源的分布状况表现在以下三个方面：

1. 分布广泛，又相对集中

主要是大型矿床的矿物原料资源，如铁、铜、磷、硫铁矿、铅、锌、金等，铁矿已探明储量的矿区1800多处，分布于27个省（区），但储量相对集中在河北、辽宁、四川三省，铜矿也分布于全国27个省（区），但主要集中在长江中下游的江西和安徽、西部的西藏、云南及甘肃磷矿发现有200多处，分布于24个省（区），但具有较大开发意义的基本上限于云、贵、川、湘和鄂等省。

2. 分布较广，又相对集中的矿产

主要有大中型矿床的矿物原料资源。如钨、铝、锡、锑、石墨、云母、石棉等，其中钨矿分布在19个省（区），但储量主要集中在湘东南、赣南、粤北、闽西和广西。铝土矿分布在18个省（区），主要集中在山西、河南、贵州和广西。石棉分布在18个省（区），但主要集中在青海茫崖及四川石棉县。云母已探明储量的矿区分布在全国18个省（区），主要集中在于新疆、四川、内蒙古三省（区）。

3. 分布局限，选择性较强的矿产

主要有铂、金刚石、钾盐、兰石棉、硅藻土等，其中铂主要集中在甘肃，金刚石分布于山东、辽宁，钾盐大部分分布在青海察尔汗。

我国矿产资源分布的不均匀性，必然形成整个矿产资源组合分布的区域性特征，使各个地区都有其优势和劣势矿种，以及不同资源特点。

从大区来看，华北、东北以铁矿为主，其中华北区主要矿产有铁、铬、稀土、铌、耐火黏土、铁钒土、铸型用砂、芒硝、天然碱、建筑用大理石、蛭石、天然油石等，锡为劣势矿产。东北区有铁、菱镁矿、滑石、硼、熔炼水晶、金刚石、铂及硅藻土等19

种主要矿产、劣势矿产为铝土矿、硫锡磷。华东区矿产资源不丰，以有色金属较多，主要有钨、金、银、钽、金刚石、菱镁矿、明矾石、萤石、高岭土、膨润土、硅藻土、叶蜡石、石膏等，劣势矿产为锌、铝土矿、锡、磷等。中南区以有色金属矿、化学矿为主，主要矿产有锰、铅、锌、钨、锡、锑、铋、铌、钽、钛铁砂矿、银、锗、镉、镓、碲、磷、硫铁矿、压电水晶、蓝石棉、高岭土、水泥配料、玻璃用砂等，劣势矿种为铁、铜、磷。西南区以金属矿、化学矿为主，有铁、钒、钛、铜、铅、锌、锡、汞、锰、铬、磷、碘、光学水晶、化学萤石、石棉、蓝石棉、刚玉等主要矿产。西北区以有色金属为主要矿产，有镍、钴、钼、铂族元素、铅、锌、铜、铍、铌、钽、钾盐等，劣势矿种为铁、铝土矿、磷、锡、硫。

（三）我国的矿产资源的保证程度

矿产资源的保证程度即指矿物原料资源，对国民经济发展需要的满足程度。从已探明的矿产资源储量和对矿产资源选、冶技术经济条件、矿产远景等方面来看，矿产资源对国民经济的保证程度一般可分为以下三类：

第一类，资源优势矿产，即探明储量丰富，预测远景大，矿石质量较好，充分开发利用后，可满足长远需要的优势矿产。属于此类的矿产资源主要有钨、锑、汞、锡、钼、锌、钛、稀土、石墨、滑石、菱镁矿等。

第二类，潜在优势矿产指的是那些资源较为丰富，已探明的储量较为可观，但由于质量或开采条件等问题，需要在技术和经济层面上进行改进以充分开发的矿产。另外，还包括那些尽管探明储量不大，但是只要加强地质勘探，有望在未来满足或者基本满足发展需求的矿产。这类矿产主要包括铁、锰、铜、镍、云母、石棉以及金、银等。

第三类，资源状况相对较差的矿产，通常指的是已探明储量小，即使有少量储量，但由于开采条件受限或资源前景未定，无法支持长远经济发展的矿产。这类矿产包括铬、铂、钾盐、金刚石、铬铁矿、天然碱等。

矿山的围岩、夹石、尾矿废渣的物质成分和利用可行性来做鉴定和研究，大量非金属矿物原料和贵金属未予利用或回收。

（四）矿产资源合理开发利用与管理的策略

随着国家经济的不断增长，矿产资源的采矿业也日益兴旺。有效地勘查和开采我国矿产资源，是确保矿产资源合理利用的关键策略。作为国家经济建设的基石，矿产资源行业为我国经济发展提供了不可或缺的支持。所以，对矿产资源的合理开发、利用和管理对于提升我国的经济实力至关重要。

1. 加强地质勘察，深化矿产资源开发

当前，我国某些矿产资源短缺现象虽然并非完全由资源匮乏引起，而是由于资源普查不够充分或者对已探明资源的开发利用不足所致。为了确保矿产资源能满足国家经济建设需求，我们必须采取以下措施：一、加大力度，以找矿为核心开展地质勘探工作，持续发现新的矿产资源，开辟更多矿藏来源；二、增加对已探明矿藏区域的开采量，有

效利用现有资源；三、借助科技发展，提升资源开采、选矿、冶炼等环节的技术水平，着重开发利用质量较低的贫矿资源。尤其是在铁、钼、铝等主要矿产资源濒临稀缺的背景下，需广泛采用现代冶炼技术，推进对贫矿资源的开发与利用，以满足经济的发展需求。

2. 立足国内资源，合理利用国内外矿产资源

矿产资源的地域分布给予了每个国家在获取不同矿产时的局限性，使得国家需要根据自身国情规划综合性战略来管理使用矿产资源。中国作为一个快速发展的大国，面对庞大的资源需求和有限的对外贸易能力，其资源发展策略不应过度依赖进口。针对这种现状，中国应着重在保障国内资源的基础上，适当地利用国内外资源。对于资源总量充足但品味较低、质量有待改善的矿产，如铁、锰、铜、铝、磷矿等，应优先开发和利用国内资源，开展科技进步和技术优化，提升低品位矿石的利用效率和经济效益。相对于资源稀缺的矿产，应进行国际市场优势利用的同时，加强地质勘探和资源开发，以此增加短缺资源的供应渠道。

3. 提高矿产品的加工深度

当前，我国在矿产品的国际贸易中，加工层次较浅，这对我国的矿产品贸易平衡和外汇收入产生了不利影响。为了改善这一状况，应当重新规划我国的矿产资源进出口政策，力求通过转变矿产原料出口为高附加值产品出口，进而实现促进就业和提升矿产原料附加值的双重目标。这样的转变能够增加矿产原料在国际贸易中的价值与换汇能力。

4. 加强综合利用，减少环境污染

中国矿产资源的另一个显著特征是共存和伴生矿床较为常见，一种矿石中可能含有多种有用组分。然而，与这一特征不相符的是，中国在矿产的综合利用方面水平不高，导致了资源的浪费和环境的污染。为了更有效地利用矿产资源，首先需要改革现有的管理部门分割的体制，鼓励跨部门和跨行业的合作，逐步建立集成化的企业模式，涵盖地质勘查、采矿、选矿到冶炼的整个产业链。这样可以实现对矿产资源开发的整体规划和统一管理，从而提高资源的综合利用效率，并推动从单一产品向多元化产品转变。此外，加强对尾矿和废石的回收再利用不但能够提升矿山企业的经济效益，减少资源浪费和环境污染，还有助于保护环境和生态平衡。

5. 实行增产，节约并重的方针

开发与节约是维持矿产资源供需平衡的两个关键策略。伴随着国家经济的推进，对矿产资源的需求预计将持续上升。因此，强化地质勘查和矿业发展是增加矿产资源及矿产品供应的关键措施。同时，考虑到国家的具体情况，必须实行有效的矿产资源节约政策。

在节约矿产资源方面，我们需要从两个方面入手：一是减少在矿产资源开采过程中的浪费，提高矿产资源的整体利用率；二是通过合理规划产业结构和工业生产结构，科学控制矿产品消费量，目标是使我国的国民生产总值中矿产品的消费比例逐步趋近于世界平均水平。

6. 重视矿产资源的二次回收利用

二次资源的回收与再利用指的是将废弃物收集起来，并且通过工艺流程转化为新的矿产产品。金属类矿产资源的二次开发对经济发展至关重要。全球各国均在积极重视废旧资源的再处理，然而中国在金属资源的二次开发利用上和发达国家相比还有较大差距。随着工业化进程的加速，矿产资源的消耗量日益增加，相应的，废旧金属的数量也随之增长。有效地利用这些二次资源不仅能大幅减少对原生矿产资源的依赖，缓解资源供应的压力，还能带来显著的经济收益，并减轻废旧资源对环境负面影响。

总之，对于矿产资源的开发利用，应采取综合措施，拓展多个途径，以使有限的矿产资源最大限度地满足国民经济发展的需要。

第五章 国土空间规划实施的全域全要素管理

第一节 国土空间规划实施的全域管理基础

一、既有空间规划的管理范围

（一）主体功能区规划

主体功能区划分即根据各区域的自然环境承载力、开发利用现状与未来发展潜力，全面考虑未来人口分布、产业布局、土地利用和城市化布局，把国家领土划分为四类区域：优化开发区、重点开发区、限制开发区和禁止开发区。随着政府机构的改革，这种分区被调整为实现城市化地区、农业生产区和关键生态保护区。

主体功能区规划是从地域角度出发，全面考虑一个区域内土地资源的自然属性和经济社会状况，确立该区域的主要功能，并且据此引导其发展。这种规划具有宏观管理的特点，以县级行政单位为基本规划单元。尽管主体功能区规划覆盖了整个县域，但它往往忽略了县域内部的多样性，只是将整个区域归入某种主体功能类别，这仅为县级整体发展提供政策指导，缺乏具体的空间管理措施，难以作为具体保护、开发、建设活动的空间依据，因此并没有实现真正意义上全面规划。

（二）土地利用总体规划

土地利用总体规划是在特定地理范围内，遵循国家经济社会可持续发展目标和本地的自然环境、经济和社会条件，对土地的开发、使用、治理及保护在时间和空间维度上的总体部署与布局。为了指导土地利用趋势，监管城乡建设活动，土地利用总体规划将整个区域土地分为允许建设区、有条件建设区、限制建设区及禁止建设区四种类别。

土地利用总体规划根据行政区域的划分，可以分为五个级别：国家级、省级、市级、县级（或市县级）以及乡镇级。该规划以土地利用的现状调查数据为基础，这些调查涉及各类土地的数量、分布和利用情况，并具体到每个地块。所以，土地利用总体规划的覆盖范围是该行政区域的全部陆地面积，对区域内的所有土地进行总体安排和部署。该规划主要关注农村地区的用地分类，并以耕地保护为基本条件，重视农用地的使用目的和变化，对城镇内部和乡村的整体发展考虑不足，常常将村庄作为指标供给的来源。

（三）城乡规划

城乡规划涉及一定时期内城市和乡村的社会经济成长、土地利用、空间布局以及建设项目等方面的全面规划、具体计划和执行控制，涵盖城镇体系、城市、城镇、乡村以及村庄的规划。城乡规划的规划区域包括已建成的城市、城镇和村庄区域，以及因发展需要而需进行规划控制的周边地区。这些规划区域的界限由相关政府机构在编制规划过程中根据城乡经济发展状况和城乡统筹发展的要求来确定。

（四）生态环境规划

生态环境规划是为了某地区在特定时间范围内实现生态环境保护目标而制定的详细规划。规划内容应包含提出确保社会经济活动与生态环境之间关系协调的环境保护策略。

生态环境规划的范畴可分为两类：一是自然保护规划，旨在增强自然资源的保护、提升其价值以及实现合理利用；二是生态建设规划，专注于修复已经因人类活动受到影响及破坏的生态系统。按照不同性质划分，生态环境规划通常涉及：自然保护区发展规划、土地整治与复垦规划、生态农业项目规划、草地保护与建设规划、林业生态建设工程规划、水资源管理规划、水土保持工程规划、防沙治沙规划等。因此，生态环境规划大都是为特定区域内的某一类或几类元素制定的保护和修复方案，侧重于生态空间的管理，对城镇空间、农业领域和海洋资源的规划投入相对较弱，且这类规划往往不是全面涵盖整个区域的。

（五）海洋功能区划

海洋功能区划是根据海域的位置、自然资源、自然环境及社会需求等多个因素，将海域划分为不同的功能区域。这种划分旨在指导和管理海洋资源的开发利用，确保海洋开发的经济效益、环境效益和社会效益。海洋功能区划的核心在于明确海域和海岸带资源的适宜用途和优先开发的资源，以及它们之间的协调发展。

我国海洋功能区划的范围包括我国管辖的内水、领海、毗邻区、专属经济区、大陆架以及其他海域（香港、澳门特别行政区和台湾地区毗邻海域除外）。海洋功能区划所考虑的核心问题是，依据资源及其可能发挥的功能，对其性质及可开发的方向进行分区划片。海洋功能区划是海域范围内的空间规划，因而对海洋空间和沿海区域关注较多，对内陆缺乏动态的统筹安排；而且因主管部门、技术方法的不统一，海域范围与陆域范围往往还有一定程度的交叉重叠。海洋"区划"没有时间坐标，依据的是现状，划出的功能区是海洋功能在空间上最理想的静态配置，缺乏对某一区域功能上可能发生动态变化的空间预留。

二、全域管理的基本内涵

在自然资源部的"两统一"职责框架下，"所有国土空间"的概念强调了对土地使用管制和整治修复工作范围的扩大，以满足全域管理的新要求。国土空间通常指的是国家行使主权和主权权利的领域，它涵盖了国民生存的环境和生活的空间，包括陆地、陆地水域、内水、领海、领空等。国土空间不仅是自然资源的承载体，也是生态文明建设的物质基础，对于现代化建设具有全局性、战略性的重要地位。全域管理则涉及整个规划区域的完整覆盖，这包括城市和乡村地区，以及大量的非建设区域；从地表到地上和地下；从陆地区域到海洋空间。因此，国土空间的全域规划管理意味着规划区域的覆盖范围应包括陆地、水域和领空，生态空间、农业空间、城镇空间和海洋空间，以及地上、地下和地表立体的国土空间，以确保整体的保护、系统的修复和综合的治理，实现了对国土空间的全面管控。

三、全域管理的核心理念

国土空间规划全面实现了对所有区域的规划覆盖，在其制定和执行时应始终坚持全面考虑的概念，推进陆地与海洋、地区间的综合协调，促进城乡一体化发展。规划应着眼于优化国家空间分布和结构，综合考虑地面与地下空间的有效利用，致力于提升规划的科学性。

（一）城乡统筹

城乡统筹是一项重要政策，旨在促进农村和城市居民同步实现全面小康。其核心理念是以人为本，让农村居民与城市居民享有平等的权利和同质化的生活条件。为此，我们需要挖掘农业的潜力，同时发挥工业对农业的反哺作用，扩大了农村就业机会，引导农村富余劳动力有序转移，同时推动社会主义新农村建设和稳步推进城镇化进程。此外，还需要建立健全以工促农、以城带乡的政策体系和体制机制，形成城乡互动的发展格局。简而言之，城乡统筹的最终目标是实现农村居民、进城务工人员及其家属与城市居民的平等权益。

城市和乡村在区域经济体系中具有紧密的关系，二者相互依存、相互制约。城乡关系是社会经济生活中的重要组成部分，其发展对全局具有关键性影响。伴随着城乡融合的发展，城乡对立的现象逐渐消失，取而代之的是更加协调和融合的关系。我国在统筹城乡发展、推进新型城镇化方面已经取得了显著的进步，但是仍存在城乡要素流动不畅、公共资源配置不均等问题。

（二）陆海统筹

陆海是相互联系、不可分割的整体，要求陆海之间能实现资源共享与互动，陆海产业的协同发展，以及陆海生态环境的动态平衡。在生态文明新时代，国土空间规划应包含陆地和海洋两个方面，这就要求我们摒弃过去偏重陆地、忽视海洋的观念，基于陆海统一的视角，建立全面的法律法规体系，并研究海洋生态系统与陆域环境规划相结合的统一准则。

国土空间规划应当遵循陆海一体化、基础管控和灵活优化的原则。这意味着要全面考虑整个区域的空间利用和功能划分，确保海岸带陆地和海洋两侧的功能相互协调。在底线管控方面，需要将陆地和海洋的底线控制要求在空间上进行整合，确保陆海用途的兼容性。对于海域，规划应从海洋生态资源、海洋生态环境和海洋生态空间三个方面，提出对海洋生态安全状态的严格保护要求。在陆域，规划应从海岸带土地利用的主导功能类型、开发强度和空间建设压力等方面，设定开发建设的底线控制要求。在弹性规划方面，主要关注海滨景观的视线、建筑形态和公共空间布局的优化。通过调整海岸带两侧功能冲突区域，提高多功能价值和景观环境特色，实现陆海空间的有机结合，推动陆海产业紧密相连，构建陆海生态动态平衡的整合系统，形成了一个整体的陆海统筹和谐发展的规划"一张图"。

（三）区域统筹

区域统筹，即重视不同区域之间的协作，以均衡发展理论和经济增长理论为依据，实施总体区域发展战略，利用各地区的比较优势，推动错位协同发展。重点考虑城镇体系、生态治理、交通管制、经济发展、跨界一体化等方面的协调，重视人文特色，注重整体统筹，追求社会总福利最大化，解决基础性问题为重点。

针对城镇体系，应着重处理资源与能源、生态环境、公共服务设施以及基础设施等方面的区域协同问题。在城镇密集区域，应当制定跨越行政界限的都市圈和城镇圈的协调发展计划，以推动形成多中心、多层次、多节点的城市群和网络化发展模式。在培养区域性的中心城市时，应重视县城等城镇的连接功能，以构建多节点、网络化的协同发展的城镇格局。

在生态治理方面，应积极推动生态环境的协同管理，以扩大环境容量和拓展生态空间为目标，从而促进区域经济的一体化发展。通过完善跨地区的联防联控机制、建立区域生态补偿机制、设立生态环境合作发展基金、强化区域生态环境治理机构的构建以及鼓励公众参与区域生态环境治理，我们需要突破单一的地区治理模式，建立区域生态环境共建共享机制。

在交通管制方面，应推动交通的一体化发展，加快建设现代的综合交通运输体系，实现综合交通规划的有机衔接，共同完善综合交通基础设施的互联互通，促进科技创新的示范引领，同时加强生态环境保护和治理，并且共同提升交通管理服务的高效协同。

在经济发展的领域中，应加强不同区域间的合作，促进邻近区域间的同步发展。通过省份间的合作与分工，实施合理的区域发展规划，减少生产成本，推动规模经济的增长。这种做法的好处包括：一、促进资源在更广阔范围内的自由流动和高效配置，提升资源利用效率；二、发挥各地的优势，实现共同的增长；三、推动不同发展阶段区域间的平衡发展；四、抵御国内外不确定因素的冲击，提升市场竞争力。

在协同管理方面，应强化区域空间规划的协调，利用都市圈发展的关键时期，引导进行跨界一体化示范区的空间规划合作研究，增强产业创新走廊及合作区域一体化规划的衔接和协调，推动城际轨道交通项目的建设，为区域一体化提供空间布局的引导。

四、全域管理的空间类型

（一）"三类空间"的概念

生态空间是指那些保持自然特性、主要以提供生态系统服务或产品为目的的土地利用类型，包括需要保护或合理利用的森林、草原、湿地、河流、湖泊、滩涂、海岸线、海洋、荒地、荒漠、戈壁、冰川、高山冻原以及无居民海岛等。这些空间主要为非人类生物提供生存、繁殖和迁徙的场所，其管理采取"正面清单"制度，严格限制大部分人类活动，并针对生态保护红线以及红线外的普通生态空间实施差异化的管理措施。在生态保护红线区域内，除非是国家重大战略项目或对生态功能无害的少量人类活动，原则上禁止建设，且除非有法律法规的特别规定，禁止新增建设占用；对于未划入生态保护红线的一般生态空间，通常视为限制建设区域，必须依照法律法规严格审批项目准入。

农业空间是指主要承担农产品生产职能的区域，涵盖农业生产用地和农村生活用地。其中，农业生产用地主要包括耕地、园地、林地、牧草地以及其他农用地。农村生活用地则涉及农村居民点和其他建设空间，其包括农村公共服务和公共设施用地。为了确保永久基本农田和耕地的安全，确保农产品的稳定供应和质量，同时合理规划农村居民点的布局，农业空间的管控应区分永久基本农田和一般农业空间进行。对于永久基本农田保护区，应严格控制非农业建设活动，只有在法律和政策允许的范围内，如国家重大战略项目或在避开基本农田的前提下，不对农业生产功能产生破坏的活动才被允许，其他不符合保护要求的用地类型则被禁止。一般农业空间可以容纳农村基础设施、休闲旅游业以及农村新型的产业和业态，以适应乡村振兴战略的需求，并为乡村发展提供灵活性。

城镇空间是指专注于工业品和服务产品生产与提供的主要功能区域，涵盖了城市建设和工矿建设空间。城镇空间的核心目标是提升城市功能、服务水平和环境品质。对于城镇空间的管控，应研究实施融合"正负面清单"的空间准入体系，严格遵循禁止和限制用地项目的目录，制订产业禁止准入清单，深化环保要求，以引导城镇内部结构的优化和高质量的发展。各地应根据自身的城市定位和发展目标，采取差异化的城镇空间管理措施。在城镇开发边界内，建设活动将会遵循"详细规划＋规划许可"的制度；而在城镇开发边界外，建设活动将根据主导用途进行分区，并实施"详细规划＋规划许可"

与"约束指标 + 分区准入"的管制方法。

此外，特殊的海洋空间是进行资源开发和经济社会发展重要载体，是沿海国家和地区实现可持续发展的重要战略空间，是海岸、海上、海中和海底的地理区域的总和。从陆海统筹的角度来说，海上开发活动是陆域社会经济发展的延伸。海洋"三区三线"中的围填海控制线，在围填后最终是作为土地来供给，而海洋的属性要求其必须具有流动性，并以水体作为主体，所以应将围填海控制线内的区域放到陆域国土空间规划中进行考虑。另外，从国家对海洋的整体定位来说，海洋主要是作为生态空间，应以保护为主，突显海洋生态服务和生态产品；从空间上来看，近岸开发需求大，而外海则更侧重保护。

（二）"三类空间"的关系

"三类空间"的概念是为了总体上改善国土空间的功能性、提高土地的使用效率以及调和人与土地的关系。这包括了不同类型的空间功能相互补充、共同作用，以此来实现国土空间系统的有序性，让得国土空间的功能结构更加分明，并且更容易进行统一的管控。

在空间布局上，城镇、农业与生态三大空间类型并未完全重合，但在功能上却存在相互交融。"三类空间"不仅是空间规划的核心要素，也是政府部门履行职责的空间范围和分界。生态文明体制改革要求这三大空间不得出现交叉和重叠。然而，由于空间要素的多样性和复杂性，这些空间内除了主导功能外，还包含了其他功能。城镇空间不仅是城镇化和工业化的核心区域，还包括了小规模的生态用地；农业空间主要是农产品的生产地，也是乡村振兴的关键区域，同时兼具生态和生活功能；生态空间主要以提供生态产品为主，但同样也承担农业生产和生活功能。

在作用机制上，"三类空间"之间存在着相互竞争和相互制约的关系。农业开发中的过度耕作和放牧等行为可能会侵蚀生态空间。随着人类活动的集中，城镇空间不断扩张，这种空间的开发可能会侵犯生态空间、农业空间以及海洋空间。生态保护红线和永久基本农田构成了城镇生态的防线，为城镇发展设定了实体边界，有助于限制城镇的无序扩张，并鼓励在城镇内部节约和高效使用土地。当城镇空间出现衰退和退化时，生态空间可利用其自然恢复能力，通过复垦等措施，将城镇空间恢复为生态空间或者农业空间。

第二节　国土空间规划实施的全要素管理

一、机构改革前的要素管理

要素是构成一个实体并维持其动态平衡的最基本单元，它们是事物不可或缺的部分。中国对自然资源要素的管理起源于土地使用管制政策，其核心目标是防止城市扩张过度而侵害耕地，同时实现对建设用地的合理控制。作为中国最早推行的用途管制体系，这一制度已经形成了较为完整的管理体系，并且在执行中取得了较好的成效。但在机构改革前，我国自然资源要素一直呈现多头管理的局面，在规划实施中存在着如下问题：

（一）管制内容整体性不强

这种管理方法未能充分考虑山水林田湖草等要素与生态系统之间的相互作用，对生态系统的整体性和系统性重视不够。

（二）管制区域尚未覆盖所有国土空间

尽管我国已经针对耕地、林地、水域等自然资源建立了用途管制制度，但对于湿地等生态空间的管制制度仍未完善。

（三）管制手段对变化需求适应不足

目前施行的空间用途管制制度主要依赖于规划中的指标控制、分区管制和名录管理三种方法，但这些手段难以满足对国土空间用途管制统一实施需求。

二、全要素管理的基本内涵

随着国务院机构改革的落幕和国土空间规划体系的建立，中国步入了全面统一管理全域全要素的新阶段。多数用途管制的手段、工具和政策已集中至新成立的自然资源主管部门。用途管制政策的协调焦点已从部门间的横向协调转变为不同层级政府间的纵向协调。此外，管制政策的视角也从传统的关注自然资源的具体物质要素转向了更加关注地域性、自然与人工结合以及有形和无形要素的地域空间认知和管理。

国土空间规划要素是描述国土空间中各类规划内容的载体。在此，国土空间被视为各类资源与环境的集合，根据其所承载的不同自然资源与人类活动范围，可划分为有形的自然与物质资源类要素以及无形的社会经济等人文要素。这些要素的重点在于其具体用途或管理限制，反映了资源分类管理的思路。其中，有形的自然与物质资源类要素具有明确的界址、用途和权属，是实施不动产确权登记、自然资源确权登记并落实权利和责任主体的基础；无形的社会经济等人文要素则与特定区域或地类的使用管制密切相关，如历史风貌与历史文化名城名镇名村等。

三、全要素管理的核心理念

"两统一"职责推动了自然资源管理从以单一要素为主向综合管理为主的转变和提升。它标志着从以前多个部门分散管理所形成的空间管理模式，向一个以山水林田湖草等生态系统整体治理为对象的全面全要素管理模式的转变。在新时代，全要素的自然资源管理需要坚守生态文明体制改革的核心理念，并且以其为指导推进改革实践。

我们应坚持以人为本，尊重自然、顺应自然、保护自然的发展理念，以确保中华民族的永续发展。建设生态文明，不仅应以人本为核心，更要优化人地关系，实现协调发展，确保可持续性。因此，国土空间规划的根本目标仍是以满足人类需求为出发点，为其提供更好的服务。实现这一目标的手段就是管理和协调人地关系。同时，正确处理人与自然的关系至关重要，它关乎我们的生产、生活空间和生存质量。只有形成尊重自然、顺应自然、保护自然的价值观，并合理、有序地利用自然，才能真正实现生态文明。

秉持系统发展的视角，确立"山水林田湖草共同构成生命共同体"的理念，以实现生态系统的全面治理。山水林田湖草作为自然生态系统关键部分，相互之间存在着密切的联系和互动，共同构成了一个统一的整体。因此，自然资源管理制度的改革也应该是一个系统工程，需要从系统性、整体性和协同性的角度来理解和执行。在国土空间规划体系的建设过程中，形成山水林田湖草的生命共同体对于改善新时代的自然资源和生态系统管理、推进生态文明体制改革、以及建设美丽的中国的目标具有决定性的和长远的意义。

坚持基于分类管理、指向综合管理的理念，重视资源分类的管理方法。一方面，根据自然资源的基本特性，强化对其进行分类和分级的管理，以单一类型的自然资源作为管理的基本单元，探讨单项自然资源的利用和管理规律，并据此建立分类和分级的资源管理政策、体制和措施。另一方面，强化对社会人文资源要素的管理，通过对人文资源的全面调查及评估，促进全领域全要素的综合管理。

四、国土空间规划实施的全要素管理体系

执行"两统一"职责和推行国土空间全要素管理体制，意味着在国土空间范围内，协调和管理包括山水林田湖草、矿产资源、海洋及海岸线资源在内的自然资源要素，以及综合交通网络、市政基础设施、灾害防治体系等社会物质要素，还包括人口、经济与社会、文化特色等人文资源要素。目标是建立了一个陆海统筹、城乡一体化的国土空间全要素管理体系。

（一）自然资源要素

根据联合国环境规划署（United Nations Environment Programme，UNEP）对自然资源的定义，自然资源要素涉及自然环境中那些与人类社会进步相关的部分，它们能够创造使用价值并影响劳动生产率。这些要素是在特定时间和技术限制下，能够带来经济利益并增强人类当前及未来福祉的自然环境成分的总称。自然资源要素的特征包括其可用性、整体性、变化性、空间分布的不均衡性和区域性等。主要自然资源要素包括山水林田湖草、矿产资源、海岸线资源、海洋和海岛资源等等。

1. 山水林田湖草要素

"山水林田湖草生命共同体"是由山水林田湖草等多种元素组成的有机整体，它是一个具有丰富结构和多样化功能的自然生态系统，各种自然成分之间相互依赖，形成了循环的天然链条。协调山水林田湖草系统的管理，对各类生态要素进行分类整理，需要以山体的自然地貌形态作为生态网络的基础框架；综合考虑河流、湖泊及岸线周边土地

的保护与利用，改善河湖水系的布局；严格区分天然林、生态公益林等关键林地区，增强水土保持和生物多样性的保护能力；明确永久基本农田的保护目标和布局，提升耕地质量，制定耕地占补平衡和基本农田保护的具体措施，加强耕地的保护效果；同时，严格界定基本草原的边界，实施封禁土地沙化保护区的管理，强化生态系统的整体保护。基于自然生态的整体性、系统性和内部规律，综合考虑自然生态的各个要素，进行全面的保护、系统的修复和有效的治理。这旨在解决我国自然资源开发利用和保护中，生态系统保护和改善的关键问题，推进自然资源生态系统的治理体系和治理能力现代化，以持续满足人们对于日益增长的优美生态环境需求。

2. 矿产资源要素

矿产资源是由地质成矿作用形成的，在地壳内或地表发现的存在一定经济价值的矿物或有用元素集合体。它是一种不可再生能源，具体包含的储量有限。为响应国家关于全面深化改革、生态文明建设以及优化政府管理服务的政策要求，自然资源部在矿产资源领域实施了多项改革措施，涵盖了矿业权出让、油气勘查开采、资源权益金管理、矿产资源储量确认以及地质勘查资质审批等多个方面。根据生态文明建设的指导思想以及生态功能区划的要求，全面规划矿产资源的调查评价、勘查、开发现状及环境保护工作，以实现资源开发和环境保护、社会民生的协同进步。同时，遵循生态保护与绿色发展的原则，合理规划和管理矿产资源的开发利用，制定资源开发现区的科学划分方案，并针对不同区域实行差异化管理与空间调控政策，重点部署矿山环境治理项目，有效的消除地质灾害风险，恢复和改善矿山生态环境。

3. 岸线资源要素

海岸地带融合了水体与陆地的国土资源，被视为一种重要且不可再生的战略资源。这类资源包含两种类型：天然海岸和人工海岸，它们是河流生态系统中不可或缺的要素。海岸地带对于支撑生产、日常生活以及维持生态平衡具有至关重要的作用。我国采取了一种对海岸线进行分级保护与利用的方法，管理上遵循一系列原则，包括优先保护、节约型利用、陆海一体化规划、科学改造、绿色共享以及军民合作。对于天然海岸，我们应实施严格的保护措施，修复受损区域，并增加民众亲近海洋的空间。此外，海岸线的管理与利用需要与邻近海域及沿海陆地环境的管理相协调，确保经济、社会和生态三个方面共赢。依据海岸线的自然条件与开发状况，可以将其分为三类：严格保护、限制开发和高效利用。对于需严格保护的海岸线，应明确划设生态保护红线并设置相应的标识；对于限制开发的海岸线，应严格限制开发行为，并且为未来发展留出空间；而对于高效利用的海岸线，则应合理规划建设项目，控制海岸线的占用长度，提升投资强度与利用效率，优化开发模式。

4. 海洋海岛资源要素

海洋资源是指海洋内存在的各种物质、能量及其相关的海洋空间，这些资源具有明显的经济利益。根据它们的自然属性，海洋资源可以分为生物、矿产、空间和旅游等类别。海岛资源则包括滩涂、岛屿陆地、水域以及生态系统等多个方面。为了有效保护海岛生态环境，同时考虑到海岛之间的生态联系、分布密度和管理的便利性，海岛通常被划分为不同的保护区。综合保护海洋和海岛资源对于维护海洋生物多样性、防止资源过度开发和栖息地退化至关重要，设立海洋保护区是实现这一目标的有效方式，也是海洋可持续发展的重要策略。海洋保护区的管理规则应根据不同区域的特点制定，同时，海岛的管理也需要进行分类，合理利用居住海岛，对非居住海岛进行保护性开发，并且对具有特殊生态的海岛实施严格保护。

（二）社会物质要素

社会物质要素是指那些支撑一个区域进行正常生产、生活和进行其他社会活动的公共设施，它们为物质生产和人民生活提供了基础条件，是城市和乡村能够维持和发展的重要支柱。这些要素包括但不限于综合交通网络、市政基础设施，如供水和排水系统、能源供应系统、通信系统、环境卫生设施，以及应对自然灾害和风险的系统等。

1. 综合交通系统

综合交通系统保障了城市和乡村居民的日常出行、货物运输以及其他社会活动的需求，它分为城市内部和城乡之间的两个部分。城市交通主要依赖于道路系统，而城乡交通则涉及铁路、水道、公路、航空和管道等多种交通方式，以便于与外部环境的联系。城市交通规划强调根据土地利用规划合理设计道路，区分不同交通类型的道路功能，并重视发展环保交通方式，以改善道路网络效率。乡村交通规划则考虑各村庄之间的联系、土地利用目的、地形特点和现有基础设施，以确保道路系统的适宜性和有效性。

交通设施的规划与布局应当考虑不同交通媒介的特点。例如，在城市铁路规划中，选择站点位置是关键，这需要考虑城市职能、铁路客货运量以及地形地貌等因素。在水路交通方面，港口的设施规划和城市发展应相互协调，以满足港口业务的需求。在城区公路规划中，应根据城市总体规划合理安排公路路线。对于航空运输，航空港与城市的距离应适当，同时需优化交通网络，以强化城市与航空港的联系。至于乡村对外交通，主要包括铁路、公路和水路，应根据乡村与外界联系的需求，打造一个高效交通运输网络。

2. 市政基础设施

市政基础设施包括供水、排水、能源供应、通信和环境卫生等多个子系统。供水排水系统负责满足城乡的饮用水和工业用水需求，排除雨水和生活污水，防治水污染，维护水环境；能源系统确保向城乡提供高效、清洁、稳定的电力、燃料气和集中供暖服务；通信系统负责实现城乡间和内部的信息传递与物质配送；环境卫生系统处理垃圾和废物，保持城乡环境的整洁。通过推动城乡基础设施的共建共享，可以节约资源并促进循环再利用，同时倡导简单环保、低碳的生活方式。在中心城区，应规划基础设施建设的目标，预计供水、排水、供电、燃气、供暖、垃圾处理和通信的需求量，确定设施的建设标准、规模和布局，并且对可能引起邻避效应的关键设施制定明确的监管准则。

对全域供水干线、大型污水处理设施、电力干线、燃气干管等关键市政基础设施进行合理安排，以实现城市与乡村基础设施共享共建。

3. 防灾减灾系统

灾害预防和管理工作涵盖了对灾害的监测、预报、预防、应急响应、救助以及灾后重建等多个方面。通过对气候变迁和灾害风险的评估，目的是提高城市的防灾减灾能力。这包括对可能对当地长期发展造成显著影响的灾害风险进行全面的评估，并制定出相应的减缓与适应性措施，以提升城市的灾害应对和恢复能力。防灾减灾体系由防洪、抗震、消防、人防和生命线系统等关键部分组成。城市的防洪设施主要包括堤防、排水沟、防洪闸门和排涝设施；城市抗震设施包括避难疏散通道和地震预警系统；城市消防设施有调度指挥中心、消防站、消火栓和消防水池等；城市人防设施涵盖指挥通讯、医疗救护等不同功能的设施；城市生命线系统由交通、能源、通信和给排水等基础设施构成，这些是城市的"生命线"和"保护伞"，通过采用高标准的防护措施、地下化设施、灾害节点处理和提高备用能力等方式，来加强其对灾害的抵御能力。

（三）人文资源要素

人文资源要素是指那些由社会经济活动所创造的非物质资源，涵盖了人类的知识、精神和行为方式。这些资源虽然不是直接的物理形态，但是对于社会经济的发展起着关键的支撑作用，涵盖了人口质量、社会经济状况和文化特点等多个方面。在构建人文资源时，必须综合考虑各个空间尺度，从宏观的区域到微观的社区和街道，通过注入人文价值来提升整个空间体系的价值。

1. 经济社会要素

经济社会要素包括区域的经济状态、产业结构、产业分布、经济走势以及社会结构和社会文化环境等，这些要素能够揭示居民群体的特性，是分析区域内人类活动及其后果的关键。为了把握区域发展，必须认识到经济增长的重要性。因此，需要从区位理论的视角出发，理解产业类型、规模经济、集群效应、地租理论等对区域发展的影响，并通过经济基础分析、投入产出分析、趋势预测等方法来追踪区域经济发展动向，进而制定合理的区域发展战略。社会要素对规划的影响主要体现在区域发展中的利益平衡和协调。从规划的角度来说，社会要素涉及社会问题、生活方式、社会组织和社会发展的规则等。通过选取反映社会公平、行政效率、城市政策等的社会组织系统指标，以及社会安全、社区投资、社会融合等社会文化环境指标，再配合城市环境评估和政治社会氛围评估等主观评价指标，使用社会经济影响评估法和综合指标分析法等方法，对区域社会要素进行评估，以保障社会公平并提高社会整体生活质量。

2. 文化风貌要素

文化是人类在物质和精神方面的积极生活积累，其包含了伦理、道德和秩序的理解与认同，并为人类行为提供了基本规范。文化通常被分为物质、制度和精神三个层面。在规划领域，文化通过影响规划者、规划师和公众的观念来影响规划方案的形成。在规划和建设过程中，文化主要体现在以下几个方面：物质环境、制度环境和人文环境。首先，物质环境包括空间布局、自然景观、建筑风格、街道布局和区域象征等，这些物质元素是文化有形的体现，既为人们的活动提供了物质基础，又规范和影响着人们的空间行为。其次，制度环境涉及法律法规、地方管理规定和规划实施指导政策等，它在人文环境中产生，旨在维护物质和人文环境的有序与和谐，是一种隐性文化表达。最后，人文环境以人为中心，涵盖了个人日常生活、社会关系和精神活动：日常生活包括基本的衣、食、住、行等；社会关系包括各类社交活动、家庭联系等；精神活动则涉及道德观念、思想意识和宗教信仰等。人文环境是文化的核心，同时也是物质和制度环境建设的直接目标。

第三节　国土空间规划实施的分区与控制线管控

一、国土空间规划分区

（一）国土空间规划分区的概念与目的

国土空间规划分区是对国土区域的规划空间进行细分，旨在按照不同区域在国土空间开发、利用和保护功能上的差异，将规划区域划分成多个具有特定功能的单元。分区是国土空间规划的关键步骤，同时也是规划执行和管理的基础性依据。

国土空间规划分区的目的主要分为以下四个方面：

1. 明确不同地域的空间结构和功能

国土空间是由多种要素组合而成，包括自然、经济、生态和文化等，每个区域都有其独特的特性。如果没有进行空间分区，就难以识别不同地区国土空间的特点和职能，也难以实现有效的地方布局。

2. 建立国土空间合理格局

国土空间规划的重要任务之一是平衡地区经济的专门化和全面发展，基于此，进行合理的经济区域组织和生产综合体建设。通过分区规划，可以有效地促进社会专业化分工和地域生产分工的优化，进而形成了一个以生产力为基础，区域组织合理的经济结构。

3. 确定空间管控的区域边界

国土空间规划不仅涉及指导和引导，还包括对国土空间的开发利用进行规范和限制。为了达到这个目的，必须设定明确的控制区域和界限，以维护生态平衡。另外，还需界定城镇建设用地的扩张和永久基本农田的保护界限，以促进建设用地的集约利用并保障国家粮食安全。为了实施有效的国土空间用途管制，必须确立不同用途的具体边界。这一管制体系是国土空间规划执行管理的关键制度之一，对于保障规划落实到位具有极其重要的意义。

4. 为工程项目布局提供依据

在国土空间规划的细微实施层面，具体的开发、利用、整治和保护活动通过各种项目来推进。这些项目的部署需要遵循分区的原则。比如，城镇建设不应该占用永久基本农田，而耕地的开发也不应该跨越生态保护红线等关键区域。

在国土空间规划中，规划分区根据不同的级别有不同的表现和应用形式。全国和省级规划通常采用地域分区的方法，而市级、县级和乡镇级规划则更倾向于采用功能分区的方式。

（二）国土空间规划的地域分区

地域分区，也被称为综合自然分区或地域分区，是一种常见的国土空间规划方式，它根据光照、热量、水分、土壤、气候等要素将国土空间划分为特征相似且差异明显的空间单元。这种分区方式在国家级、省级、流域性和跨行政区划等较高层次和大尺度的规划中应用。地域分区的划分通常会结合定性分析和定量分析。定性分析主要依赖专家的经验和判断，而定量分析则通过建模和遥感技术等工具进行综合分析。这种分区方式为空间规划、自然资源的利用、生态保护、经济和行政管理工作提供了科学的参考。

地域划分随着社会经济的需求不断发展和变化，全国国土空间根据地理位置被划分为七大地域的传统模式逐渐被四大经济地域所取代，即东部地区、东北地区、中部地区和西部地区。各区域经济社会发展的主要内容因时而异，如东部率先发展、东北振兴、中部崛起和西部开发。同时，为服务于生态保护和建设，国土空间又划分出多种生态管控区域、优先区域、优化开发区域和重点开发区域等。这些划分的具体内容和服务对象也在不断调整和优化。

随着社会经济的发展和变化，我国国土空间的划分也在不断地演化及调整。传统上，全国国土空间被划分为七个地理区域，但现在为了更好地适应经济社会发展的需求，全国被划分为四个经济区域，包括东部、中部、西部和东北部地区。每个区域的经济发展重点也随着时间而变化，例如，东部地区致力于率先发展，东北地区力求振兴，中部地区寻求崛起，而西部地区则重点发展。此外，为了满足生态保护和建设的新要求，国土空间进一步细分为生态管控区、生态优先区、优化开发区和重点开发区等，以确保生态保护和建设的有效实施。

（三）国土空间规划的功能分区

随着社会经济的发展和变化，我国国土空间的划分也在不断地演化和调整。传统上，全国国土空间被划分为七个地理区域，但现在为了更好地适应经济社会发展的需求，全国被划分为四个经济区域，包括东部、中部、西部和东北部地区。每个区域的经济发展重点也随着时间而变化，例如，东部地区致力于率先发展，东北地区力求振兴，中部地区寻求崛起，而西部地区则重点发展。另外，为了满足生态保护和建设的新要求，国土空间进一步细分为生态管控区、生态优先区、优化开发区和重点开发区等，以确保生态保护和建设的有效实施。

在国土空间规划的实践中，功能分区是实现区域管理的核心策略。若功能分区方案在各级规划之间或不同方向上存在配合不默契的问题，可能会引起空间开发的无序和效率问题。为了确保功能分区在空间管理中的有效性，必须精确掌握功能空间的变化规律，并建立起与规划紧密结合的机制，同时与规划用地分类系统相匹配。功能分区与地域分区有所区别，它具备自身独特的技术路径和方法体系，其过程涉及了：开展调查分析以提取关键信息，建立功能分区数据库；进行地域功能综合性评价，通过运用多种指标评估地域功能的适宜性、发展潜力及趋势，以揭示空间分异的规律；拟定功能分区计划，界定各区域的功能与边界，有助于与上级规划对接、形成空间用途管制分区、满足不同部门的空间发展需求等；以及执行规划功能分区的制图工作。

国土空间规划中的功能分区，主要关注的是区域内具有一致性的功能划分。这与区域内各单元的品质、密度等属性均相对均一的同质区有所区别，同时也不同于凝集区，如城市群、都市圈等，其更注重的是在中心与边缘之间遵循一定规律变化的区域。功能分区通常包括城镇发展区、农产品主产区、生态功能区以及禁止开发区等。这些分类还可以进一步细化，如基本农田集中区、一般农业发展区、独立工业区、风景旅游区、生态安全控制区、自然与文化遗产保护区、林业发展区等。这些功能区还可以根据其提供的生态系统服务的种类进行更细致的划分，比如基本生态功能区、自然生产功能区、环境调节功能区以及生态附加功能区等。这些划分旨在实现空间规划的科学性和合理性。

功能分区是市、县国土空间规划中主要的区域划分形式。从协调国土空间开发与保护的角度，将市、县国土空间划分为以下功能分区：

1. 生态保护区

生态保护区是指那些拥有关键生态功能或生态脆弱、亟需采取强力保护措施以维持其自然本底的陆地和海洋区域。这些区域通常通过设立陆域和海洋生态保护红线来明确其界限。这些保护区应受到严格保护，并按照禁止开发区域的管理模式进行管理，执行极为严格的进入机制，禁止任何与保护目标不符的开发行为。任何个人或组织都不得非法占用或变更国土使用权，严禁填海造陆等破坏性活动。在保护区内的现有村落、工业区等用地，应严格限制新的建设和扩张活动，并随着生态保护的推进，逐步转型或退出原有用途。

2. 生态控制区

生态控制区，即这些地区位于生态保护红线以外，旨在保持其原始状态，强化生态保护与生态建设，并限制建设开发活动。一般而言，这些地区的管理以保护为首要原则，并应当实施适当的生态恢复工作。此类区域应按照限开发区域管理标准进行运作，在确保不影响生态功能与生态体系完整性的情况下，依据国土空间规划及相关法律法规和管制规则，允许适度以及符合生态要求的开发利用活动。

3. 农田保护区

农田保护区是根据坚守耕地保护红线和严格保护永久基本农田的政策要求，设立的永久性耕地的集中保护区域，也就是那些需要严格守护的永久基本农田集中区。这些区域对非农业建设占用永久基本农田实施严格控制，并且提倡进行高标准农田建设与土地整治，以提升永久基本农田的产能和质量。

4. 城镇发展区

城镇发展区涵盖了城镇开发边界所包围的土地，是专门用于城镇建设和满足居民生产、生活需求的空间。这个区域可以进一步划分为城镇集中建设区、城镇弹性发展区和特殊用途区。城镇集中建设区可以进一步细分为居住区、服务区、商业区、工业区、物流区、休闲区、交通区和发展预留区等。城镇发展区需要明确指定在一定时间内可用于城镇建设和集中建设的区域，并对城镇集中建设区、城镇弹性发展区等提出总体性的指标控制和用途准入要求。所有在该区域内的建设活动都应遵循详细的规划进行精准管理。

5. 农业农村发展区

农业农村发展区涵盖了永久基本农田集中保护区之外的空间，主要用于农业、林业、牧业和渔业等农业产业发展，以及支持农民集中居住和生活配套的地区。这个区域包括除永久基本农田集中区外的农用地，如耕地、园地、林地、草地等，以及农业和乡村特色产业所需的基础设施用地，还有村庄建设用地。农业农村发展区可以进一步划分为村庄建设区、一般农业区、林业发展区与牧业发展区等。该区域的开发应以推动农业和乡村特色产业的发展、改善农民的生产生活条件为目标，并根据不同的土地用途进行管理。对于村庄建设用地和配套设施用地，应遵循人均村庄建设用地指标进行控制。在农业农村发展区内，应支持农业和乡村特色产业的发展及其配套设施的建设，以及改善农村人居环境的村庄建设和整治，禁止进行连片的城镇开发建设。在确保安全和功能不受影响的前提下，基于可行性研究和必要性的评估，该区域可以建设区域性基础设施廊道，并采取相应的补偿措施。

6. 海洋发展区

海洋发展区指的是那些许可进行集中开发利用的海域以及那些允许适度开发利用的无居民海岛区域。海洋发展区可以进一步划分为六大类主要的用海功能区，包括渔业用海区、交通运输用海区、工业通信用海区、娱乐用海区、特殊用海区和海洋预留区。在海洋发展区内，应采用"刚性与弹性相结合"的管理模式。应该合理规划海洋资源，优化海洋空间的开发布局，并且禁止在国家产业政策中被淘汰或限制的项目在海上进行布局。对于不同的海洋功能区域，应当制定相应的负面清单来进行管控。

7. 矿产与能源发展区

矿产与能源发展区涵盖了陆地上的油气产区、采矿区、盐田以及风能和太阳能采集区，这些区域对于国家资源的安全供应至关重要。在开发这些区域时，应考虑各区域的自然特性，采取合适的开发方式，并且重视区域的持续发展，同时进行必要的修复和恢复措施。

二、控制线管控

控制线是基于规划分区而设定的管理工具，它是国土空间规划的核心组成部分，同时也是执行和监督规划成果重要基准。

（一）三条控制线

生态保护区、永久基本农田以及城镇开发边界共同构成了国土空间规划的"三条关键控制线"。这三大控制线的确立与执行对于构建高效集约的生产空间、宜居适度的居住空间以及生态优美的自然空间，促进可持续发展的高品质国土空间结构具有至关重要的作用。

1. 生态保护红线

（1）概念

生态保护红线定义为在生态区域内拥有特殊生态功能，需要实施强制性严格保护的区域。主要将水土涵养、生物多样性保护、水土保持、防风固沙、海岸防御等功能至关重要的区域以及极其敏感脆弱的水土流失、沙漠化、石漠化和海岸侵蚀等区域划入此保护区。此外，其他目前虽未经明确评估，但是具有潜在重要生态价值的区域也应被纳入生态保护红线。

（2）管控要求：分级分类管理

分级管理。生态保护红线区域内，自然保护地的核心保护区原则上不容许人类活动；除此以外的区域（包括自然保护地的一般控制区、生态保护红线区域内及自然保护地之外的其它区域），几乎禁止任何形式的开发性和生产性建设项目。仅在遵循相关法律法规的情况下，允许较少数的人为活动，且这些活动不得对生态功能造成破坏。特别许可的活动可能包括：少量的当地原住民在不扩大已有土地使用范围和耕地规模的前提下，修理生产与生活设施，保留一些必要的种植、放牧、捕鱼以及养殖活动；为了保障国家重大能源资源安全需要开展战略性的能源资源勘查、公共部门的自然资源调查和地质勘查；实施自然资源及生态环境的监测和监管，包括水文水资源的监测以及涉及水污染事件的查处，灾害应对与紧急救援行动；得到合法批准的非破坏性科学研究和资料收集行为，以及合理合法的考古发掘和文物保护活动；不阻碍生态机能的适度观光旅游以及必要的公共设施建设；必须并难以避开的前提下，在符合县级以上国土空间规划的指导下的线性基础设施建设、防洪与供水系统的建设和维护；以及实施关键性的生态修复项目。

分类管理。生态保护红线涵盖多种类型，比如国家公园、自然保护区、森林和地质公园、世界自然遗产地、湿地、饮用水源保护区、水产种质资源保护区以及其他禁止开发区域。根据不同类型的保护区，实施具体的管理措施，并且所有管理措施都必须遵守相应的法律法规。如果一个区域同时被多种生态保护红线类型覆盖，那么将根据最严格的管理标准来执行相应的监管政策。

2. 永久基本农田

基本农田和永久基本农田是一组独具中国特色的概念，是我国在对耕地实行严格保护的政策发展过程中，对同一对象在不同时期提出两种称谓。

永久基本农田作为确保国家粮食安全的核心，对于社会稳定和民生福祉至为关键。近来，随着我国城市化速度的加快，城镇建设需求激增，导致耕地被持续侵蚀。在这个背景下，保护与发展的交织矛盾日益凸显，永久基本农田未能免于让步于建设用地的拓展。问题有如"依山就河、选择远而避免近"，表现出了在耕地保护实践中的一系列难题。面对经济转型为高质量发展、新型工业化和城镇的进一步升级与农村结构的持续调整，对坚守耕地和永久基本农田红线的需求呈现出更加紧迫性和挑战性。

（1）概念

永久基本农田是为保障国家粮食安全和重要农产品供给，需要实施特殊保护并经相关程序划定的耕地，一般包括：经国务院有关部门或者县级以上地方人民政府批准确定的粮、棉、油生产基地内的耕地；有良好的水利与水土保持设施的耕地，正在实施改造计划以及可以改造的中、低产田；蔬菜生产基地；农业科研、教学试验田；国务院规定应划入基本农田保护区的其他耕地。

（2）管控要求：全面规划，合理利用，用养结合，严格保护

全面规划涉及各级政府将应纳入基本农田保护区的耕地准确划分并严格保护，以确保基本农田的保护目标得以实现。合理利用意味着依据国家政策法规，结合当地的气候、土壤、水资源和环境等自然条件，优化土地利用结构，提升土地利用效率。同时，要结合土地的利用和养护，投入必要资源，加强土壤肥力，增强耕地的农业生产能力。严格保护要求在审批占用基本农田时严格把关，执行占用基本农田的补偿机制，并确保基本农田保护区的划定和新增建设用地的土地使用费征收得到严格执行。地方政府的责任是采取必要措施，保证本地区基本农田的数量不减少，以维护国家粮食以及农产品供应的安全。

3. 城镇开发边界

城镇开发边界是指在一个特定的时间框架内，为了城市发展需求可以集中进行城镇建设和以城镇功能为主的区域边界。它包括城市、建制镇以及各类区划下的区域。这一边界的设定是旨在遏制城市扩张，提高土地利用的集中程度和效率，保护自然资源与生态环境，以及指导城市健康、有序发展的重要指引工具。另外，这还附带了细致的管理规范，以确保边界内的开发活动遵循相关指导原则。

（1）概念

城市开发边界的理论由美国首次提出，波特兰的城市开发边界划定和管理模式最为典型。这一概念明确了城市与乡村的法律界线，旨在遏制城市蔓延向农田、森林以及自然保护区的扩张行动。相应地，它确保了城市边界内的土地使用、交通网络、公共设施以及所有城市服务的有效供应和高效运行。

城镇开发边界是在国土空间规划中划定的，一定时期内因城镇发展需要，可以集中进行城镇开发建设、完善城镇功能、提升空间品质的区域边界，涉及城市、建制镇以及各类开发区等。城镇开发边界内可分为城镇集中建设区、城镇弹性发展区和特别用途区。

城镇集中建设区，是根据规划城镇建设用地规模，为满足城镇居民生产、生活需要，划定的一定时期内允许开展城镇开发和集中建设的地域空间。城镇弹性发展区，是为应对城镇发展的不确定性，在城镇集中建设区外划定的，在满足特定条件下方可进行城镇开发和集中建设的地域空间。特别用途区，是为完善城镇功能、提升人居环境品质、保持城镇开发边界的完整性，需划入开发边界并加强规划管理的重点地区，主要包括与城镇关联密切的生态涵养、休闲游憩、防护隔离、自然和历史文化保护等地域空间。另外，在相关规定中还指出，城市、建制镇应划定城镇开发边界。

（2）管控要求：城镇开发边界内、外执行不同的管控要求

边界内管理：在城镇开发边界内建设，采用"详细规划＋规划许可"的管制形式，并且确保与水体保护线、绿地系统线、基础设施建设控制线、历史文化保护线等各类控制线相协调。即使在不超过规划城镇建设用地总额的条件下，通过调整城镇弹性发展区内的建设布局，允许相应减少城镇集中建设区的用地规模。调整方案需获得同级自然资源主管部门的认可，并应当纳入自然资源部的国土空间规划监测评估预警系统，执行动态监控，原则上每年调整不超过一次。特别用途区实行严格管控，禁止城镇集中建设活动，实行总量控制，不再新增城镇建设用地。根据不同功能区特点，在县市国土空间规划中确定相应的用途管制措施。

边界外管理：城镇开发边界以外的区域主要用于农业生产与生态维持，是促进农村复兴与环境保护的关键区。管理此处空间实行"详细规划＋规划许可"和"限制指标分区审批"的方式。此区域内不得进行城镇集中建设，禁止新建各类开发区。允许交通、基础设施、军事及安全保密、防灾减灾、战略储备等特殊项，以及郊野公园、风景旅游设施的附属设施，与农村复兴相关的建设，还有保障城镇居民生活的必要设施项目。对于边界外的村庄建设、分散或线性工程，则需遵循相关国土空间规划与用途管制要求。

（二）其他控制线

除了三条"底线"外，国土空间规划还需划定绿线、蓝线、紫线、黄线、产业区块线、生态公益林保护线、矿产开采控制线等，并执行了相关控制要求。

①绿线，又称城市绿线，是指在城市内划定的各类绿地范围的控制线，包括公共绿地、公园绿地、环城绿地，以及对空间结构有重要影响的绿地等。绿线分为现状绿线和规划绿线，在现状绿线范围内不得进行非绿化设施建设，在规划绿线范围内不得改作他用，必须按照规划进行绿化建设。

②蓝线，又称河道蓝线，是指河道工程的保护范围控制线，包括江、河、湖、水系、渠、湿地等地表水体，以及堤防、岸线和因河道拓宽、整治、景观绿化而规划预留的控制范围。在蓝线范围内主要用于河道建设和管理，控制水面积不被违法填堵、确保防汛安全。

③紫线，主要指城市紫线，是指国家、省、自治区、直辖市人民政府公布的历史文化街区的保护范围界线，以及历史文化街区范围以外经县级以上人民政府公布的历史建筑的保护范围界线。在历史文化街区内的各项建设应当坚持保护真实的历史文化遗存、

维护街区传统格局和风貌、改善基础设施、提高环境质量的原则；历史建筑的维修和整治必须保持原有风貌，在保护范围内的各项建设不得影响历史建筑风貌的展示；禁止对历史文化街区和历史建筑的保护构成破坏性影响活动。

④黄线，又称城市黄线，是指对城市发展全局有影响的、规划确定的、必须控制的基础设施用地的控制界线，包括公共交通设施、供水设施、环境卫生设施、供燃气设施、供热设施、供电设施、通信设施、消防设施、防洪设施、抗震防灾设施等。在黄线范围内禁止损坏城市基础设施或影响城市基础设施安全正常运转的行为。

⑤产业区块线，是指产业用地相对集中区域的范围控制线，包括工业园区和连片的城镇工业用地。产业区块线范围主要用于落实产业功能，应引导产业项目向线内集聚发展。

⑥生态公益林保护线，即指以保护和改善环境、保持生态平衡、保存物种资源、开展科学实验、森林旅游等需要为主要目的的森林和灌木林的保护范围界线，包括国家级、省级、市县级等生态公益林。在生态公益林范围内，严格控制对公益林的采伐与更新，对公益林的利用以及在公益林范围内开展的工程建设，必须在进行可行性研究的同时进行环境影响评价。

⑦矿产开采控制线，是指在矿产开采过程中根据不同矿种开发时序的安排，分类协调采矿空间与其他空间而划定的矿产开采范围控制界线。矿产开采应促进矿产资源与经济社会发展、生态环境保护相协调，避免环境破坏和资源枯竭等问题。

第四节　国土空间规划的指标与名录管理

在新时代的国土空间规划中，应当以生态文明构建为基本和长远的战略考量，发挥其基础性、指导性和约束性作用。在规划的执行与管理过程当中，除了使用分区与划线这样的传统手段外，还应采用量化的指标和详细的目录清单等工具，以增强规划在实施过程中的精确度和灵活性。

一、国土空间规划指标管理

（一）国土空间规划指标体系

遵循全面综合管理的原则，国土空间规划应考虑资源的分布、环境状况、发展目标和管理需求等多方面因素，并据此建立多层次、多类别的指标体系，以促进国土空间结构的优化。该指标体系与国土空间"五级三类"规划体系相匹配，涵盖了不同层次的总体规划、详细规划和专项规划，各自指标侧重点不同，但是又相互补充，共同构成完整的国土空间规划指标体系。这一指标体系为国土空间规划的执行和监管提供了具体的、可量化的、可比较的和可监测的评价标准。

指标根据其特性一般分为预期性和约束性两种。预期性指标反映的是国家和地方希望实现的增长目标，这些目标的实现依赖于市场和社会个体的自愿行动。政府在此扮演的角色是创造一个有利的宏观、制度和市场环境，以促进这些预期目标的成功实现，并展现出规划中的价值导向和灵活管理特点。另一方面，约束性指标是政府在规划期内必须要达到的法定义务，或者是不得超出的上限。这些指标凸显了规划的严格性与命令性，其实现主要通过政策调节和行政指令等公共资源分配方式。

1. 总体规划指标体系

总体规划涉及对一个行政区域内土地空间的保护、开发、利用和恢复的全局性计划，其指标显示出综合性和层次性的特点。这种综合性意味着对所有保护与开发活动进行全面的量化分析。而层次性则是指高层次的规划对低层次规划提供指导，并且分配调控指标，以确保约束性指标得到遵守并有效地执行。

（1）省级国土空间总体规划指标

省级国土空间总体规划既要体现国家层面的战略方针，也要融入地方特色，同时注重区域土地空间资源的供需协调和优化配置，为下一级国土空间规划设定目标并提供政策支持。因此，省级的规划指标必须综合考虑省域内土地空间开发、利用和保护的政策、战略、协调和综合性需求。根据保护与开发目标的差异，将省级国土空间总体规划指标划分为生态保护类、农业发展类和区域建设类（表5-1）：生态安全类指标聚焦于保障生态安全，通过严格管理自然资源要素来实现，如生态红线面积、水资源总量、森林覆盖率、湿地占比、自然海岸线保护率等。农业保障类指标旨在确保粮食安全，涉及耕地保护面积、大规模畜禽饲养场地等。然而区域发展类指标则致力于推动高质量发展，引导和管理国土空间的开发与建设，包括国土空间开发强度、城乡建设用地规模、交通网络密度等关键指标。

表5-1　省级国土空间总体规划指标体系

序号	类型	名称	单位	属性
1	生态保护类	生态保护红线面积	Km²	约束性
2		用水总量	亿 m	约束性
3		林地保有量	Km² 或万亩	约束性
4		基本草原面积	Km² 或万亩	约束性
5		湿地面积	Km² 或万亩	约束性
6		新增生态修复面积	Km²	预期性
7		自然海岸线保有率（大陆自然海岸线保有率、重要河湖自然岸线保有率）	%	约束性

8	农业发展类	耕地保有量（永久基本农田保护面积）	Km² 或万亩	约束性
9		规模化畜禽养殖用地	Km² 或万亩	预期性
10		海水养殖用海区面积	万亩	预期性
11	区域建设类	国土开发强度	%	预期性
12		城乡建设用地规模	Km²	约束性
13		"1h/2h/3h"交通圈人口覆盖率	%	预期性
14		公路与铁路网密度	km/km²	预期性
15		单位国内生产总值（GDP）使用建设用地（用水）下降率	%	约束性

（2）市级国土空间总体规划指标

市级国土空间总体规划的核心目标是执行主体功能区战略与政策，合理设定全区域的保护与发展目标及策略，促进自然资源的节约与高效利用，以及城镇化的健康发展。市级规划的指标体系不仅要贯彻上级规划的管控需求和指标，还需根据生态优先、高质量发展、高品质生活、高水平治理的原则，设定本级的规划管控要求和指标，并将这些要求和指标细化分配给下级行政区域。市级国土空间总体规划的指标分为空间底线、空间结构与效率以及空间品质三大类：空间底线指标涉及生态保护红线面积、水资源总量、永久基本农田保护面积等，主要是约束性指标。空间结构与效率指标包括常住人口规模、人均城镇建设用地面积、交通网络密度等。空间品质指标如城镇人均住房面积等，反映城市居住环境的品质，通常为预期性指标。

2. 详细规划指标体系

详细规划是针对特定地块的用途和开发强度所制定的具体实施计划。其分为两类：一类是在城镇开发边界内的城镇单元详细规划；另一类是在城镇开发边界外的乡村单元村庄规划。详细规划是国土空间开发与保护活动的基础，涵盖了国土空间用途的管理、城乡建设项目规划许可的发放以及建设项目的法律依据。因此，详细规划指标更加注重其实施性和建设性。

（1）详细规划指标

详细规划的理念是在确保公共利益底线的同时，满足市场多元主体不同诉求。一方面可分解落实总体规划所确定的全局性、系统性要求；另一方面发挥着承上启下的关键作用。详细规划针对不同的功能地域（如工业区、商务区、居住区）、不同的特性地域

（如新城区、老城区、历史街区）及发展不同阶段（如确定性开发、不确定性开发），采用差别化的策略——控制要素的选择及"严格"与"宽松"不一概而论。详细规划指标主要可分为以下六个类别：土地使用、环境容量、建筑建造、城市设计引导、设施配套以及行为活动。根据指标要求的不同，又可将详细规划指标分为强制性指标和指导性指标。

（2）村庄规划指标

村庄规划指标由市级或县级自然与资源管理部门的技术部门进行技术指导，并根据指标要求分配相关任务。这些指标分为两类：预期性指标，例如预期人口数量、规划范围内的集体经济建设用地、可规划的流量以及建设用地的灵活性指标；约束性指标，包括生态保护红线、耕地的保有量、永久基本农田的保护面积及村庄建设用地的总规模。

3. 专项规划指标体系

专这种规划聚焦于特定领域或目标，通常由自然资源部门或其他相关部门主导编制，可以在国家、省级或市级层面进行。专项规划可以分为两大类：一类专门服务于特定区域，比如流域、湾区、协作区、城市群或都市圈的专项规划；另一类则专注于特定要素，比如森林资源、矿产资源、生态系统修复、交通网络或水利设施，是针对实现特定功能而制定的空间开发、保护与利用策略的专门规划。相对于总体规划，专项规划的指标设计更为细致和具体，以适应其特定功能需求。以下以森林管理专项规划及区域综合交通规划为例进行说明。

（1）林业专项规划

在维护国土生态安全的大策略下，林业专项规划需全面考虑林业的发展基础和空间需求，遵循山水林田湖草生命共同体的理念，对森林的生产力进行合理布局，并以森林为核心，整合森林、湿地、野生动植物栖息地等生态空间，协同推进森林、草地、农田、城市等生态系统的建设。林业专项规划的指标制定旨在引导国土绿化、促进森林城市的建设、提高森林的质量、加强资源保护、发展绿色富民产业和推动林业改革与创新。林业专项规划的指标体系主要分为国土生态安全、富民绿色发展和科技支持保障等方面。

（2）区域综合交通专项规划

区域综合交通专项规划对于推进地区城镇的融合发展、实现国家宏观战略、促进当地社会经济的增长扮演着关键角色，它是专项规划中的关键部分。该规划的目标是通过科学规划方法合理分配交通走廊资源，有效整合了各种运输手段，实现它们的和谐发展，同时考虑区域内部和外部的交通网络及运输枢纽的布局，强调规划的战略性、科学性、协调性和实施性，为区域综合交通体系的发展提供指导，以适应区域在政治、经济、社会等多方面对交通的广泛需求。区域综合交通专项规划的指标涵盖铁路、公路、内河航运、机场建设、现代物流、可持续交通等多个领域。

（二）国土空间规划中的指标管理

1. 规划编制中的指标传导

指标传导是实现上级规划中设定的目标和要求的过程，通过总量、人均、地均、限额等量化方法在本级规划中进行明确，并且进一步分配到下级规划中。这是连接不同级别规划的关键途径。指标具有预期的特征和调拨的功能，通过与其他传导手段的配合，以及与相关专项规划和下级规划的紧密衔接，可以有效地执行上级规划中约束性和预期性指标的具体要求。规划指标的传导包括以下三个方面的机制：

（1）自上而下的纵向传导机制

"五级"总体规划体系实现自上而下编制各级国土空间规划，使中央和上级人民政府的理念要求、战略意图、管控要求得以逐级贯彻落实。

（2）专项规划的横向传导机制

"三类"规划体系强化了国土空间总体规划的基础性作用，总体规划要统筹和综合平衡各相关专项领域的空间需求。

（3）重点内容的部门分权传导机制

需要明确上下级政府和同级政府部门之间的职责划分，特别是要把规划中的约束性指标和严格的管控要求有效传递给下级和同级部门，以强化规划执行的强制性。通过有效的传导机制，确保关键内容在各个部门之间得到进一步的细化和加强。

不同层级的规划指标传导聚焦于三大核心领域：保护、开发及安全。在保护领域，通过链接上层规划及本地资源环境承载力，传导耕地、永久基本农田、林地、建设用地以及水资源、能源消耗总量的限制指标。在开发之前，依据总体开发与保护规划和策略，落实市域及中心城区的具体用途分配结构，设定公共服务设施用地规模与人均居住面积，以及绿地与开放空间的总量、人均拥用量及覆盖率等指标。安全领域则侧重于灾害风险状况，确立上下级规划中的防灾减灾目标与标准，以及重大防灾设施的建设规范等。

2. 规划实施中的指标落实

规划指标的制定需与实施管理紧密相连，构成了实施过程中量化管理的关键依据。在规划的执行阶段，对规划指标的管理涵盖年度执行计划、健康检查与评估、以及指标的持续更新等关键环节。

国土空间规划的年度计划是执行国土空间规划的关键工具，其涉及国家对即将到来的计划年度内不同功能和层级的规划指标的具体分配。年度计划的管理主要根据规划目标、经济发展状况和宏观政策，对计划年度内的农用地转为建设用地的计划指标、新增建设用地指标、新增建设占用农用地及耕地指标、保有量计划指标和土地开发整理计划指标等进行指令性分配，以确保指标在空间上的具体实施。一旦年度计划被批准并下达，就必须严格遵循。县级以上地方自然资源管理部门需要强化对国土空间规划年度计划的执行监督，严格遵守年度计划指标使用的在线报告制度，及时登记并按月上报国土空间规划年度计划指标的使用情况。上级自然资源管理部门应对下级自然资源管理部门执行国土空间规划年度计划的情况进行年度评估与考核。

规划指标的体检评估是促进城市高质量发展、提高国土空间规划实施有效性的重要工具。以"一年一体检、五年一评估"的方式，对照国土空间规划确定的总体目标和阶段目标，对城市发展阶段特征及规划实施效果定期进行分析和评价，重点监测规划约束性指标和强制性内容的执行情况。指标体检评估基本原则为：①坚持目标导向，体现坚守生态安全、水安全、粮食安全等底线要求。②科学评估规划实施现状与规划约束性指标的关系，做到全面监测、重点评估和特殊预警，防范化解重大风险挑战。③客观反映国土空间开发保护结构、效率和宜居水平，为实施自然资源管理和用途管制政策、规划的动态调整与完善提供参考。

指标动态维护涉及在规划执行过程中对规划调整的必要性进行评估，确保规划中的指标设置是恰当且可行的，并与上级规划保持一致。如果需要新增规划指标，必须确保新增途径得到有效落实。这一过程包括开展论证、审查和公示等一系列程序。基于规划指标，对国土空间规划的实施情况进行监测和动态调整，是评估规划执行效果的关键环节。

二、国土空间规划名录

国土空间规划中的名录是指采用列表方式表达的内容，这些内容需要下层级规划、详细规划和专项规划进行深化和落实，比如国家历史文化名城名镇名村、重大项目建设计划、准入清单和负面清单等。这些名录是规划实施的重要参考和依据。

（一）既有名录类型

1. 按既有空间规划划分

在我国，尽管存在多种空间规划类型，但它们在管控方法上具有共性，均侧重于采用指标体系、分区控制和名录制度。这种管理策略恰好符合通过指标、边界和名录来实现规划实施的管理逻辑。名录管理作为规划实施关键手段，弥补了指标控制和分区管制的不足，具体包括城市近期建设项目的清单、历史文化名城保护名单、土地利用规划中的重点建设项目与土地整治项目清单，以及主体功能区规划中的关键生态功能区、主要农产品生产区和城市化发展区域的名录等。按照现行的各类规划体系划分名录的类型见表 5-2。

表 5-2　部分既有规划名录类型

规划名称	名录类型
土地利用总体规划	重点建设项目名录、土地整治项目名录
城市总体规划	近期建设项目名录、历史文化名城保护名录
主体功能区规划	重点生态功能区、农产品主产区、城市化发展区名录

环境保护规划	环境准入负面清单、建设项目环境影响评价分类管理名录
水功能区划	饮用水源保护区、工业用水区、农业用水区、渔业用水区、景观娱乐用水区、过渡区与排污控制区名录
林地保护利用规划	林业重点工程名录
海洋功能区划	海洋保护区名录
草原保护建设利用规划	草原景区名录
湿地保护规划	国家重要湿地名录、湿地重点工程名录

2. 按既有功能形式划分

名录管理作为规划实施管理的重要途径，能够强化对各类重要自然与历史文化资源、重点建设项目管控。根据国土空间开发利用与保护的方向，可把名录类型划分为建设单元类、保护单元类与修复单元类名录（表5-3）。

表5-3 建设、保护与修复单元名录类型

单元类型		名录类型
建设类	基础设施	交通、给排水、电力电信、燃气和环境卫生设施等
	公共服务设施	科研、教育、文化、体育、医疗、养老设施及城市公园绿地等
	公共安全设施	防洪、抗震、人防、消防、地质灾害防护及紧急避难设施等
保护类	自然资源	森林、水域、耕地、湿地、海洋、草原及矿产资源等
	历史文化资源	历史文化名城名镇名村、历史街区、历史建筑、重要地下文物埋藏区等
修复类	综合整治	需进行综合整治的乡镇、村庄、流域等等
	生态修复	土壤污染、河流湖泊、森林植被、水土保持、海岸湿地、工矿废弃地、景观水体生态修复等

①建设单元类名录是对基础设施、公共服务设施与公共安全设施采取名录管理的形式，明确建设项目的管控范围及要求，确定建设项目的建设完成期限，并且建立相关监督问责机制。例如，城乡规划与土地利用规划中的重点建设项目，包括但不限于交通、给排水、燃气和环境卫生设施等的基础设施项目，科研、教育、文化、医疗等的公共服务设施项目，防洪、抗震等的公共安全设施项目。

②名录管理应用于关键自然资源和文化遗产，如森林、耕地、湿地、水域和海洋，以及历史文化名城、名镇、名村、历史街区、历史建筑和重要地下文物埋藏区等。该管理方法明确了资源的保护等级和范围，并且设定了空间管制标准以及保护和管理的具体措施。此外，还定期对资源的保护状态进行评估和检查。

③名录管理应用于土地的全面整治与生态恢复工程。土地整治以乡镇为基本单位，涉及整个或部分村庄，基于科学的规划，全面推进农用地、建设用地的整理以及乡村的生态保护和恢复，从而优化农业、生活和生态空间布局。生态修复关注的是结构混乱、功能受损甚至破坏的区域生态单元，旨在通过调整和优化国土空间要素以及修复生态功能，减少人类行为对生态系统的负面影响。整治与修复的信息应及时导入国土空间基础信息平台，以便进行有效的监督和管理。

（二）国土空间规划中的名录

在自然资源部执行"两统一"职责的框架下，为了标准化开发建设活动并确保空间资源的保育工作，构建国土空间规划的名录体系成为规划执行管理和国土空间利用管制的关键要素。

1. 国土空间规划名录体系

名录采用列表方式，清晰、明确地要求并监督各类所有者、使用者必须严格按照空间规划所确定的用途和条件来利用国土空间活动。名录传导具有透明度高、操作性强、管理模式灵活的特点，可以分为以下四类（表5-4）：

表5-4　名录管控重点及主要类型

名录分类	管控重点	主要类型
重点区域名录	侧重落实自然、人文资源保护的刚性约束	重点生态功能区、国家公园、自然保护区、森林自然公园、湿地自然公园、地质自然公园、世界自然遗产、风景名胜区、水源保护地、战略性矿产保障区等各类自然资源保护区，特别振兴区、历史文化名城名镇名村等各类人文资源保护区

重点项目名录	侧重应对发展的不确定性、增强规划弹性管理	各类基础设施、独立选址、特殊选址、农村产业融合发展项目，以及国土空间整治和生态修复项目
空间准入清单	侧重国土空间准入与管控规则	生态空间准入"正面清单"，农业空间准入"正面清单"，"正负面清单"相结合的城镇空间准入制度等
其他名录	侧重规划操作性和引导性	城镇村体系名录、各类功能区名录等

　　名录体系主要包括三大类别：一是重点区域名录，重点关注自然与人文资源的保护，包括自然保护区、战略性矿产保护区、特殊振兴区以及历史文化名城名镇名村等；二是重点项目名录，主要应对发展中的不确定性，增强规划的弹性管理，包括各类基础设施、独立选址、特殊选址、农村产业融合发展项目以及国土空间整治和生态修复项目等；三是空间准入清单，以国土空间用途管制分区为依据，针对不同区域的管制规则，制定出规范市场准入和鼓励产业与项目的正面清单以及限制和禁止产业和项目的负面清单，并针对生态、农业和城镇空间的特点，依据国土空间分区管控要求，实施刚性"与"弹性"相结合的空间准入清单。此外，还有其他名录，如城镇村体系名录、各类功能区名录等，主要侧重规划的操作性和引导性。这些名录有助于市县级规划落实国家级及省级规划要求，提出市县城镇村体系格局。

　　在全面空间管理理念指导下，国土空间规划整合了主体功能区规划、城市总体规划和土地利用规划等多种空间规划，对国土空间资源的保护和利用进行了全面的布局和规划。名录管理作为规划实施的关键工具之一，通过列表形式明确指出需要由下一级国土空间总体规划、详细规划和专项规划进一步细化和实施的内容。基于明确职责、有效管控、上下联动和实用性的原则，名录管理在垂直方向上规定了各级总体规划之间需要协调和实施要素，在水平方向上针对总体规划和专项规划、详细规划之间的限制和协调，对名录进行分解和实施。例如，名录应明确工程项目的管控界限和标准，设定建设期限，并确定自然和文化资源的保护等级和范围，以及空间管制的具体要求和保护管理措施，以确保国土空间资源的合理利用和保护，推动经济、社会和环境的持续发展。

2. 国土空间规划名录管理

（1）重点区域名录

面对资源紧缩、环境污染和生态退化的挑战，我们需要采纳一种珍视自然、顺应自然和守护自然的生态文明观点，并致力于可持续发展的路径。秉承绿色发展的理念，国家级和省级空间规划中提出了省级及以上重点区域的名录，其中详细指明了各要素的地理位置、主要保护区域和管控标准。市县级规划则在此基础上制定市县级重点区域名录，并在空间布局上逐步实施，具体规定了准入类别和管控措施。另外，还建立了对规划实施方案的审核和监督机制，以及对自然资源和文化资源的全面保护措施。

对于包括自然保护区、战略发展区、特别振兴区、历史文化名城名镇名村等关键区域的重点区域名录，由省级人民政府和相关主管部门定期进行监测和核查，他们还负责审批依法占用省级重要自然保护地等事宜，并确保各类重点区域的可持续发展，解决发展过程中遇到的问题。市、县（区）级人民政府在国土空间规划实施管理中，如有必要更新重点区域名录，将经过省级的全面评估和判定，并通过各级人民政府网站以及本行政区域内的主流媒体及时进行公示。

（2）重点项目名录

对于一些目前无法具体定位或难以精确测算用地规模，但已知需要在规划中预留的项目，可以通过名录清单的形式进行列出。重点项目名录包括了各类基础设施、公共服务设施和公共安全设施等建设项目的名录，这有助于提高规划的灵活性管理，推动城乡一体化发展，提供了更明确的规划支撑。上级规划的重点项目名录应当包含下级规划的编制要素，作为下级规划的编制标准和审查参考；对于已列入重点项目名录但与乡镇规划不符的项目，若不触及生态保护红线等关键管控因素，可以简化规划调整流程。

（3）空间准入清单

针对全域覆盖的三类空间，我们制定了分条列项准入规则，并实行严格的国土空间用途管制制度。结合不同空间类别及其实际主导功能，我们通过拟定正负面清单的形式来落实空间准入制度，正面清单和负面清单分别列明了政府及规划职能部门允许或限制的准入主体、范围和领域。所有清单均以清单方式明确列出。

制定生态空间准入正面清单，以严格控制绝大多数的人类活动。生态保护区作为生态安全的屏障，仅允许国家重大战略项目以及符合规定的"少量种植、地质勘查、灾害防治、科学研究、文物保护、适度旅游、线性基础设施、生态修复"等八类活动。在一般生态空间，我们允许对生态功能影响较小的"乡村服务设施、景观公园、市政公用设施"等活动的进行，但前提是在生态保护区的规定活动基础上。

制定农业空间的正面清单，以严格管控非农业建设活动。永久基本农田保护区是国家粮食安全的关键，只允许国家重大战略项目和在避让永久基本农田的前提下，对农业生产功能无影响的、一定级别以上的线性基础设施、公益性服务设施以及综合整治与生态修复等必要活动。农业农村发展区是实施乡村振兴战略的关键，应允许农村基础设施、休闲农业以及农村新产业、新业态等促进乡村振兴的活动进入，以保持发展的灵活性。

制定城镇空间的负面清单，以优化内部结构，实现高质量发展。鼓励地方根据城市发展目标和定位，因地制宜地制定城镇空间管制的具体措施。根据国土空间规划，我们应建立全域覆盖、层级清晰、单元统一的功能分区引导体系，并且提出功能引导的鼓励措施，以推动城镇功能和品质的提升。

对于空间准入的正负面清单管理，各级人民政府和规划部门应根据清单类型成立专门的考核领导小组，严格执行空间准入清单的管理规定并确保实施。地方政府可以根据本地实际情况对准入清单进行相应的补充和深化，并按照既定程序进行审批。同时，设立空间准入清单考核办公室，负责监督和记录管理情况，并且将这些成绩纳入季度和年度绩效考核评分。

（4）其他名录

诸如城镇村体系名录和各类功能区名录等名录类别，对于规划的具体操作和方向性引导起到了关键的辅助作用。国家级及省级的国土空间总体规划勾勒出了全国城镇空间分布和省域城镇网络，而市县级的国土空间总体规划则贯彻了国家级和省级的规划内容，提出了市县级的城镇村体系。这种从上到下的规划传导和实施过程，保证了各级规划之间的一致性，并根据各地的具体情况制定了相应管理策略。

第六章 国土空间规划实施的全过程

第一节 国土空间规划实施的全过程管理体系

国土空间规划的执行流程主要涉及现状调研、产权确立、规划制定、用途控制、开发利用、保护修复和执法监管这七个主要环节。通过按照这些环节步骤进行管理，构建了完整国土空间规划实施管理体系。

一、全过程管理的基本内涵

全过程管理是将各项管理环节串联起来，通过各部门间的协同合作，确保规划管理活动的完整性和延续性，实现各环节的一体化管理。它涵盖了规划管理活动的各个方面，包括管理流程、管理规则、管理方法以及管理质量等，对编制单位、规划主管部门、相关参与者的工作职责、工作要求和时限进行了明确规定，具有公开透明、责任明确的特征，规范且严肃。这种管理方式有助于大家各司其职，实现了有效的监管。

全过程管理可以分为规划前明底数、规划中控用途、规划后重监督三个部分。规划前的现状调查和确权登记部分（即规划前明底数）旨在查清当前国土空间的类型、面积（数量）大小、分布情况、权属和利用状况并做好登记，为编制国土空间规划打好基础。规划编制、用途管制、开发利用和保护修复（即规划中控用途）则旨在对现状资源情况进行评估的基础之上，综合考虑社会、经济、资源利用、环境保护等因素，对区域内国土空间的保护、开发、利用、修复提出管控要求与保护措施。规划实施后的执法监督（即规划后重监督）则是指对依法实施国土空间规划的监督，以及对违反国土空间规划行为的执法查处。

二、全过程管理的主要管理环节

（一）现状调查

现状调查旨在了解自然资源和依托的国土空间的种类、规模、分布、所有权和使用状况等关键信息。这类调查生成的数据是制定国土空间规划的根本，只有深入了解山水林田湖草等自然资源的当前利用状态，才可进行深入分析，识别存在的问题，并制定出符合实际的规划。由于国土空间的使用状况会发生变化，现状调查应根据实际情况需要进行定期更新。自然资源调查分为两类：基础调查和专题调查。基础调查关注自然资源的通用特性，而专题调查则针对自然资源的特殊属性或特定需求进行。自然资源的监测工作包括常规监测、专题监测和应急监测，其中年度国土变更调查属于常规监测范畴，而地理国情监测则属于专题监测。

（二）确权登记

确权登记是对依法获得的土地及其自然资源的种类、所有权和面积等进行确认并记录在案的程序。这一过程是基于相关权益人的申请来进行的，能够实时反映和更新国土空间的利用变迁，清晰界定土地权益的归属，并为国土空间规划的日常管理提供关键的数据支持。权属登记与现状调查有所区别：权属登记是基于申请且要求合法获得，主要目的是确认权益的所有权；而现状调查是由国家统一进行，不要求合法获得，主要目的是真实记录土地利用状况。

（三）规划编制

规划编制（即国土空间规划编制）是指在资源环境承载能力和国土空间开发适宜性评价的基础上，综合考虑人口分布、经济布局、自然资源利用、生态环境保护等因素，对一定区域国土空间的开发利用和保护修复做出的计划安排。通过这一规划过程，将主体功能区规划、土地利用规划、城乡规划等不同空间规划整合为一个体系，通过设定生态保护红线、永久基本农田、城镇开发边界等空间管控界线以及各类海域保护线，来实现生态、农业、城镇等不同功能空间的统一布局和分类管理，确保国土空间用途的有序管制。

（四）用途管制

国土空间用途管制旨在通过科学开发、合理利用、持续保护和优化配置，对土地利用的具体目的进行控制和约束，这是通过空间规划和政策实施的一套制度和操作机制。与传统的土地用途管制相比，国土空间用途管制在工作范围、技术手段与价值导向上都有所创新。在工作范围上，国土空间用途管制涵盖了全部空间和所有要素，具有全面和全域的特征；在技术方法上，国土空间的概念不仅包括地下、地表和空中的三维空间，而且还包括由人文因素构成的地域功能空间。它运用了更为多样的管理工具，展现了更加流畅的管理逻辑和更为综合的管理能力。在价值导向上，国土空间注重以可持续发展为核心，强调科学性和民主性的决策过程，实现政府、市场和社会三方的协同作用，建立一种结合底线约束和激励引导的新机制。这样的机制能够使空间开发和利用更加有序、高效，提升空间品质，增强空间治理的能力。

以土地利用管制为例，土地利用类型主要分为农业用地、建设用地和未利用土地三个主要类别。国家对农业用地转化为建设用地进行限制，对建设用地的总体规模实施严格控制，并提倡开发适宜农业的未利用土地，优先将其转变为耕地。这三种土地类型都可以进一步划分为更具体的用途，并依据法律进行用途管制。国家对农业用地中的耕地，特别是基本农田，实施特别的保护措施，确保农业生产不会破坏基本农田的耕作环境。建设用地的开发和利用必须遵守批准的具体规划用途，不得随意更改。建设项目用地的用途管制通常分为预审与选址、农用地转用与集体土地征收、建设用地规划许可与土地供应、建设工程规划许可、土地核验和规划核实等五个主要阶段。

（五）开发利用

国土空间的开发利用涉及对未开发土地的转化，例如将未利用土地转变为农业或建设用途，以及对已有土地的再利用，如对空置或低效用地的再次开发，目的是提升土地使用效率。在进行国土空间开发利用时，必须遵守空间规划，执行分区域用途管制规定，绝不允许越过规定的管控界限。开发活动应控制在适宜强度内，并充分挖掘现有资源的使用潜力，以减少对新增土地的依赖，防止了资源过度开发导致的枯竭和环境恶化。国土空间的使用应倡导节约和集约的原则，优化空间结构和布局，从而提升利用效率和经济产出。

（六）保护修复

保护修复是对国土空间进行保护和修复的活动，涉及采取管控、激励和建设等措施。以土地保护修复为例，管控措施包括土地用途管制和开发强度限制；激励措施包括提供耕地保护补贴和奖励新增建设用地指标；建设性措施包括进行土地复垦整理和废弃矿山环境修复等。在国土空间保护修复中，必须符合国土空间规划，不得在规划建设用地范围内实施土地复垦整理等修复项目。保护修复侧重于保护自然资源和改善生态环境，提高资源的生态容量；而开发利用侧重于充分利用资源的价值，发挥其可利用的潜力。

（七）执法监督

执法监督通常指的是监督主体对执法机构的执法活动进行督查。然而，在本语境中，执法监督专指自然资源管理部门对国土空间规划执行情况的监管，以及对违反规划行为的法律制裁。因此，这种执法监督的范围更广，涵盖了个人、法人、社会团体和其他组织，甚至包括政府及其部门作为法人实体。监督内容也更为广泛，不仅包括监管，还包括行政执法。执法监督依托国家的强制力，对违反国土空间规划的行为进行惩罚，确保规划的有效实施。对于政府及其部门违反规划的行为，如果执法监督机构无法处理，应依法转交给有处理权的机关，若构成犯罪，则应依法追究其刑事责任。

三、全过程管理闭环体系

现状调查的重要性在于查清国土空间的自然状况和权属情况，这为其他管理环节提供了基础。如果脱离现状调查，就会导致管理对象不明确，相关行政管理无法展开。通过国土空间权属调查和确权登记，权利归属变得清晰。只有在确保权属明确的基础上，权利主体才能合法行使占有、使用、收益、处分等权利，才能进行国土空间的开发利用和保护修复，以及实施执法监督、用途管制等行政管理。通过明确管理对象的权利义务和法律责任，方可依法确定相关管理对象管理范围。

国土空间规划编制是基于现状调查和确权登记工作的结果，对国土空间的开发利用和保护修复进行引导，为用途管制和执法监督提供依据。因此，国土空间规划在全程管理中扮演着衔接和引导的角色。用途管制作为各类管控措施的核心，实质上是对国土空间开发利用的规定。因此，国土空间的规划编制、开发利用、保护修复和执法监督都必须遵循用途管制的要求。

开发利用和保护修复是执行国土空间规划的两个关键方面。一方面，它们旨在提升自然资源的利用效率；另一方面，也要考虑到资源的保护和生态环境的改善。在自然资源的开发和修复过程中，国土空间的现状可能会发生变动，因此需要重新进行现状调查和确权登记。执法监督依靠国家的强制力来确保国土空间规划的执行和用途管制制度的实施，对开发利用和保护修复行为进行监管，并且对违法行为进行法律制裁。在规划实施过程中，用地类型和权属的变化可以通过年度国土变更调查来及时掌握和更新，进行不动产和自然资源的变更登记，保持登记资料的时效性，这为国土空间规划的修改或修订提供了基础。这七个环节相互依存，共同构成了一个完整的国土空间规划实施全过程管理体系。

四、管理机构设置

围绕现状调查、确权登记、规划编制、用途管制、开发利用、保护修复、执法监督七个主要管理环节，自然资源主管部门设置了相应的管理机构。

以自然资源部为例，相关机构以及职能设置情况如下：

现状调查——自然资源调查监测司。制定自然资源调查监测评价的指标和统计准则，并设立定期的自然资源调查监测评价体系。定期执行全国范围的自然资源基础调查、变更调查、动态监测及评价分析。进行水、森林、草原、湿地资源以及地理国情等领域的专项调查监测评价。负责自然资源调查监测评价成果的收集、管理、更新、发布、共享和监督利用。

第二，确权登记——自然资源确权登记局。制定各类自然资源和不动产的统一确权登记、权属调查、不动产测绘、争议调处和成果应用制度、标准和规范。指导和监督全国范围内的自然资源和不动产确权登记工作。建立健全全国自然资源和不动产登记信息管理基础平台,管理相关登记资料。承担由国务院确定的重点国有林区、国务院批准的用海用岛项目以及中央和国家机关不动产的确权登记发证等专项登记任务。

第三,规划编制 —— 国土空间规划局。为了制定国土空间规划相关政策,我们须建立空间规划体系并监督其实施。应组织编制全国国土空间规划和相关专项规划,并监督其执行。将负责审核和上报国务院审批的地方国土空间规划,同时指导并审核涉及国土空间开发利用的国家重大专项规划。进行国土空间开发适宜性评估,以建立国土空间规划实施监测、评估及预警体系。

第四,用途管制 —— 国土空间用途管制司。为了规范国土空间用途管制制度和技术标准,我们应制定相应的计划并组织实施。应拟订耕地、林地、草地、湿地、海域海岛等国土空间用途转用政策,指导建设项目用地预审工作。承担审核和上报国务院审批的各类土地用途转用的工作,并进行审核和报批。同时,还应拟订并监督实施城乡规划管理等用途管制政策。

第五,开发利用 —— 自然资源开发利用司。拟订并实施自然资源资产有偿使用制度,建立自然资源市场交易规则和平台,以及组织开展自然资源市场调控,我们需负责自然资源市场的监督管理和动态监测,并建立市场信用体系。另外,还应建立政府公示自然资源价格体系,并组织开展自然资源分等定级价格评估。同时,应拟订自然资源开发利用标准,并开展评价考核,以指导资源的节约集约利用。

第六,保护修复。①耕地保护监督司。制定并推行保护耕地的政策,执行耕地保护责任目标的评估与永久基本农田的特别保护措施,并监管永久基本农田的划分、占用与补划。管理耕地占补平衡事务。负责土地征收与征用的工作。同时,确保耕地保护政策与林地、草地、湿地等其他土地资源的保护政策相协调。②国土空间生态修复司。负责开展国土空间生态修复的政策调研工作,并且编制相应的修复规划。承担国土空间的综合整治、土地的整理与复垦、矿山地质环境的恢复与治理,以及海洋生态、海域、海岸带和海岛的修复项目。同时,参与生态保护补偿的相关工作,并指导地方层面的国土空间生态修复实施。

第七,执法监督。①执法局。为拟订并实施有关自然资源违法案件查处的法规草案、规章和规范性文件,我们需指导其实施工作。将负责重大国土空间规划和自然资源违法案件的查处,同时指导并协调全国违法案件的调查处理工作,以及解决跨区域的复杂案件。此外,还将指导地方的自然资源执法机构建设和队伍建设,并组织全国自然资源执法系统人员的业务培训。②国家自然资源总督察办公室及派驻地方的督察局。完完善国家自然资源督察机制,制定相关的督察政策及工作准则等。在授权范围之内,负责对自然资源和国土空间规划等相关法律法规的执行情况进行监督检查。

第二节 具体项目实施的全流程管理

国土空间规划的执行主要依托具体项目进行，为确保各类项目遵循国土空间规划的要求，必须对其从可行性研究到项目完成的整个过程和生命周期进行管理。根据项目目标的分异，项目类别可以划分为建设性项目、农业设施项目、国土空间整治项目、生态修复项目、矿产开发项目以及海域利用项目等等。

一、建设项目实施的全流程管理

（一）建设项目的概念与管理要求

建设性项目涉及对土地的开发与利用，并需办理相关的建设用地审批程序。此类项目旨在非农业生产，其土地用途转向建设用途，主要表现为对地面的硬化。建设性项目用地必须遵循国土空间规划，并位于规定的建设区域内。此类项目的用地须经过供地审批，若占用农用地或未利用地，则需先获得新增建设用地审批；若占用耕地，则必须完成耕地占补平衡的任务；建设性项目通常不得占用永久基本农田，但符合特定条件的重大的建设项目可以占用，并需补划永久基本农田；若占用集体土地并需转为国有土地，则需先完成集体土地征收的审批，并确保征地补偿与安置的落实。集体建设项目可以使用集体建设用地，而且集体建设用地也可根据法律直接出让使用。

（二）建设项目的管理流程

建设项目是实施国土空间规划最为常见的项目类型。建设项目一般使用国有土地（含征收为国有的土地），乡镇企业、乡（镇）村公共设施或公益事业、农村村民住宅等乡（镇）村建设，可以使用集体土地，工业、商业等经依法登记的集体经营性用地，可以向集体经济组织以外的单位或个人流转使用。当前，集体土地使用及流转管理制度尚未成熟，此处重点介绍建设项目使用国有土地（含征收为国有的土地）的管理流程。

建设项目在土地使用上，主要分为国有土地使用，包括征收为国有的土地。根据政府供地的不同方式，可大致分为划拨用地类建设项目和有偿用地类建设项目，这两类在行政管理的流程上存在显著差异。符合划拨用地目录的，如国家机关用地、军事用地、基础设施用地和公益事业用地等，可无偿划拨供应，但需支付相应的土地取得成本。而对于不符合划拨用地目录的建设项目，则需要通过出让、租赁、作价出资或者入股等方式有偿使用土地。

为了提升行政效率和改善商业环境，国家积极推动审批流程的改革，采取了一系列措施，如精简审批环节、实施并联审批、整合相关审批流程以及将部分审批事项推迟到项目后期，从而加速项目的启动和执行过程。

1. 划拨用地类建设项目的管理流程

（1）建设项目立项

划拨用地项目通常是由政府投资的，由相关部门（如发展和改革、建设部门）负责审核并将其纳入政府投资计划。项目单位在申请项目启动时，需要提交可行性研究报告，并同期处理项目选址和用地预审等相关手续。立项审批部门在考虑自然资源管理部门的意见后，对符合国家产业政策、建设规划和土地供应政策项目给予立项批准。

（2）用地预审选址

建设项目用地预审和选址意见书的办理已整合，由自然资源管理部门负责审查并出具意见书，作为项目立项的前置条件。主要审核内容包括：项目是否符合国土空间规划，选址是否在城市开发边界和生态保护红线之内，用地是否满足耕地和永久基本农田的保护需求，是否遵守节约和集约用地的标准，以及是否符合国家的土地供应政策等。如果项目选址与现行规划不符且无法调整，则需按照程序修改国土空间规划后才能继续办理相关手续。若项目选址符合规划但涉及农用地或集体土地的占用，则必须完成农用地转用和集体土地征收的审批流程。对于那些虽然选址在城镇开发边界之外但被纳入国土空间规划重点建设项目清单的项目，同样视为符合规划。

为保障建设项目能够顺利实施，在预审阶段往往还要审查是否具备相应的用地指标。建设项目新增建设用地首先不得突破本地区新增建设用地的空间指标总规模。其次，占用农用地的需要具备相应的新增建设用地计划指标（农用地转用指标）；占用耕地的还需要具备相应的补充耕地指标。

（3）农用地转用与征收

建设项目占用农用地（含未利用地）的，须办理农用地（含未利用地）转为建设用地手续。当需要征收集体农用地时，首先必须完成农用地转用的审批程序。如果农用地转用审批机关同时具有征收权限，则可以一并审批。对于选址在国土空间规划确定的城市、村庄和集镇建设用地规模范围内的建设项目，根据规划实施需要，可以按批次申报农用地转用和征收，这被称为"批次用地"。地方人民政府会集中处理批次用地的报批，之后再分配具体项目的用地。批次用地的预审和选址由自然资源主管部门内部审核，不需要对单个项目出具用地预审和选址意见，内部审核通过后即可进行农用地转用和征收的报批。对于选址在规划范围外的单独选址项目，必须在项目获得立项批复后才能启动农用地转用和征收的报批流程。农用地转用审批机关主要审查是否符合国土空间规划，是否超过规划控制指标，补充耕地的面积和质量是否达标等。集体土地征收审批机关则主要关注是否符合公共利益，土地权属是否存在争议，补偿标准是否合法，安置方案是否切实可行，补偿安置协议是否已达成，以及补偿安置资金是否充足。

（4）征地补偿安置

土地征收工作由县级以上地方政府负责执行，征收过程中必须依法确保及时并足额支付土地补偿费、搬迁安置补助费以及农村居民住宅、其他地上附着物与青苗等的补偿费用，并妥善安排被征地农民的社会保障事宜。土地征收的补偿应当公正、适当，确保被征地农民的生活水平不因征收而下降，并确保其长期生计有保障。在报批征收土地之前，应与土地的所有者和使用者签订征地补偿安置协议。对于部分难以协商达成协议的情况，县级以上地方政府在申请征收土地时应实事求是地进行说明。

（5）出具规划条件

在建设项目用地预审和选址审查通过之后，自然资源管理部门将根据申请出具项目的规划条件。这些规划条件将基于详细规划来确定用地的具体边界、面积、用途和开发强度等关键规划要素，并为项目单位编制建设项目的规划设计方案提供主要参考。

（6）划拨供地

自然资源管理部门在拟定划拨供地方案并获得政府审批后，会向项目单位发放国有土地划拨决定书和建设用地规划许可证。项目单位随后可进行不动产登记申请。在土地划拨或项目施工前，若项目用地位于地质灾害易发区，应进行危险性评估；若在地下文物保护范围内，应进行考古调查和勘探；若用地土壤有污染风险，应进行污染调查；若可能对环境产生影响，应进行环境影响评价；对于使用存量国有土地且非净地的情形，应依法完成征收补偿工作。为了提高土地利用率并防止土地闲置，划拨土地决定书应明确开工和竣工日期，并据此开展建设用地批后管理工作。

（7）建设工程规划许可

项目单位根据规划条件编制建设工程设计方案，并将方案提交给自然资源主管部门进行审查。自然资源主管部门会收集并协调相关行政主管部门的意见，对建设工程的初步设计方案进行审批。如果设计方案符合详细规划和规划条件，自然资源主管部门将发放建设工程规划许可证，并确认建筑的总平面图。

（8）建筑工程施工许可

项目单位在获得建设工程规划许可等要求后，将组织编制施工图设计方案。该方案将接受建设、人防、消防等部门的联合审查，涵盖施工图设计、消防设计和人防设计等方面。一旦审查通过，建设部门将发放建筑工程施工许可证，确认包括房屋建筑及其附属设施的建造、装修装饰，以及与之相配套的线路、管道、设备的安装和城镇市政基础设施工程施工的具体方案。

（9）建筑工程竣工验收

建筑项目的竣工验收由项目的建设单位负责组织进行，涉及到项目勘查、设计、施工、监理等单位的协同检查，并出具关于工程质量的检查意见。建设、自然资源、消防、人防、档案等行政管理部门将联合进行验收，检验项目建设是否遵循了许可的内容，并给出验收意见。基于这些意见，将编制竣工验收报告，并提交给建设行政主管部门，以完成工程的竣工验收备案。只有通过竣工验收，项目才可交付使用。

（10）不动产登记

在建设工程完成竣工验收后，项目单位有资格申请不动产的首次登记，以此来获得房屋所有权和土地使用权。不动产登记机构在处理建筑物和构筑物所有权的首次登记时，有权进行现场勘查，若发现任何违反法律和行政法规的情况，将不予登记，并需以书面形式通知申请人。

（11）不动产使用与流转

在建设工程竣工验收并投入使用后，应当严格遵守不得擅自进行改建、扩建或改变许可用途的规定。在房地产的转让过程中，应报请有批准权的人民政府批准，并由受让方按照规定办理土地使用权出让手续并缴纳土地使用权出让金，或者由转让方按规定将转让房地产所获收益中的土地收益上缴国家或进行其他处理。受让方在继受转让方的相关不动产权利和义务后，应严格遵守相关规定，不得擅自进行改建、扩建或改变许可用途。

2. 有偿用地类建设项目的管理流程

自土地使用制度改革以来，我国已构建了相对完善的国有建设用地有偿使用制度体系，这对保障城镇化、工业化发展以及促进社会主义市场经济体制的建立与完善起到了重要作用。有偿用地类建设项目的管理流程一般包括以下环节：

（1）土地前期运作

在政府有偿供应土地之前，政府部门（通常为土地储备中心）负责完成土地出让的前期工作，这包括用地预审和选址、提供规划条件、农用地转用和集体土地征收的报批、征地补偿安置、对存量国有土地上的房屋进行征收补偿、地质灾害危险性评估、考古调查和勘探、土壤污染调查、环境影响评价等工作。对于经营性项目用地，如果位于国土空间规划确定的城镇开发边界内的集中建设区，且需要征收集体土地，那么应当纳入成片开发范围。县级人民政府需要组织编制成片开发方案，并且报经省级以上人民政府（或经授权的设区市人民政府）批准后，才能进行土地征收的报批。

（2）供地方案审批

在土地前期运作全部结束后，且在有偿供应土地之前，自然资源主管部门须依据规划条件开展地价评估审查，并制订供地方案。该方案应详细列出土地的基本情况、计划采用的供地方式、地价金额（底价）等信息，之后提交给有审批权的人民政府进行审批。

（3）有偿供应土地

在政府有偿供应土地的过程中，通常会采取招标、拍卖、挂牌等竞争性方式进行公开出让。在土地出让方案获得批准后，自然资源主管部门会发布土地出让公告，并开展招标、拍卖、挂牌等工作。竞得人将获得成交确认书，并与政府签订土地出让合同。对于采取协议出让、租赁、作价出资或入股等方式有偿供应土地的，无需通过公开交易，可以直接与使用者签订用地协议。在履行了出让合同或用地协议约定的付款和义务后，自然资源主管部门将交付土地，使用者可以申请不动产登记。规划条件应作为土地出让合同或用地协议的一部分。为提高土地利用率并防止土地闲置，出让合同或用地协议应明确开工和竣工日期，并据此开展建设用地批后管理工作。

（4）建设用地规划许可

一旦项目单位按照出让合同（或用地协议）获得了土地使用权，它需要向自然资源主管部门提交建设用地规划手续的申请，并获得建设用地规划许可证。此许可证成为项目单位组织编制建设工程设计方案的重要依据。

项目单位取得建设用地规划许可之后，可参照划拨用地类建设项目办理后续建设工程规划许可、建筑工程施工许可、建筑工程竣工验收、不动产登记、不动产使用和流转等手续。

二、设施农业项目的全流程管理

（一）设施农业项目的概念与管理要求

随着农业现代化水平的不断提升，设施农业用地的类型日益丰富，总体上可分为农业生产中直接用于作物种植和畜禽水产养殖的生产设施用地、与农业生产直接关联的附属或配套设施用地两类。

1. 生产设施用地

①作物种植的生产设施用地主要包括有钢架结构的连栋温室、食用菌生产、育种育秧（苗）用地以及为生产服务的看护房用地等。而农业生产简易大棚（棚架、温室）则不纳入设施农业用地的范围，仍按原地类进行管理。

②畜禽养殖生产设施用地，包括养殖畜禽舍（含引种隔离舍、孵化厅、运动场、挤奶厅等）用地，绿化隔离带用地，进排水渠道用地，以及为生产服务的看护房用地等。

③水产养殖生产设施用地，包括水产养殖中的池塘、工厂化养殖池、工业化水槽用地，水产养殖尾水生态处理池用地，进排水渠道用地，设施养殖加温调温设备用地和生产服务的看护房用地等。

2. 直接关联的附属或配套设施用地

①与农作物种植紧密相关的附属和配套基础设施用地，涵盖了种植过程中必要的农业机械和设备、农资和原料的临时储存空间、废物的收集和处理设施，以及用于产品检验和监测的区域。另外，还包括了与种植过程直接相关的农产品初步加工设施，如烘干、晾晒、分拣、包装和保鲜储存等用地。

②畜禽养殖设施用地，主要涉及养殖废弃物的收集、存储、处理和利用设施，包括粪污、垫料、病死畜禽等。此外，还包括检验检疫监测、洗消、转运和动物疫病防控等设施，以及养殖场自用饲草饲料生产及饲料输送等设施用地。

③与水产养殖类直接关联的附属或配套设施用地，包括了水质检测监测、病害防治设施用地，渔业机械、捕捞工具、渔用饲料和渔药等渔需物资临时仓储设施用地，水产养殖进出水处理设施用地，水产品上市前暂养、临时保鲜设施用地。

需注意的是，以下设施用地不应被归类为设施农业用地，而应按照建设用地进行管理：屠宰和肉类加工厂区的用地，用于经营性粮食储存、农资存放和农机销售与维修的场所用地；依赖于农业的休闲度假设施、庄园、酒庄、农家乐等用地；农业园区及农业产业融合发展的项目中，用于建设永久性餐饮、住宿、娱乐、康养、会议、大型停车场、工业化农产品加工、科研、展销等设施的用地；及病死动物专门集中进行无害化处理的工厂（中心）的用地。

鉴于设施农业用地的直接服务对象是农业和农村居民，且其性质归属农用地范畴，土地利用的变更属于农业内部结构调整，因此设施农业用地不作为新增的建设用地来管理。其不需要经过农用地转用的审批程序以及实施土地占补平衡，但需要按照法定程序履行设施农业用地备案手续。然而，需要留意一些地区滥用设施农业用地的情况，例如在农村地区擅自修建"大棚房"、"农家乐"以及乡村旅游设施等非农业性质的建筑，这是需要引起重视问题。

在设施农业项目中，如果配套建设了餐饮、住宿、娱乐等非农业设施，所使用的土地不应被归类为设施农业用地，而是需要按照法律规定办理建设用地相关手续。设施农业用地的主要土地利用方式是硬化地面，它们可以占用一般的耕地，并且在占用过程中不需要实行耕地占补平衡政策。如果种植设施不会破坏耕地的耕作层，那么可以使用永久基本农田，无需进行补划；如果破坏了耕作层且难以避免占用永久基本农田，可以使用永久基本农田但必须进行补划。原则上，养殖设施不应使用永久基本农田，但是如果确实需要且无法避免占用少量永久基本农田，可以在补划的前提下使用。

（二）设施农业项目的管理流程

国家有关设施农业用地的管理制度经多次调整，已日趋完善。现行政策将设施农业用地管理的具体细则授权省级地方制定，国家提出总体原则性要求。一般情况下，设施农业项目的管理流程主要包括以下环节：

1. 制定建设方案

设施农业管理方需拟订一项执行方案，详述设施建设的参数，包括设施种类与功能、数量、规范以及用地规模等内容，并绘制设施的平面布局图。在进行设施建设时，应严格限定在合理规模内，禁止超出规定义务占用耕地，并且尽量避免影响基本农田的使用。

2. 确定用地条件

根据农业发展计划、花卉苗木产业规划及国土空间规划，在遵循保护耕地和节约用地准则的基础上，并考虑到各种保护区的规定，实现设施农业的合理规划布局。设施农业的运作主体应与农村集体经济组织开展合法协商，确定土地的用途、使用年限、费用支付方式、土地复垦责任以及违约责任等关键条件，这些条件将形成双方后续签署的用地协议的核心内容。

3. 公告征求意见

在设施农业经营者与农村集体经济组织就用地条款达成共识后，应向相关涉农群体公开建设规划及其对应的土地使用条款，并广泛征集所有可能受此影响方的意见。在设施建设过程中，必须确保不会侵犯农民的合法权益，否则将不允许进行用地备案手续。

4. 签订用地协议

若在公告阶段没有收到异议，设施农业经营者需与农村集体经济组织正式签订土地使用协议。若土地使用涉及承包经营权的流转，经营者必须首先与承包农户根据法律签订流转合同。土地使用协议中应明确经营者到期后需复垦并且交还土地的条款，乡镇政府有权要求经营者支付复垦保证金。

5. 办理用地备案

设施农业经营者需要向乡镇人民政府提交设施建设方案、用地协议、土地复垦保证书等文件，以办理设施用地的备案手续。乡镇人民政府把负责审查项目是否属于设施农业范畴、选址是否恰当、用地规模是否遵守相关规定、土地复垦责任是否明确、项目是否符合当地农业发展布局、建设内容是否满足设施农业运营和规模化粮食生产的需求、设施建设是否符合技术规范、土地承包经营权流转是否合规等问题。一旦审查通过，乡镇人民政府将为项目备案。

6. 汇交备案结果

乡镇人民政府应将备案结果定期汇总后，汇交至县级自然资源主管部门及农业农村部门。县级自然资源主管部门根据乡镇人民政府汇交成果变更地类，相关用地按设施农业用地管理。

7. 设施建设施工

在完成用地备案后，设施农业经营者必须依据既定的建设方案进行施工，严禁未经授权更改设施用地的位置、扩大用地规模或以任何方式将设施农业用地转换为其他非农业用途，违规者将面临法律制裁。农村集体经济组织可根据用地协议追究经营者的违约责任。

8. 设施投入使用

农业生产的生产设施、附属设施和配套设施用地，其本质上是农用地，因此应按照农用地的相关规定进行管理，不需要进行农用地转用的审批程序。设施农业的经营者必须遵守相关政策和签订的协议，不得私自将农业设施用于非农业的目的。乡镇人民政府有责任对设施农业项目进行持续的管理和监督，如设施农业用地不再被使用，必须将其恢复到原来的用途。

三、国土空间综合整治项目的全流程管理

（一）国土空间综合整治项目的概念与管理要求

国土空间综合整治是一种旨在全面提升国土空间要素状况和系统地防止国土空间退化，同时为了适应新的功能需求，而进行的一系列国土空间的开发、利用、治理、保护行动。此类活动涵盖了土地整治、矿山复垦、海岸带管理、地质灾害防治、江河治理、流域保护等多种不同类型的项目。

土地整治的核心目的是提升土地利用效率和确保土地资源的可持续性，其包括对未充分利用土地的优化、生产建设和自然灾害导致的土地破坏的恢复，以及未被利用土地的开拓。土地整治可以细分为农业土地的整合、农村建设用地的整理与工矿废弃地的再利用、城镇工矿建设用地的整理（也称作城镇低效用地的再开发或城市更新）、损毁土

地的复垦以及开发适合耕种的备用土地资源。通常，把农业土地整合、损毁土地的复垦和开发备用土地资源这类针对非建设用地的整治项目称为耕地占补平衡项目，它们用于弥补建设所需耕地的损失。在实际操作中，土地整治常常超越单一类型，呈现为综合多种整治类型的区域性整治，其目标更为复杂，具备区域性、多功能性和多元效益的特征。

　　土地整治工程旨在增加农地面积、提升耕地品质、优化生活和农业生产环境，通过开垦、复垦、整治土地来实施相关项目。这类工程项目的土地使用无需办理建设用地审批。项目土地利用以露天地面为主，通过设立灌溉系统等建设而使用耕地的，不必执行耕地补充平衡的政策。土地整治项目以整个区域为单位，旨在将非农用地转化为耕地，以确保耕地总面积及永久基本农田面积的稳定。为了全面发挥土地整治的综合效益，国家鼓励实施山水林田湖草一体化整治。针对整治工程的具体用途，需要决定是否申请建设用地审批，规则是涉及到属于硬化地面或破坏耕作条件的工程均应进行建设用地审批手续。

（二）土地整治项目的管理流程

　　土地整治项目包括自然资源主管部门管理的补充耕地项目、城乡建设用地增减挂钩项目、工矿废弃地复垦项目等，还包括农业农村等部门管理的高标准农田建设项目、高效节水灌溉项目等。土地整治各类项目的管理流程相似，其主要包括以下环节：

1. 编制规划方案

　　项目选址和方案设计应遵循相关的管理规定。除了城镇工矿建设用地的整理项目，土地整治项目不应在国土空间规划确定的城镇开发边界内进行。项目区域内的土地权属必须明确，界限分明。如果项目涉及开发内陆滩涂或废弃河流，需要咨询水利部门的意见；如果涉及林业或生态保护，需要听取林业和生态环境部门的意见；涉及具有防护功能的水利堤防及其保护地，这些区域不应纳入土地整治的范畴。规划方案应通过公示的方式广泛征询公众意见，充分考虑当地集体经济组织和民众的意愿。项目建设应集中连片进行，以避免因零散分布而难以管理和耕作而荒废。在项目区域内，新增加的耕地块的坡度应保持在适宜的范围内，以防因坡度过大而难以灌溉和耕作而荒废。对于计划新增农用地（包括耕地）的项目，在申报项目前，应根据上一年度的土地利用现状变更调查结果，确定新增农用地和耕地的面积和位置，并具体标示在图纸上。

2. 进行立项审批

　　耕地占补平衡、城乡建设用地增减挂钩及工矿废弃地复垦项目归自然资源管理部门负责立项，而高标准农田建设项目则由农业农村部门负责立项。当申报资料完整时，对应的立项部门会接收并处理立项申请。

　　受理部门要进行踏勘并组织专家评审，确认规划方案编制及相关申报材料符合要求、土地现状与规划方案一致的，立项主管部门予以批复立项。

3. 建设施工

　　项目单位取得立项批复后，即可组织建设施工。项目建设应当严格按照批准的规划方案实施，不得擅自调整。项目区内应做到沟、渠、路、桥、涵等基本设施配套到位。

4. 竣工验收

在项目完成后，项目单位可以向项目主管部门提出竣工验收的申请。验收过程不仅包括检查申报材料是否满足规定要求，还应进行现场核查，特别是要保证项目建设是否按照批准的规划方案进行，以及新增农用地和耕地的真实性。如果在验收过程中发现任何问题，项目单位需要按照要求及时进行整改。只有经验收合格并形成用地指标的项目，自然资源主管部门才会对其地进行类别变更。

5. 后期管护

为防止项目竣工验收后，相关设施因缺乏有效管护造成损坏，甚至出现耕地摞荒等情况，项目单位应落实工程管护措施，并可从项目费用中列支后期管护工作经费，保证项目长期发挥效益。目前土地整治项目以政府投资为主，项目单位一般为乡镇人民政府，对于整治后原农户不再耕种的土地，应当引导农地流转，组织农业企业或种粮大户承租耕种，实现农业规模化经营。没有承租单位的，政府应成立国有农业开发企业托底经营，防止出现整治后耕地摞荒的情况发生。

四、生态修复项目的全流程管理

（一）生态修复项目的概念与管理要求

生态修复项目旨在恢复和提升受到污染或破坏的自然生态系统的功能，包括土壤、水域和生物多样性等。这类项目通常涉及的非硬化土地较多，且项目用地的审批手续取决于修复工程的实际需求。一般而言，如果项目目的不是为了农业生产和提高农用地面积或耕地质量，对于硬化地面或对耕地耕作造成破坏的工程，都应当按照建设用地的规定进行审批。随着对生态修复项目综合效益的追求，这些项目的内容和功能正趋向于一体化和多元化。

随着生态修复行政管理职能转移到自然资源部门，保护与修复自然生态系统成为该部门的关键职责之一。然而，目前许多地区仍然采用项目驱动的方式，由不同部门分别负责矿山修复、海岸线恢复、水体净化、地质灾害防治等生态修复任务。这些项目通常由单一主管部门发起，旨在解决特定的生态环境问题，并且更侧重于工程设计，而忽视了国土空间生态修复的战略性目标。它们往往关注于明显的生态破坏点，而对于生态功能系统、空间单元和跨部门协调的整体考虑不足。因此，迫切需要对生态受损区域进行全面的准确识别，并通过生态系统的评估和诊断，识别出潜在的生态修复需求。通过区分生态修复的不同空间单元，如重点修复、标准修复和一般修复单元，为每个单元制定相应的修复措施。结合系统诊断和人工识别，建立空间单元识别的机制和方法，以空间单元为整体，加强生态修复规划机制的建设，实现生态修复工作的整体统筹等。

（二）生态修复项目的管理流程

1. 项目申报

在项目申报阶段，实施单位（也可委托第三方）要充分论证项目实施的必要性和技术可行性，将定性描述和定量描述方式相结合，提出总体目标及具体考核指标，列出项目绩效考核指标（包括产出目标、管理目标、工期目标、生态效益、经济效益和社会效益等），在此基础上编制项目申报材料。

2. 项目立项

自然资源管理部门依据申请项目数量，组织专家进行评价及排序，选定符合条件的项目，与财政部门共同下拨补助资金，审批项目立项。同时，提倡社会资本参与生态修复活动。

3. 项目设计

项目获得批准后，执行机构需依照相关法规选择具备资质的机构来拟定设计方案，而自然资源管理部门将负责组织专家对这些方案进行审核。设计方案应包含项目区域的现有状况、工程规划、施工技术及方法、质量控制与评估、工程布局、工程量的统计和预算、以及对项目效益的分析等关键要素。

4. 项目实施

执行单位将依照相关法规选择招投标代理机构，并通过公开招标等程序选定有资格的施工和监理单位来推进项目实施。在项目执行过程中，实施单位需对质量、安全、成本和进度等方面进行有效管理。同时，自然资源管理部门将对项目的实施过程进行指导和监管。

5. 项目验收

项目完成后，伴随着竣工资料和决算审计的整理完毕，自然资源管理部门将安排专家进行竣工验收。对于验收合格的项目，自然资源部门将会进行备案；而未通过验收的项目，执行单位需要根据反馈进行整改，并重新提交验收申请。

五、矿产开发项目的全流程管理

（一）矿产开发项目的概念与管理要求

矿产开发项目涉及地表或地下矿产资源的勘探、开采和加工，以生产出不同形式的矿产品。矿产资源的开采活动通常分为露天和地下两种类型：露天开采利用地表及浅层土地，其特点是所需土地面积大、分布范围广，采矿周期通常较短。地下开采则利用地表土地及其下方空间，其特点是单宗用地面积小、总体分布散碎，地表土地的使用位置由地下矿产资源的分布决定，且无法替代，使用期限较长。工矿用地属于建设用地的范畴，因此需要按照建设用地的相关规定进行审批手续的办理。

矿产开发项目的目的在于将地壳内部或地表的矿产资源转化成为支持经济增长的原

材料。这些资源是社会经济发展不可或缺的物质基础，和国土空间紧密相连。在国土空间规划中，必须同时从功能和资源要素的角度出发，为矿产开发提供必要的空间。鉴于矿产资源的有限性和不可再生性，它们对可持续发展的潜力构成了挑战。矿产资源开发的管理旨在实现矿产资源的保护、合理利用，确保矿产资源所有者的权益得到维护，并保证矿产开发活动在法律框架内有序进行。

（二）矿产开发项目的管理流程

1. 采矿权出让前期准备

在采矿权的有偿出让前，根据管理权限的不同，自然资源管理部门负责组织开展矿产资源采矿权出让的前期准备工作，这包括编写矿区地质勘探报告、制定开发利用计划、拟定地质环境保护和土地复垦方案，以及进行采矿权出让收益的评估等。拟议中的采矿权必须遵守国土空间规划、生态环境保护、矿产资源规划以及国家产业政策等相关要求。

2. 采矿权出让

根据法律法规，自然资源管理部门按照依法行政、透明公开、公平竞争和程序正义的原则，通过招标、拍卖或挂牌等手段，将采矿权授予符合条件的申请者，并接受公众监督。出让合同中详细规定了采矿的矿种、范围、期限，以及矿产资源的综合利用、矿山环境保护与恢复、土地复垦、收益缴纳安排和法定责任等等关键事项。

3. 采矿权审批登记

项目单位（采矿权人）签订出让合同之后，向自然资源主管部门申请审批登记，办理采矿许可证，登记信息在自然资源主管部门门户网站公示。取得采矿许可证后，项目单位（采矿权人）须具备其他相关法定条件后方可实施开采作业。

4. 矿山生产

矿山建设完成后，且在满足所有相关法律和法规的前提下，项目承担者（采矿权拥有者）将开始矿产资源的采掘和加工生产，这是矿产开发获得经济效益的关键时期。在这一阶段，实施矿业活动信息公开政策，每年对项目承担者（采矿权拥有者）履行法律义务和遵守出让合同的情况进行公告。通过信息公开、社会监督、随机检查和专项审查等措施，规范项目承担者（采矿权拥有者）的操作行为，确保其活动合规。

5. 矿山关闭注销登记

项目单位（采矿权人）停办、关闭矿山的，应当向原发证机关申请办理采矿许可证注销登记手续。

6. 生态修复责任

关于退出矿山的生态修复责任主体信息，应当公开向公众披露。在矿业权被注销后，如果规定原企业仍需承担生态修复责任，地方政府或者相关机构应规定特定时间内完成修复工作；而对于由地方政府直接负责修复的情况，应将其纳入地方发展规划中整体解决。

六、海域使用项目的全流程管理

（一）海域使用项目的概念与管理要求

海洋利用项目涉及通过海域使用审批程序，对海洋生物、海底矿产、海水、海洋能源及空间等多种资源进行利用。这些项目包括围海造陆、海洋捕捞、水生养殖、海上运输、海盐生产、海洋油气钻探、海滨旅游、海滨砂矿挖掘以及海水利用等。国家对填海、围海等改变海域天然特性的活动实施严格管控，所有海洋利用项目均必须遵守国土空间规划。除非是特殊情况需要上报国务院审批，否则个人或单位可向地方政府的自然资源部门提出海域使用申请。地方政府自然资源部门根据国土空间规划审核申请，并按规定程序上报有批准权的人民政府。如果确需变更已批准的海域用途，需在符合国土空间规划的前提下，向原批准用海的人民政府申请批准。

随着海域使用管理趋向规范和科学，全程监管海域使用变得至关重要，这不仅是科学利用海域的体现，也是科学管理海域的必要手段。因此，采用先进的科学检测技术和手段，以实现国土空间规划的动态监测为目标，将海域使用的全周期纳入监管体系中，包括建设过程中的海域利用范围、利用方式、施工技术、填海材料的来源和性质、运行期间的海域功能监测、环境风险控制、以及海域使用结束后的海洋生态恢复和功能重塑。这样的管理方式可以将被动响应转变为主动预防。对于那些生态脆弱和敏感的海域，全程监管能够有效防止任何可能破坏海洋功能或导致不可逆转影响使用行为。

（二）海域使用项目的管理流程

海域作为人类重要的生存发展空间和资源宝库，其开发利用也受到了高度重视。为规范海域各项资源的开发利用，我国建立了一系列调整海域使用的管理制度。一般情况下，海域使用项目的管理流程主要包括海域使用可行性研究等准备工作、分级分类受理海域使用申请项目、海域使用工程项目初审及审查、海域使用论证及海洋环境评价审查、批复立项并发放海域使用权证书、组织项目施工、项目竣工验收、动态运行监管、后期变更及管护九个环节，每个环节的基本内涵及管理要求的概述如下：

1. 海域使用可行性研究等准备工作

在中华人民共和国内，对于内水和领海中连续使用特定海域三个月以上的排他性海洋活动，必须进行正式的海域使用申请。海域使用的特点包括：首先是海域使用的特定性质，这意味着任何对海域的利用都是构成海域使用的活动，例如铺设电缆或管道，即使只涉及海底土壤，也属于海域使用的范畴；其次，海域使用具有明确的空间界定；第三，海域使用需要持续一定的时间；最后，海域使用具有排他性，即一旦某个开发活动开始，其他单位和个体就不得在该海域进行与其冲突的开发活动。因此，在使用海域之前，必须进行彻底的可行性研究、基本情况分析等准备工作。

海域使用权可以由相关单位或个人申请获得，也常通过招标或者拍卖形式获取。此类活动的招标或拍卖计划由自然资源管理部门制定，须经具备审批权力的政府批准后执行。在制定招标或拍卖计划时，自然资源管理部门应当考虑征求相关平行部门的建议。

用海申请方需提供采用海域的理由，并组织专家对项目进行可行性评估，制定详细的工程方案及预算。申请报告要求阐述以下内容：项目背景、是否涉及国家或省的重大力量、预期投资效果、对区域经济的促进作用、增加就业机会的数量；项目具体位置、所需用海面积、使用方式、占用岸线情况；项目的必要性、规划规模合理性、与国土空间规划的兼容性、权责设定情况等。

2. 分级分类受理海域使用申请项目

对于需要分级审批的海域使用申请，按照"地方接收，逐级上报"的原则进行处理，即由县级自然资源管理部门作为首站接收。在缺乏特定职能部门的地区，上一级的自然资源管理部门将负责接收。对于涉及多个地区的海域使用申请，由它们共同的上一级自然资源管理部门接收。当自然资源管理部门接收到海域使用申请时（文件中应详细说明使用目的、用途、坐标、面积等信息），申请材料中应包含政府计划和备案部门的批准文件、营业执照副本、法定代表人身份证副本、以及用海项目的规划设计图等。

下列项目用海，应当报国务院审批和立项管理：①填海 $50hm^2$ 以上的项目用海；②围海 $100hm^2$ 以上的项目用海；③不改变海域自然属性的 $700hm^2$ 以上的项目用海；④国家重大建设项目用海；⑤国务院规定的其他项目用海。

除此之外的项目用海审批权限，由国务院授权省、自治区、直辖市人民政府审批和立项管理。

为了在确保海域利用项目受理和立项的正式性的同时，提升流程的便利性和效率，需要对审批内容和监管要求进行合理的分级和分类，并且根据这些分类制定相应的审批流程和确定审批机构。通常情况下，海域使用项目的规模和影响范围越大，其面临的审批要求和程序也就越严格。因此，通过分级分类的方式来处理海域使用申请项目，不仅实现了审查流程的优化，也推动了项目用海审批效率的提升，这符合"放管服"改革的相关要求。

3. 海域使用工程项目初审及审查

自然资源管理部门负责对海域使用工程项目的初始资料进行初步审查，并进行现场勘测绘制海域使用界限图。依据用海性质和规模，资料将逐级上报至具有审批权的政府相关部门进行进一步审核。在实地考察中，将重点检查项目选址和海域现状是否遵守立项的相关规定，以及是否符合国土空间规划中对海域利用的规划管制和勘测报告的要求。

作为海域使用申请受理后续的首要审查环节，海域使用工程项目的审查主要关注是否符合相关法规和规划管制的要求，它构成了整个审查过程的起点，为后续各项审查工作提供了坚实的基础。

4. 海域使用论证及海洋环境评价审查

在审批权限的政府部门经过审核后，将进行公示并组织招标，选定海域论证和环境评估的单位。随后，将组织专家评审报告书，主要关注项目申请及海洋环境评估是否满足海域使用标准，以及项目的设计内容和预算是否科学、合理。结合专家评审意见和部门反馈，将召开会议进行最终审议，决定海域使用申请的通过与否。

海域使用论证是审批海域使用申请和通过市场化方式出让海域使用权的重要科学基础，其需遵循公正、科学、诚信的原则，并依照相关的法律法规、技术规范进行。海域使用论证和海洋环境评价的审查工作应建立在全面了解和调查项目所在海域的生态状况、开发利用现状和所有权状况的基础上，遵循生态优先和节约集约的原则，科学客观地分析项目的海域使用的必要性、选址和规模的合理性、对海洋资源和生态的影响范围和程度、规划的一致性和利益相关者的协调性等方面，制定项目的生态用海策略，并形成明确的用海论证结论。通过严格的论证和审查过程，有助于保证用海的科学性和预防海域使用权属争议的发生。

5. 批复立项并发放海域使用权证书

在评价审查环节通过后，相关部门将对审查结果进行审核并向政府报告。一旦政府批准了用海项目，将指派中介机构对项目海域的使用权价值进行评估，并发放海域使用权批准通知。用海单位必须在规定期限内向税务机关支付海域使用费，根据不同的用海性质或情况，该费用可以一次性缴纳或分年度支付。具有审批权的政府自然资源管理部门将代表政府颁发海域使用权证书，并向公众公告。

海域使用权证书是合法使用海域的必要法律凭证，旨在保护国家对海域的所有权以及海域使用权人的合法权益，规范海域的使用行为。海域使用权人依法享有使用海域并从中获取收益的权利，这一权利受到法律的严格保护，任何单位和个人均不得侵犯。这表明了海域使用权证书是持有者使用海域的重要凭证，其法律地位不容忽视。只有合法持有该证书，并遵守相关法规，才能确保海域使用的合法性和合理性，同时也保障了国家对海域的所有权和海域使用权人的合法权益。所以，海域使用行为必须严格遵守相关法规，确保海域资源的可持续利用和保护。

6. 组织项目施工

获得海域使用权证书后，用海单位依法办理其他涉海施工手续后组织施工。项目建设应严格按照批准的规划方案实施，不得擅自调整。

在建设项目的执行阶段，未经授权改变海域的使用目的可能会对海洋的自然资源和生态环境产生多种负面影响，如改变海域的自然特性、破坏生态平衡和占用海洋生物的栖息地。这些影响的具体严重程度会根据开发活动的种类和方式而变化，并且这些活动的影响往往具有累积性。此外，海域的使用还可能增加海洋灾害的风险，例如石油开采和海上运输可能导致的溢油事件，以及养殖活动可能诱发的赤潮现象。这些灾害一旦发生，将对海域的功能造成直接损害。因此，在项目管理中，必须严格按照批准的计划进行施工，防止对海域造成任何未经授权的负面影响。

7. 项目竣工验收

海洋工程项目的完工验收是执行海洋环境保护措施关键环节，验收文件的发放意味着该项目已经圆满完成。对于那些通过验收并被认为符合海洋使用标准的项目，自然资源管理部门应当立即进行编号和登记，并在官方网站上公布海域使用信息。若是围填海项目，则在工程结束后，项目所有者需向自然资源管理部门提交完工验收的申请，并提交项目测量报告。随后，自然资源管理部门将执行验收程序，并且在验收合格后签发完工验收文件。

8.动态运行监管

在海域使用权持有者对海域进行开发利用的过程中，自然资源管理部门应针对该项目实施海域的功能监测和风险管控，并制定相应的环境保护措施，以减少开发活动对海域环境的潜在损害。

海域的持续监管是实现海域管理精确化和科学化的关键措施。由于海域利用的具体状况难以迅速获取，这可能导致海域利用的现状和变化不够明朗。而拥有一套完善的海域利用管理技术以及精确的监测信息，可以促进从基于指标的静态管理向过程化的动态监管转变，从而提升政府在海域利用管理方面的决策能力。

9.后期变更及管护

取得海域使用权后，用户可以依法继承，或根据实际情况进行使用权人的变更注册。海域使用权人禁止未经许可改变海域的批准用途；如果确有变更需求，必须在国土空间规划允许的范围内，并得到原批准用海政府的同意。海域使用权一旦到期且未申请续期，则使用权自动取消。此时，原使用权人需移除所有可能污染海洋环境或影响其他用海项目的设施和建筑物，并将海域恢复至原始状态，进行生态功能的恢复。在公共利益或国家安全需求的情况下，原批准用海政府有权依法回收使用权，并向使用权人提供相应的补偿。对于填海项目，海域使用权人需在项目完工后三个月内，携带海域使用权证书，向地方政府自然资源部门提出不动产登记申请，以便换发不动产权证书，确立土地使用权。

域使用权变更程序使得在使用海域时有更多选择的可能，若当前用途已无法适应开发利用需求，则可以对海域使用权进行变更，体现了灵活的开发理念。海域使用权期满后对海域功能进行修复，有利于保障海洋生态环境质量，促进高效、协调的可持续发展。

第三节　具体项目实施的重要管理制度

国土空间规划项目实施管理制度是一套全面性的管理规范，旨在确保国土空间规划的有效执行和监督。该制度涵盖了从规划编制、审批、实施到监督评估的全过程，旨在合理利用和保护国土空间资源。其核心内容包括明确规划编制与审批流程，确保规划的科学性、合理性和可操作性；严格执行项目立项与审批程序，保障项目符合规划要求并有序推进；优化资源配置与管理，包括土地、水资源等关键要素的分配；维护生态平衡和可持续发展，实施强制性生态环境保护措施；建立监督检查机制，定期和不定期检查确保规划得到严格执行；以及建立信息公开与公众参与的透明政策，鼓励社会各界对规划实施进行监督并提出建设性意见。

该制度的成功执行依赖于一个完善的管理架构和一群专业的人才，需要建立专门的管理机构来统一协调和监督规划的执行。同时，通过专业培训和技术援助，可以提高管理人员的专业技能和规划执行中的科技水平。遵守法律法规是确保规划有效执行的核心，必须根据国家的法律法规进行严格的监督，保证所有行动都在法律的约束之下进行。

监管与评估是规划执行管理系统的关键要素，通过建立监管机制和评估机制，定期对规划执行的成效进行检查和评估，以便及时识别问题并采取相应的改进措施。同时，该制度也面临着许多挑战，例如社会经济条件的迅速演变、政策更新的必要性、新技术的应用等，因此制度需要具备灵活性和适应性，以便及时更新政策内容，利用先进技术提升管理效率。

国土空间规划项目实施管理制度是实现国土空间合理规划、有效管理和持续利用的重要保障，通过科学规划、严格管理、公开监督和持续改进，促进经济社会发展与生态环境保护的和谐统一，为国家的长远发展目标提供坚实基础。这一制度强调了规划的科学性、管理的严格性、监督的公开性与改进的持续性，旨在实现经济、社会和环境的协调发展，为国家的长远发展提供有力支撑。

一、规划条件管理制度

（一）规划条件的概念

规划条件是自然资源主管部门对建设项目提出的规划建设要求，是项目建设审重要依据。规划条件一般包括规定性（限制性）条件和指导性条件：规定性条件如地块位置、用地性质、开发强度（建筑密度、建筑控制高度、容积率、绿地率等）、主要交通出入口方位、停车场泊位以及其他需要配置的基础设施和公共设施控制指标等；指导性条件如人口容量、建筑形式与风格、历史文化保护和环境保护要求等。

（二）规划条件的作用

规划条件是确定国土空间保护和开发利用中权利和义务的法定依据，也是建设用地规划许可、建设工程规划许可、施工许可、自然资源与不动产相关权属登记的法定依据。未经法定程序，任何单位和个人不得随意变更，违者将依法追究责任。"规划条件"被写入2021年正式实施的《中华人民共和国民法典》（以下简称《民法典》）中，作为确定建设用地使用权的一项基本条件，其作用和地位得到进一步明确和提升。总体而言，在各种形式的"国土空间"开发利用之前，或者因保护国土空间的需要，行政主管部门可通过预先设定规划条件的方式，作为前置条件予以管控。比如，城镇空间的建设用地、农业空间的设施农业用地、生态空间和矿产资源开发项目等等。

二、土地指标管理制度

（一）土地指标的概念和种类

约束性指标是为保护资源和推进节约集约用地，规划期内不得突破或者必须实现的指标，主要包括耕地保有量、基本农田保护面积、城乡建设用地规模、新增建设占用耕地规模、土地整理复垦开发补充耕地规模、人均城镇工矿用地，共6项。

预期性指标是按照经济社会发展预测，规划期内应该实现的指标主要包括园地面积、林地面积、牧草地面积、建设用地总规模、城镇工矿用地规模、农村居民点用地规模、交通水利及其他用地规模、新增建设用地总量、新增建设用地占用农用地规模，共9项。

国土空间规划建立了包括土地指标在内的全新的规划指标体系，分不同行政层级予以设置。以市级国土空间规划为例，按照"空间底线""空间结构与效率""空间品质"分类，共设置了35项规划指标，按指标性质分为约束性指标、预期性指标和建议性指标。

（二）建设用地指标

1. 建设用地指标的分类

在建设项目用地方面，必须遵守规划中设定的约束性指标，并需要遵循农用地转用和耕地占补平衡等相关管理制度。这样，用地报批过程中形成了三种可量化交易的土地指标：规划建设用地规模（空间指标）、年度新增建设用地计划（农用地转用指标）和补充耕地指标（占补补平衡指标）。空间指标通常在规划周期的开始时一次性分配（通常是15年），用以限制某个行政区域内建设用地的总量。如果在规划周期结束前建设用地已经达到控制规模，可通过购买其他地区的空间指标或进行本地农村建设用地的复垦来满足新增建设用地的需求。农用地转用指标每年分配一次，建设项目在占用农用地时不得超过当年分配的控制规模。耕地占补平衡指标根据建设项目占用的耕地和补充的耕地情况来确定，建设占用耕地的单位可以自行开发新的耕地来补充，或者购买耕地占补平衡指标，确保耕地占用和补充的平衡。

2. 建设用地指标的取得与功能

空间指标、农用地转用指标首先可通过上级下达的方式获取。空间指标、农用地转用指标、占补平衡指标均可通过实施土地整治获取，也可以通过市场交易的方式获取。

根据工作内容不同，土地整治项目可以划分为多种类型，包括耕地占补平衡项目、城乡建设用地增减挂钩项目、工矿废弃地复垦项目、高标准农田建设项目以及各类土地综合整治项目等。这些项目在完成土地整治后产生的用地指标及其功能也存在差异。

耕地占补平衡项目的核心任务是将未使用土地或其他农用地改造成耕地，从而创造出耕地占补平衡指标。这些指标随之后可以用于满足非农业建设项目中耕地占用的平衡需求。

城乡建设用地增减挂钩项目的主要目标是将农村建设用地的废弃地或低效用地恢复为耕地，以此来产生城乡建设用地增减挂钩指标。这些指标不仅能够用于满足耕地占补平衡的需求，而且由于项目减少了建设用地，这些指标也同时具备了控制建设用地总量和农用地转用的功能。

工矿废弃地复垦项目的主要任务是将废弃的工矿用地复垦为农用地。当这些土地有条件开发为耕地时，所产生的指标功能与耕地占补平衡指标相同，即可用于满足耕地占用的需求，同时也具备了空间指标和农用地转用的功能。

高标准农田建设项目的主要工作内容是提高耕地质量，项目实施往往能够通过将田埂、坑塘水面等其他的农用地开发为耕地，新增部分耕地，形成补充耕地指标，可用于非农建设项目落实耕地占补平衡任务。

耕地占补平衡制度要求补充耕地的数量和质量均不得低于被占用耕地，因此土地整治新增耕地质量越高，其在耕地占补平衡中的适用范围就越广泛。这意味着，通过土地整治等手段增加的耕地，其质量越高，就越能满足耕地占补平衡制度的要求，从而在更大范围内得到应用。

3. 建设用地指标的价值与交易

在耕地后备资源丰富的地区，通过土地整治项目的实施可以增加项目区的农用地数量，提高项目区的耕地质量，不仅有利于改善农业生产条件，而且能够形成相应的土地指标，并通过市场化配置土地指标获取收益。而在建设发展较快的地区，土地指标相对紧缺，可通过本地实施土地整治或向其他地区异地购买土地整治形成的土地指标，满足本地区的建设发展用地需求。

政府通过实施土地指标管控或设定限额，进而产生了交易需求，土地整治形成土地指标需要支付一定的整治成本，因此土地指标具有相应的价值。各地区土地指标的稀缺性决定了市场价格，耕地占补平衡项目形成的补充耕地指标可在省内进行交易，而挂钩指标仅可在县级范围内交易，但针对贫困地区整治形成土地指标则可进行跨市甚至跨省交易。同时，挂钩指标在交易时具备新增建设用地空间、农用地转用和补充耕地三项功能时，被称为"三合一"指标，其交易价格相对较高；而卖出地仅保留新增建设用地空间，仅交易具备农用地转用和补充耕地两项功能的指标时，被称为"二合一"指标，其交易价格相对较低。这意味着市场因素在一定程度上对土地指标的价值产生影响。

第四节　国土空间规划实施的评估

国土空间规划的执行评估应当紧密结合规划的监控和预警职能，确保与国土空间规划"一张图"和基础信息平台的数据同步。重点提升对规划实施中的关键指标监控力度，深入进行预测和评估，特别关注规划执行中的趋势性和战略性问题，以便更有效地对规划进行持续更新和调整。

一、规划实施评估的概念

规划执行的评估工作是对规划达成情况、生态环境保护、社会经济进步以及自然资源利用的全面分析，以及对主要问题的系统识别。这一过程对于促进规划从初步的蓝图设计向实际的动态管理过渡至关重要，同时也是确保规划落实的关键步骤。通过评估，可以增强规划执行的管理和监督，提升规划指导效能，增强其约束力，并且有助于及时识别规划实施中的问题，分析问题产生的原因，提出相应的解决方案，从而实现有效的宏观调控。

二、规划实施评估的主要内容

（一）国土空间开发保护现状评估

对国土空间开发保护现状进行评估是编写科学国土空间规划和实施有效监督的基础，它构建了一个包括监测、分析、预警和维护在内的完整工作流程。利用实时监测数据和诊断平台，可以迅速捕捉规划执行的动态；审视是否出现的城市功能定位偏离、发展底线突破、指标目标违背等问题；对每年的规划执行情况进行全面回顾，进行趋势预测和问题预警；提出相应的对策建议，并且为下一年的实施提供指导，推动规划的持续执行。

评估工作以指标体系为核心，通过基础调查、专题研究、实地勘察、社会调查等方法摸清现状，在底线管控、结构效率、生活品质等方面找准问题，提出对策。

①展现了对生态安全、水资源安全和粮食安全等基本要求的坚持，以及对地方在生态文明建设中所作贡献的体现；通过科学的方法评估规划实施现状与预设约束性目标之间的联系，实现对全局的持续监控、关键领域的深入评估和特定情况的提前预警，以预防和解决重大风险和挑战；中立地展现国土空间的保护与开发利用在结构、效率和居住环境方面的状况，为自然资源的管理、国土空间用途管制，以及规划的持续优化和修正提供依据。

②关注在规划实施过程中出现的空间结构中"重视数量而轻视质量"、在时间结构上"偏好静态而忽视动态"、在政策导向上"重视土地而轻视人口"等主要矛盾和问题。坚持以人为核心，从规模、结构、质量、效率和时序等多个角度深入探索现有空间和流动空间的价值，制定针对性的解决方案，以推动规划更加有效地编制和执行。

③统筹各方面的因素，建立一套科学、有效、便于操作且符合当地实际情况的评估指标体系。利用客观真实的数据和可靠的分析方法，确保评估过程的科学性与严谨性，并得出真实可信的结论。同时，我们积极响应国家大数据战略，充分利用现有基础数据和规划成果数据，同时鼓励使用经济社会与人口流动的大数据，以提高空间治理问题的动态识别能力，努力构建一个感知能力强、学习能力强、治理能力强、自我适应能力的智慧规划评估体系。

（二）国土空间规划城市体检评估

国土空间规划下的城市体检评估是依据国土空间规划的具体要求，按照"一年一体检、五年一评估"的周期，对城市的发展状况以及规划实施效果进行定期的分析和评价。这一过程是推动城市高质量发展的重要手段，也是确保国土空间规划得到有效实施重要工具。

规划的体检评估主要针对六个方面：战略定位、底线管控、规模结构、空间布局、支撑体系和实施保障，通过比较现状年与基期年或目标年的数据，分析规划的实施进度。同时，它还结合了关键工作的进展、自然资源的保护与利用、相关政策的执行效果、外部发展环境以及这些因素对规划实施的影响，进行成效、问题、原因和对策的分析。年度体检专注于当年规划实施的关键因素和主要任务，对国土空间总体规划的实施进行监控、评估，并据此针对年度实施计划、规划应对措施、配套政策机制等提出具体的建议。而五年评估则是在总体规划的总体目标、阶段目标和措施等方面进行系统分析，对城市的发展趋势进行评估，综合分析国土空间总体规划的实施情况，并根据当前形势和新要求，对未来趋势进行预测，对规划的动态维护以及未来五年规划的实施措施、政策机制等提出建议。

1. 体检评估类型

按照规划管理过程划分。①规划实施效果评估。重点在于评估规划实施结果和规划目标之间的相互关系，从目标完成、空间落实、利用效率、用途管制、空间治理、实施管理以及规划适应性等方面，评价现行规划所产生的绩效，系统总结主要成效和所存在的突出问题。②规划实施过程评估。对国土空间规划中的重大规划、相关配套政策以及政策实施效果与影响进行评估，特别是评估这些规划是否有助于完善下层次规划编制，是否充分发挥了规划的传导作用，是否建立了完善的规划动态实施评估、监测预警和考核机制，以及是否制定了相应的规划配套政策并对其实施效果进行了评估。

按照规划具体对象划分。①现状评估。对自然资源保护利用、生态环境、经济社会发展、国土空间格局和现行的各类空间规划等进行评估。②战略目标评估。对发展定位、发展战略、目标指标等进行评估。③城镇建设发展格局评估。对行政区域发展格局（城镇体系发展格局、各类建设用地布局等）、中心城区规划布局、产业园区规划布局、重点区域规划布局等进行评估。④耕地与基本农田保护评估。分析耕地面貌与基本农田的面积变动和品质状况，考察耕地与基本农田的保卫空间布局，评估耕地的备选资源潜力和基本农田的储备能力，以及评价耕地与基本农田的保护、利用和补偿等政策的实施效果。⑤空间管控评估。评估城镇建设边界、生态保底线以及各类自然保护区控制状况，考查建设用地的空间管制、土地利用分区控制以及绿带、水体、历史文化保护和其他重要区域的空间控制情况。⑥要素配置评估。分析产业发展、综合交通、公共设施、住房建设、综合防灾减灾等各类各业的用地需求和供给情况，评估土地等资源配置效率。⑦各类空间规划方案合理性评估。结合资源环境的承载能力和国土空间的开发适宜性评估结果，评估不同类型空间规划布局的合理性，并且为布局的改进和规划的细化提供指导性的建议。⑧其他专项类评估。对历史文化名城保护、风景名胜区保护等进行评估。

按照规划评估结果划分。①强制性内容执行情况。总结规划强制性内容的实施情况，并进行合理评价。②规划实施的主要成效。分析并总结规划在保障经济社会发展、引导城乡建设有序布局、加强自然资源保护利用、严格国土空间用途管制等方面的绩效。③判断规划合理性。总结规划实施及应对形势变化中所存在的主要问题，并对影响规划实施的原因进行分析。④主要建议。针对规划实施过程中所存在的问题与影响因素，从战略定位、规划目标、国土空间格局、功能分区、耕地与基本农田保护、生态安全建设、三线划定、中心城区功能布局等方面提出建议，指明国土空间规划修编方向。

2. 体检评估框架

各地应按照《国土空间规划城市体检评估规程》的规定，融合相关法律法规、规范标准以及国土空间规划"一张图"的构建要求，同时考虑常态化体检评估工作的关注点，主要从战略定位、底线管控、规模结构、空间布局、支撑体系和实施保障等角度建立体检评估框架。该框架应保持稳定并可根据年度体检或者五年评估的工作方案要求每年进行适当的修订和调整。特别是鉴于国土空间规划城市体检评估工作对城区范围划定的统一标准有较高要求，自然资源部发布了《城区范围确定规程》，指导在辨认城区实体地域的基础上划定的城区范围，作为国土空间规划城市体检评估工作的基础，以更有效地支持国土空间规划的编制和执行。

目前，各地已根据城市的发展定位，结合国家和地方的权责，突出重点并展现地方特色，构建了规划体检评估体系，并按照分级分类的原则开展评估工作。例如，广州市从目标类、底线类、发展类和其他评估内容四个层面开展体检评估工作。其中，目标类包括核心指标、城市性质和战略目标等；底线类包括"三线"、自然资源保护与利用、生态修复和国土综合整治等；发展类包括产业、交通和公共服务设施等；其他评估内容则包括规划决策机制评估、规划编制体系评估和重点建设项目评估。此外，西安市构建了包括"保护系统"和"管理系统"在内的体检评估框架，将模式研究和定量分析相结合，从资源和价值、要素和布局、内容和类型、实施和保障四个方面建立评估体系，以实现对西安历史文化名城的精准评估。

3. 体检评估指标体系

为了响应国土空间规划的新理念和新要求，和传统的城市总体规划和土地利用总体规划的评估指标体系区分开来，需要依据全域、全要素、全流程的原则，建立一个完善的评估指标体系。根据《国土空间规划城市体检评估规程》所确定的基本指标和国务院审批城市推荐指标，评估指标体系可以从安全、创新、协调、绿色、开放和共享六个主要维度进行进一步细化，包括 18 个二级指标和 104 个三级指标。6 个维度的评估内容具体包括：①安全方面。跟踪底线控制、粮食保障、水资源保护、灾害防范和城市恢复力等领域的安全与底线维护情况。对各指标的执行进度进行分类说明，包括指标是否指向正确的目标方向、与目标的接近程度以及是否需要调整目标。对于那些指向正确目标方向的情况，可以进一步分为进度较快、表现优异等；然而对于那些进展缓慢的情况，则需要优先关注并采取强化措施。②创新方面。从创新投入产出、创新环境等方面监测指标实施进展。③协调方面。从城乡融合、陆海统筹、地上地下统筹等方面监测协调发展实施进展。④绿色方面。从生态保护、绿色生产、绿色生活等方面监测绿色发展实施进展。⑤开放方面。从网络联通、对外交往和对外贸易等方面监测对外开放的实施进展。⑥共享方面。从宜居、宜业、宜养等方面监测设施共享及居民幸福感、获得感指标实施进展。

依据当地的资源条件和生态环境挑战，各地可以根据自身的经济社会发展需求，增加一些与时间和空间因素密切相关、与当地实际情况紧密相连，能够反映质量、效率和结构的指标，以此来构建"基本评估指标 + 特定监测指标"的体检评估体系。

4. 体检评估方法体系

为了全方位追踪国土空间的利用变化和深入分析开发保护的特点，在传统的评估工具基础上，一方面，构建了一个整合多来源、多尺度、多时相、多规划统一的数据资源体系，这能够全面展现规划和城市管理运营的现状，为客观和科学的评估提供了数据基础。另一方面，结合定量和定性分析、主观与客观评价、问题识别与机制探讨、全面交叉分析和历史与城市间比较等方法，形成了一个多技术整合和多维度多层次的评估方法体系。常用的技术方法包括：使用遥感技术来及时追踪土地利用的变化，作为评估和监测的重要数据；深化大数据的应用，将诸如信息点（POI）、手机信号、人口流动等社会大数据与空间数据集成，并利用人工智能分析提高识别空间问题的精确度；对于生态宜居性、社会多样性、城市活力等评估领域，开展了公众满意度调查，促进社会参与评估，以了解民众对美好生活的期望。

5. 体检评估成果应用

国土空间规划的体检评估工作涉及"总体评估、专项评估、分区评估、政策建议和公众参与"等多个方面的成果体系。上级政府和自然资源管理部门应当依据体检评估的结果来进行有效的实施监督，并将此与国土空间规划的执法监督以及城市政府的年度绩效考核相结合。各省、自治区和各城市应根据体检评估的结果对国土空间规划的执行情况进行反馈和调整，以支持国土空间规划、近期规划、年度实施计划以及国民经济和社会发展规划的编制、修订和优化，给空间政策和城市管理的改进提供依据。体检评估的结论应当体现在每年的政府工作报告中。

目前，体检评估成果需要结合自然资源管理"两统一"的职责定位，探索与完善以下三个方面的工作机制：①国土空间规划实施机制。探讨建立以国土空间规划体检评估为核心的规划执行体系，该体系将体检评估与国土空间的用途管制、生态修复以及自然资源的保护、开发、确权登记等任务相结合，并逐步整合到城市建设、城市管理等领域，以构建更加健全的现代化城市治理体系，并更系统地贯彻生态文明建设的要求。②国土空间规划反馈调整机制。探索以年度体检和五年评估的结果为基础，来指导国土空间规划的实施监督考核、近期建设规划的制定与年度计划的安排，以及国土空间规划的动态调整和完善的相互作用路径；考虑把年度体检的结果作为制定国土空间规划行动计划的依据，而将五年评估结果用于对生态保护红线、城镇开发边界、绿线、蓝线等位置进行适宜的调整。③国土空间规划监督考核机制。把执行评估和成效视为监督考核的关键依据。利用国土空间规划的监测、评估和预警管理系统，定期制定监测指标、实时追踪限制性指标、自动对照空间管理元素，并定期执行体检评估。另外，结合不同级别和部门的自我评估、独立第三方的评估以及公众的满意度调查，形成综合的体检评估成果，以此作为分层次考核和问责制度基础。

第七章 城市及农村国土空间规划的发展

第一节 国土空间规划引领下的城市发展

一、国土空间规划体系对城市规划的影响

（一）具有明显引导效果

国土空间规划的体系结构分为五级三类与四个体系，通过优化体系框架，使得城市规划的层级关系更为清晰，联系更为紧密，信息平台更为公开透明。在国土空间规划体系中，各城市依据"一张图"的要求执行城市规划，持续强化战略发展理念，采用新技术和新数据，确保规划实施和监管的科学性和有效性，推动城市的精细化管理。在实施过程中，工作人员应秉持以人为本的发展理念，对于环境和社会效益进行科学评估，确保城市建设与发展与实际相结合，旨在解决居民的现实需求，提升居民生活品质。在国土空间规划体系指导下，通过整合城市资源，打造绿色低碳城市，为城市的可持续和高质量发展打下坚实基调。在相关部门和人员执行城市规划的各阶段，要持续坚持国土空间规划体系的指引，增强对可持续发展理念的宣传教育，以便在城市转型升级的历史机遇中，有效推进生态保护工作，为居民创造低能耗、环保、高质量生活和工作环境，显著提高居民的生活满意度及幸福感。

（二）有效控制城市建设活动

国土空间规划着重于边界管理和底线限制，通过国土调查与国土规划的"一张图"对城市建设活动实施有效管控，提升了城市规划严谨性、强制性和公开性。在国土空间规划体系指导下，能够有效预防和打击非法建筑、过度拆除重建的现象，遏制建设用地无序扩张，增强土地的节约和集约利用。在执行城市规划时，城市必须坚守国土空间规划的底线要求，严格保护生态安全线和耕地保有量，认识和遵循城市发展的内在规律，转变发展模式。在规划的执行阶段，相关部门需紧密围绕国土空间规划体系，依法进行规划、建设和城市管理，坚决避免频繁变动规划和领导更替导致规划不稳定的情况，确保规划的连贯性，最大化城市空间资源的利用效率。同时，在推动城市现代化进程中，工作人员需对城市各功能区的规模进行合理、科学的规划，为市民打造一个宜居、方便、舒适、宜人的生活空间。

（三）使城市规划构架更加清晰

随着国土空间规划工作的持续深化，现有的城市规划结构得到了优化，规划路径变得更加明确，自然资源与城市建设的分界线更加明显。通过多规合一的策略，不同类别和层级的规划体系为城市规划提供了有力的引导和制约，增强了规划的指导性和约束力。同时，随着国土空间规划体系的逐步完善，城市规划的大体框架变得更加清晰，这有助于为城市的现代化建设和未来发展指引正确的方向，并且推动科学、有序的建设与拓展。

二、国土空间规划引领下城市高质量发展的基本框架

（一）国土空间规划的新方向和新手段

1. 新方向

在审视国土空间规划的重要性时，我们可以认识到，国土空间规划不仅是推动生态文明建设的关键途径，同时也是确保高质量经济发展、追求高品质生活需求的保障，以及提升治理效率的重要工具。因此，国土空间规划的未来发展方向应以生态文明建设为首要考量，全面反映高质量发展和高品质生活的需求，并致力于促进高效能治理的规划实践。

（1）强调生态文明建设优先

鉴于国家对机构的改革，将自然资源保护与国土空间规划的职能统一至自然资源部，可以看出，国土空间规划的核心任务在于促进生态文明建设，这同样是新时代城市发展的关键方向。因此，国土空间规划应当充分体现了生态优先的原则，将推动可持续的绿色增长作为核心目标，需要更加重视生态保护、资源的节约和集约使用，同时注重严格控制新增资源使用，并致力于优化现有资源利用。通过科学合理地划分"三区三线"，进一步增强底线思维，明确空间管理边界，加强对潜在风险的预防与应对措施，从而全面提升国土空间规划的适应性和韧性。

（2）强调高质量发展

鉴于国家对机构的改革，将自然资源保护与国土空间规划的职能统一至自然资源部，可以看出，国土空间规划的核心任务在于促进生态文明建设，这同样是新时代城市发展的关键方向。因此，国土空间规划应当充分体现生态优先的原则，将推动可持续的绿色增长作为核心目标，需要更加重视生态保护、资源的节约和集约使用，同时注重严格控制新增资源使用，并致力于优化现有资源利用。通过科学合理地划分"三区三线"，进一步增强底线思维，明确空间管理边界，加强对潜在风险的预防和应对措施，从而全面提升国土空间规划的适应性和韧性。

（3）强调高品质生活

通过制定和执行国土空间规划，我们从更高角度和更深层次之上对居住、就业、文化、休闲和娱乐等功能性空间进行科学的整体规划和合理分配，进一步优化城市和区域的基础设施。这旨在促进公共服务的合理布局和公平分配，以满足人民群众在衣食住行和生态环境方面的需求，创造一个既宜居住又宜创业、和谐幸福的城市发展环境。在产业、居住和生态空间等方面，我们致力于实现空间的集约利用、适度生活和自然环境的美观，从而构建一个能够满足并保障人民群众对美好生活的期待理想家园。

（4）强调高效能治理

国土空间规划的改革是对规划体系和管理体制的革新。搭建国土空间规划体系，是国家适应新时代发展需求、推进治理体系现代化的关键途径。在这个过程中，国土空间规划的编制和实施应紧密结合地区和区域的实际情况，确保规划不仅满足高质量发展的需求，还能够展现地方的独特发展特点和解决发展问题的实效。国土空间规划要求明确政府内部的权利与责任，确立规划编制和管理的核心环节，简化规划、建设和管理的审批流程，以确保空间管理的高效运作。同时，在政府的引导下，适当发挥市场和社会的作用，让他们参与空间治理，以提升国土空间治理的整体水平。

2. 新手段

（1）"多规合一"

"多规合一"是整合不同空间规划有力工具，需要在整个国土空间规划过程中得到应用。国土空间规划强调五级三类规划的层次性和上下级之间的衔接，运用"多规合一"的方法，借鉴过去的经验，对各类规划进行有效整合和协调，确保规划成果的连贯性和实施效果。此外，需要在技术规范、坐标系统、用地标准、土地分类和规划周期等方面建立统一的技术标准体系，以确保规划的编制和实施质量。充分利用"多规合一"信息平台的技术优势，将不同级别的审批流程纳入国土空间信息化管理平台，创建全境的"一张图"，实现基础信息的共建和共享，以及国土空间的共同建设与共同管理。

（2）"三区三线"

优化"三区三线"布局是确保国土空间规划以生态优先为核心的基础工作，也是实现国土空间开发与保护统一的关键步骤。"三区三线"的划定与管理需要综合考虑区域内的资源条件、环境容量、空间开发适宜性以及未来发展的需求。基于现有的调查和评价结果，运用先进的技术方法，以主体功能区为核心，合理安排生态保护、农业发展和城镇建设等空间布局，明确划定生态保护红线与永久基本农田。这要体现节约和集约利用资源的理念，严格控制开发强度，科学确定城镇开发边界，明确资源环境保护的底线和开发利用的上限，形成"三区三线"相互协调、有机联系的空间结构，推动城镇发展从外延扩张向质量提升转变，确保国土空间的开发和利用达到高质量和高效益。

（3）"双评价"与"双评估"

实施国土空间规划需要进行资源环境承载能力和国土空间开发适宜性的综合评价（简称为"双评价"），同时还需要对当前国土空间开发保护的状况及潜在未来风险点进行综合评估（简称为"双评估"）。这些都是科学合理划分"三区三线"的基础，关键在于详细掌握资源和规划发展的现状，明确规划的整体方向，这对国土空间规划的制定和实施至关重要。在"双评估"的过程中，应该重点关注对当前自然资源利用效率的绩效评价，以及对未来可能面临风险安全评估。

（二）国土空间规划引领城市高质量发展的理念

1. 突出创新发展

为了实现城市的持续高质量发展，创新被视为关键的发展驱动力。这涉及培育一个有活力的创新市场，推动创新型产业的成长，吸引并保留创新型人才，以及建立更优质、更便捷的创新创业环境，从而提升自主创新能力。只有持续增强城市的创新实力，才能为经济的长期稳定增长提供持续的动力。此外，创新不应仅限于经济领域，还应贯穿于城市建设的各个方面，例如通过打造创新性街区、采用创新的城市设计理念等手段，让创新成为城市发展的核心元素。

在制定和执行国土空间规划的过程中，城市国土空间规划必须不断更新观念和方法。制定国土空间规划是新时代对规划工作的新要求，要求各地不断尝试和探索国土空间规划的制定方法和框架，并且将新的思想和目标融入规划之中。由于国土空间规划的实施经验还相对不足，因此，为了确保规划的有效性和长期服务于城市的高质量发展，需要不断研究和创新管控和实施保障机制。

2. 突出协调发展

在城市发展中，协调发展主要是指区域内部城市之间的协同进步。城市之间可以通过加强交通、通信、产业等方面的互动合作，建立起区域内的交通网络、信息网络、产业链条和城市产业网络，以实现城市间的平衡发展。同时，对于单个城市而言，与周边城市的协调发展有助于利用区域内其他城市的资源，进一步提升城市自身的高质量发展水平。

在城市国土空间规划的实践中，协调原则贯穿于规划制定的整个过程。从宏观层面上，规划需要与国家、省级和区域级的战略发展规划及空间规划要求保持一致，同时向下衔接分区、县级和乡镇级的具体规划。在规划的范畴上，城市规划应平衡总体规划和各类专项规划之间的关系。在时间维度之上，年度实施计划、五年发展规划以及短期建设规划等也需要相互协同，以确保整个规划体系的一致性和连贯性。

3. 突出绿色发展

城市绿色发展对于提升城市环境质量至关重要。在城市国土空间规划中，应当贯彻生态优先和绿色发展的理念，以实现基于绿色发展理念的高质量发展。在城市经济建设过程中，应当鼓励绿色产业的成长，推广绿色生产方式，开发与使用绿色能源，减少工业污染，并推动循环经济的发展，使绿色发展的概念渗透到经济发展的各个方面。在城市基础设施建设和服务设施的建设中，应当提倡使用绿色环保的技术和材料，如雨污分流系统、海绵城市建设等。在居民生活方面，应当努力打造绿色宜居的社区环境，建设生态公园，增加绿化区域，促进垃圾分类回收，以营造绿色生活氛围，并关注城乡绿色空间的合理分配。

在制定和执行国土空间规划时，应运用"双评价"和"双评估"等方法，合理确定"三区三线"的管制范围，并进行持续的评估和监控，以确保生态资源和环境的严格保护。此外，应当建立绿色城市评价指标体系和高质量发展绿色评价体系，确保在国土空间规划中融入生态优先和绿色发展的理念，从而提升城市的绿色发展方向。

4. 突出开放发展

开放是推动高质量发展的关键途径。城市开放性体现打造开放平台，比如建设连接其他地区的铁路、公路、机场等交通设施，以及设立交通和物流枢纽、国际贸易和金融平台。在体制机制上，城市应致力于创建一个国际化、便利化的营商环境，以吸引外部企业在当地进行投资。在区域合作的方面，城市需要增强与其他省份和国家的经济、贸易、产业链以及政府间的合作，从而增强城市的对外联系和影响力。

在编制国土空间规划时，应当引入开放性思维，秉持"开放心态做规划"的原则，积极吸纳各方的意见和建议。同时，规划中应明确城市对外开放发展的需求，并着重规划关键对外开放平台的发展方向。

5. 突出共享发展

在城市高质量发展的过程中，共享理念应被置于核心位置。这意味着规划应当以人为本，推动产业与城市的深度融合。目标是建设更高标准的基础设施和公共服务设施，创造更加宜人的城市居住环境，以满足本地居民的需求并吸引外来人口。此外，规划应当确保城市与乡村之间基础设施和公共服务设施的共享，促进城乡一体化，减少城乡差异，并推动城乡之间的协同增长。

在制定和执行城市国土空间规划的过程中，共享理念主要通过公众参与和共同建设来实现。在政府的统一协调和引导下，规划方案应适时地向公众公示，以便收集反馈并不断优化规划成果。通过合理地分配权责，可以有效地提升空间治理的效率和质量。

三、国土空间规划体系中的城市规划与可持续发展措施

（一）充分考虑城市行政区的发展需求

城乡规划体系凸显了不同行政级别政府的规划职责和权力层次，即每一级政府对应其级别的规划和事权。国土空间规划在多个方面，如规划内容编制与审批、管理机构、运作机制、技术标准、专业团队等，都进行了统一整合和改良，并重申了政府级别与事权对应的原则。通过广泛的调查研究，认识到国土空间资源管理是区域发展的关键组成部分。因此，在管理工作的实施中，应重视总体规划、详细规划和专项规划之间的相互指导、约束和衔接，确保各相关部门能够协同工作，避免规划执行中的冲突、缺乏有效约束和行政效率低下的问题。在土地资源规划的初期阶段，需要根据区域的独特性和现状进行适当的调整和优化，同时参考区域内行政主体的主要发展策略，以制定更为贴切和科学的发展规划。在优化后的行政区划发展方案引导下，各行政区应充分发挥其行政职权，确保各类用地的布局科学合理。特别是在城市建设用地管理方面，必须基于行政区的独特属性，制定出具有独特性和针对性的城市规划。同时，工作人员需持续加强对于行政区闲置土地的监管力度，提高土地的节约和集约利用率，最大程度减少土地闲置，提升土地资源的有效使用。在当前的社会背景之下，城市规划需更加深入地分析和考虑现实情况，兼顾各种规划影响因素，对城市的土地利用和空间规划进行优化和升级，以推动城市的持续进步。

（二）在管控与发展之间寻找平衡

国土空间规划相较于传统城市规划更注重管控，因此需要在城市发展与管理之间寻求平衡。国土空间规划的核心目标在于提高土地和自然资源的使用效率，从而促进城乡的优质发展。在这个过程中，重要的是认识到国土空间规划既不是纯粹的管控规划，也不是单一的发展规划，而是一种融合了管控和发展元素的规划。因此，在整个国土空间规划的过程中，各相关部门和工作人员必须恰当处理管控与发展之间的平衡，既要满足管控规划的需求，确保关键领域的有效管理，也要符合发展规划的原则，合理利用资源，促进经济增长，以及提供社会服务。在当前的社会发展背景下，对于农业用地、工业用地以及其他类型的用地，都需要实施严格的管控。制定适宜的发展指标至关重要，以防超出既定指标，这不仅会削弱规划效果，还可能导致城市发展偏离既定目标。因此，合理设定城市发展的上限指标是必要的。同时，国土空间规划应注重资源的长期利用。如果资源利用仅考虑短期利益，而未充分考虑未来的可持续发展，那么国土空间规划可能会脱离其原本的目标。因此，在规划管理过程中，应当寻求发展和管控之间的平衡，同时重视地区的特色和长远发展战略。这样做可以有效增强国土规划方案的科学性和合理性。

（三）加强工作的宣传

在在城市规划的执行阶段，管理人员应当有效地普及规划内容，可以通过制作宣传海报等方式来进行推广，以此来提高公众对规划工作的认知和理解，赢得公众的支持。在城市建设的具体实施过程中，应当充分调动区域内居民的积极性和创造力，让他们对

规划的方向和内容提出自己的看法。管理人员应当认真听取并合理吸收这些公众意见，鼓励居民积极参与到规划过程中来。同时，管理人员还需制定适当的参与机制，指导居民按照这些规定积极参与到城市规划和建设中来，这样可以进一步增强公众对规划工作的认同和支持。同时，规划专家应深入探究地区的特色和文化遗产，识别居民的基本需求，在此基础上对规划方案进行精细化调整，确保居民的意见能够切实反映在规划中。这样可以帮助居民不断深化对规划方案的认识和赞同，进而推动规划方案的顺畅执行。当然，决策过程中还应考虑综合因素，尤其是建设设计的成本问题。考虑到目前许多城市拥有庞大的人口基数，不可能让所有人都参与到城市规划的决策中，所以可以选择代表性人物来代表大多数居民的意见，对居民的反馈进行汇总、分析和吸收。

（四）完善国土综合整治与生态修复内容

随着城市化步伐的加快，公众对更高生态环境质量的期待与当前严峻的生态状况之间的冲突日益明显。国土综合整治和生态修复成为国土空间规划的关键支撑，是推进生态文明建设、促进乡村振兴的关键路径。在国土空间规划的发展过程当中，必须将国土综合整治和生态修复与城市规划建设同步进行，兼顾实际情况，持续优化国土综合整治与生态发展的协同策略，这样才能确保修复与整治工作的长期目标得到真正实现，为规划工作的顺利进行提供坚实基础。同时，管理者需制订全面的战略规划，将国土空间规划有效地纳入生态修复体系中，这样有助于城市规划持续地朝着绿色健康方向前进，最终实现与整体修复和提升目标相吻合的发展成果，进而促进生态文明在城市的落实。因此，管理者必须从整体出发，通过制订综合性的规划方案，实现多方面的共同发展目标，以此克服传统单一规划发展的不足，达成全方位的城市发展效果。此外，对国土资源和空间进行全面修复和整治，不再仅限于个别城市，而是转向优化生态、生活、生产的国土空间布局和资源配置，实现全域视角下的统一部署，从而进一步提高城市规划的成效，加强修复和整治方案的有效性，推动国土资源和空间规划的持续改进。

（五）落实生态文明思想

在城市规划实践中，应贯彻生态文明理念，采用以生态为中心的规划策略，重构城市与自然之间的和谐关系，促进城市的持续发展。通过对城市设计和修复工作，优化城市功能布局和形态，特别关注产业园区、历史文化遗址、绿化居住区等关键区域的规划，以及景观元素的有序排列，以加强自然景观与人文元素之间的融合，从而提高城市规划的吸引力，增强居民的生活满意度。在当前社会快速变迁的背景下，城市生活节奏的加快导致部分市民出现亚健康状态，这增加了对多样化的运动场地和健身设施的需求。在实施生态文明理念时，应充分考虑市民的全面需求，以人民的实际需求和生态系统服务为出发点，完善生态基础设施，修复受损生态系统，并提供多元化的运动和自然空间。此外，为了推动生态产业区的发展，推广新型能源的应用是至关重要，通过推广循环经济和绿色生产生活方式，保护自然环境。

四、基于国土空间总体规划的城市建筑施工安全策略

伴随国土空间总体规划的逐步实施和城市发展战略的持续推进，城市化发展成为了关键因素，对提升居民生活质量、推动经济繁荣起着决定性作用。但是，在城市化快速进展中，保障建筑工人施工过程中的安全与健康问题日益突出。为了确保建筑工人的生命安全和健康，有必要制订和执行一整套周全的安全监控措施，这能够有效地减少事故发生的概率，为城市发展战略的顺利实施提供坚实支持。

（一）推动建筑施工工人安全监测方案的落实

实施建筑工人安全监控方案，通过利用工业级视频监控系统，为安全监控模型提供必需的数据支持。一旦检测到不安全行为，系统将立即发出警示，并采取相应措施，以此促进智能化建筑工地的建设，确保城市建筑施工的安全性。

（二）通过管理措施落实

确保管理措施得到执行对于达成目标至关重要，相关机构必须结合这些措施进行有效的监督管理。对于诸如违规装卸货物、违规操作设备、在脚手架上随意跳跃、在极端温度下工作等难以仅凭图像识别技术确定危险行为，就必须实施切实有效的管理策略来执行安全监控。

①违规行为包括：违规装卸货物、违规使用设备、使用可靠性较低的工作设备、没有维护保养或者更换设备、脚手架跳跃、巡查监督人员缺失等六种危险行为频发。这些行为需要安全管理人员对装备和施工流程进行严格监督。现场安全管理要求对每日工作详细记录，并实施每日旁站监督，以防任何疏忽。安全监测的有效判断高度依赖于现场监管人员的工作责任心。因此，应建立现场安全管理人员的业务档案，确保他们职责履行到位，并对施工现场的作业内容和安全管理措施的执行情况进行每日检查。另外，还应定期对安全管理员展开安全培训和教育工作。

②不良作业环境包括高温或低温、大雾天气和光线不足的情况。在恶劣气候条件下，施工现场负责人应提前发出通知并做出相应安排，避免非必要的作业活动，确保工人在极端天气下不出工。在紧急情况下，现场监管人员必须持续监控工人的身体状况，并提前准备好降温设施（或保暖措施）以及防暑（或者防冻伤）药物。

③过大的工作量可能导致工人过度疲劳、多任务同时进行可能引起注意力不集中以及带病工作的问题。为此，施工现场的综合服务部门和人力资源部门应协作，对工作人员的工作量进行评估，并提供关怀措施。同时，应对建筑工人的病假情况进行记录和分析，确保安全宣导和班次管理的有效性。

第二节　国土空间规划背景下实用性村庄规划编制

一、国土空间规划背景下实用性村庄规划理论

（一）实用性村庄规划的职能

在国家的乡村振兴战略引领下，许多乡村正努力发挥自身的潜力及优势，探索符合自身特点的发展模式，比如发展以乡愁体验和休闲服务为亮点的生态乡村，以强化自身的增长动力和社会文化活力。但是，乡村的基础设施和公共服务设施的缺乏，以及产业发展知识的不足，这些问题在一定程度上制约了乡村的发展，甚至导致了衰退。实用性村庄规划作为一项关键的公共政策，可以为乡村的发展提供支持和指导。通过对村庄的深入调研，全面评估村庄的人居环境、空间布局和产业发展等方面的问题，并在此基础上提出全面发展的策略和思路。另外，国家空间规划体系的改革不仅旨在提高土地利用效率和优化国土空间结构，也是为了提升国家的治理水平和能力。乡村地区作为国家空间治理的关键区域，迫切需要通过空间规划来强化治理。在这种情况下，编制实用性村庄规划可以为村庄治理提供平台和工具，从而提升政府的治理效能。比如，通过实施土地用途管制，明确村庄的土地使用规定，为政府采取"底线约束"的治理方式提供依据，并增强政府对自然资源的监管能力。

（二）实用性村庄规划性质特点

1. 综合性规划

在国家空间规划体系中，实用性村庄规划作为基层规划，受到经济条件和行政级别的限制，无法像城市规划那样获得充足资金来编制更多专项规划，以完善和丰富整个规划体系。因此，在国土空间规划框架下的实用性村庄规划，需要在确保基本约束和空间优化基础上，尽量融入乡村振兴战略的要求，并综合考虑村庄发展的多个方面因素。

根据国家的政策导向，过去的村庄规划通常是在特定政策指导下编制的，具有单一目标的规划，如村级土地利用规划，主要聚焦于实现村庄土地指标的落实和调整；又如农村人居环境整治规划，侧重于改善村庄的物质空间环境。而当今的实用性村庄规划则是将以往的土地利用规划、人居环境整治规划、村庄建设规划等内容进行整合，要求其包含村庄的社会、经济、文化、产业、生态、土地使用和建设等多个领域，显示出较强

的综合性特点。

2. 精准性规划

在规划编制层面，考虑到我国村庄众多，且各村庄在发展阶段、生态环境等方面存在显著差异，因此村庄规划的编制需要依据每个村庄的具体情况来确定，结合其特色制定出具有地域特色的、具有针对性的实用性规划，防止出现了所有村庄都类似的情况。

在规划方法上，过去的村庄规划往往采取自上而下的方式进行，规划决策多由政府官员或开发商主导，规划师的工作主要是将上级的要求应用于村庄的实际空间。而在国土空间规划背景下，实用性村庄规划则强调村民在村庄规划中的核心地位，倡导村民在规划组织的编制、设计、审议、审批、监督实施等各环节中进行广泛而深入的参与。

在成果呈现方面，针对不同受众，需制作个性化的精准成果文件。比如，针对规划专业人士，应提供包括图纸、说明和资料在内的技术性成果文档，用于规划审批和管理。而对于村庄规划的直接受众——村民，成果的表达形式应尽量简明易懂，制作包含主要图纸、效果图、村规民约等易于理解的公示性材料。

3. 约束性规划

国土空间规划的核心原则之一是底线思维，也就是在满足城市发展空间需求的同时，注重对国土空间的限制和管控，重视现有空间的规划利用。对于国家生态和农业空间的关键区域——乡村地区，其规划应突出其生产、生态、生活三位一体的功能。与城市已开发区域的规划重点——空间优化、布局调整和开发边界控制——不同，乡村规划应首先考虑生态环境保护和耕地保护指标的实现，制定具有约束力的规划方案。

（三）实用性村庄规划编制原则

1. 以人为本，优先村民诉求

"以人为本"原则是当前城乡发展核心理念，同时也是国土空间规划编制的核心。在乡村地区，村民是村庄的主体，因此在制定实用性村庄规划时，应将村民的需求和利益置于首位，优先解决村民最紧迫的问题，把这些问题作为规划的核心内容和短期内的工作重点。同时，通过教育和宣传规划相关知识，激发村民参与规划的热情，引导他们积极参与规划过程，凸显公众参与在村庄规划中的重要作用，以编制出能够得到村民认可、参与并满意的村庄规划。

2. 城乡统筹，实现协调发展

长期以来，我国在发展观念上存在"重城轻乡"、"城乡二元"问题，这种做法是造成农村发展滞后的关键原因之一。在规划资源配置方面，主要集中在城市建成区，对乡村地区的关注不足。在国土空间规划的框架下，村庄规划深刻践行城乡一体化和城乡协调发展的政策导向，整体优化城乡发展空间和资源配置，全面考虑乡村地区的村域空间管理、村庄规划与建设、产业发展、规划执行、公共资源配置等各个层面，旨在实现城乡融合、主体功能规范、公共服务均衡、生态环境可持续的协调发展格局。

3. 因地制宜，分类编制规划

乡村振兴战略将村庄按特色划分为四类，实用性村庄规划在国土空间规划背景下应依据各类型的特点制定差异化策略。对于特色保护类村庄，规划应聚焦于制定保护策略和措施；而对于搬迁撤并类村庄，规划的重点应是居民点选址和搬迁计划。同类型村庄的规划应避免采用一刀切的"模板"，而是根据各自的特性和发展阶段来决定规划内容，例如，基础设施完备的村庄可以减少相关规划内容，突出重点。对于相似背景的村庄，规划应深入挖掘每个村庄的特色，如历史文化和资源优势，以创新发展模式，防止规划的同质化。

4. 生态优先，集约节约发展

在城市和乡村规划中，生态优先原则至关重要。在国土空间规划框架下的村庄规划编制过程中，首先，应当尊重并保护村庄的生态资源，严守生态红线，维护生态环境。其次，在规划中应强调村庄用地的效率，确保在满足耕地保护要求的同时，合理高效地规划建设用地的布局。最后，对于规划中的建筑施工、改造、道路建设和市政基础设施安装等方面，应考虑村民的生活习惯，突出村庄的特色和风格，展现当地文化，同时遵循经济和美观的原则。

（四）实用性村庄规划编制理念

1. 规划思维：技术性向社会性转变

在城市规划中，规划师通常需要在深入理解现状的基础上设定发展目标，并主要依靠技术方法来编制规划。然而，村庄规划与城市规划有所不同，其涉及的地域范围较小，人际关系更为复杂，内部联系紧密。因此，在村庄规划时，除了考虑空间布局的合理性和有序性，还需要关注多元利益相关者的关系和需求，包括政府对村庄发展的期望、村民的建设愿望以及投资者的经济利益等。这要求规划师在编制实用性村庄规划时，不仅要摒弃传统的技术导向思维，还需要转向更加注重社会性因素规划方法。

2. 规划目标：单一目标向综合目标转变

在传统的城乡规划体系中，村庄规划主要关注的是村庄建设用地的规划与布局，尤其是居民点的用地安排。相对而言，土地利用规划中的村级规划则专注于村域内的非建设空间，着重于耕地的维护和各类非建设用地的管理。不论是上述哪种规划，它们的目标都比较单一。即便这些规划得以实施，也难以保证村庄实现可持续发展的目标。在国土空间规划的框架下，实用性村庄规划则强调将不同类型的规划内容进行整合，涵盖空间利用、产业发展、土地管理、基础设施建设等多个方面，形成了一个具有综合目标的规划体系。

3. 技术方法：发展式向管控式转变

在传统的规划实践中，增量式规划占据主导地位，其特点在于不断扩大规模。然而在国土空间规划的指导下，重点转向了存量规划，注重对现有资源的保护和底线控制。这意味着规划需要确立发展的最低要求，并以空间管控为基础来设定发展目标。作为国土空间规划体系中的一部分，实用性村庄规划应与整体国土空间规划保持一致，既要管控好底线，也要展望未来的发展潜力，同时确保"三区三线"（即：生态保护区、农业生产区、城镇建设区；生态保护红线、永久基本农田红线、城镇开发边界红线）的合理划定。规划应立足于现实，同时放眼未来，基于管控目标，致力于村庄各要素的可持续发展。

4. 成果要求：蓝图式向实施型转变

实用性村庄规划推崇的是"一村一图"、"一乡一图"的规划理念，即"一张蓝图干到底"的方法。但这里所指的"蓝图"并非传统的仅限于纸面上的终极规划，而是作为指导方向，逐步推动村庄发展目标实现的实施性规划。该规划通过制定分阶段的计划，引导具体任务和计划的执行，以实现村庄建设和人居环境的持续改善。这种规划模式从过去的注重蓝图设计转变为现在的以实际落地实施为目标实用型规划。

（五）实用性村庄规划编制思路

过去的村庄规划常常面临规范化程度高、与村庄具体情况脱节、规划实施难度大等问题，其编制方法较为单一，导致规划难以精确到位。相比之下，实用性村庄规划应当基于村庄的现实挑战，以满足村民的直接需求为核心，以达成村庄的发展目标为宗旨，以确保规划的有效执行为目标，构建一个以问题分析、需求评估、目标设定和行动计划为四大导向的更为综合的规划编制方法。

1. 以解决村庄实际问题为基础

村庄规划的核心目标在于破解村庄发展遭遇的制约和难题，这些难题往往源于历史、文化、社会结构等多种因素的深远作用。因此，规划师必须对村庄有全面的认识，采用多维度的方法对村庄进行深入的探究和分析。通过实地体验和与村民的深入对话，规划师应当系统地识别出村庄发展的主要问题，并对这些问题进行细致的研究。此外，规划师还需与村民、政府等其他关键利益相关者进行有效的沟通和协调，精准把握村庄发展的关键点，这将作为规划编制和实施策略制定的重要依据。

2. 以满足村民切身需求为前提

作为村庄的主人，村民在村庄规划中的参与程度对规划的实用性和实施性起着至关重要的作用。以往的村庄规划模式多采用"自上而下"的方式，规划内容更多地侧重于政府认为需要解决的问题，而忽视了村民的实际需求，导致村庄规划的满意度不高，实施效果不佳等问题。为了提高实用性村庄规划的实用性，我们需要以村民为主体，充分考虑村民的实际需求，对村民关心的问题进行系统的归纳整理，并有所侧重的编制规划内容，以确保规划成果能够得到村民的认可和支持。

3. 以实现村庄发展目标为根本

无论是城市还是乡村的规划，其核心目标都是确保在规划完成时达成了既定目标。在乡村振兴战略的支持下，国土空间规划要求村庄规划要在生态环境、经济发展、产业升级、社会进步、文化建设以及建设发展等多个方面设定全面的目标，并且需要根据村庄不同发展阶段的特点来明确关键任务，采取逐步推进和不断完善的方法来实现规划目标。

4. 以保障规划成果实施为目的

村庄规划是村庄管理的重要组成部分，其实施的深度和广度直接反映了治理效能。为了更好地发挥村庄规划在乡村管理中的作用，必须制定详实的行动计划来确保规划内容的有效执行。这包括创建项目列表和分阶段实施计划，界定建设的时间顺序，以保证规划按时完成。同时，还需要提升村民对规划的认识，通过宣传教育让村民更好地理解规划的内容和目标，这样既能增强村民对规划的参与热情，也能提升他们监督规划实施的能力。

（六）实用性村庄规划编制要点

1. 统一技术标准

在国土空间规划的框架下，编制实用性村庄规划的首要任务是确立一系列技术规范，这涉及基础数据、工作底图、规划期限、土地利用标准等方面。依据相关规定，应优先采用第三次全国国土调查的成果作为基础数据；进一步结合年度土地利用变更数据、地形图、高分辨率遥感图像以及实地考察数据来制备规划工作底图。规划期限设定应参考上级规划、村庄发展目标，并与乡村振兴战略的期限保持一致，同时根据各村庄的具体需求灵活调整。至于用地分类标准，则需要考虑实用性村庄规划的全域空间覆盖和空间管控需求，对传统村庄规划用地分类进行适当的优化调整。

2. 确定发展目标

在国土空间规划的语境中，实用性村庄规划是一个多元化的规划活动，其目标既包括定性描述也包括定量指标。定性目标涉及了村庄在乡村振兴战略指导下的人口增长、经济提升、产业进步、基础设施建设、生态环境保育等社会发展的方向性目标；而定量目标则响应全国国土空间规划体系的要求，确保村庄空间发展符合上级规划设定的硬性指标，如永久基本农田的保护规模和边界、生态保护红线的界定等底线约束性要求等。

3. 空间布局管控

在国土空间规划背景下，实用性村庄规划的核心成果是涉及空间布局的规划总图，它不仅是土地利用的基础，也是空间管制的综合体现。在编制过程中，应根据实地调研结果和村庄发展目标，合理规划村域内的各种活动，确保落实上级规划中的各项管控指标，并在空间布局上做出具体展示，以此推动村庄的生态可持续发展。

二、国土空间规划下实用性村庄规划编制策略

（一）实用性村庄规划的内涵及思路

1. 实用性村庄规划的内涵

实用性村庄规划中的"实"指的是基于乡村的实际情况，以解决问题、满足需求为

核心进行规划；而"用"则强调通过具体的操作实施，实现村庄规划的最终目标，达到理想的规划效果。和传统的村庄规划相比，实用性村庄规划更注重国土空间的统筹与协调，包括统筹村域内的永久基本农田和其他自然资源的开发利用，以及平衡国土空间的保护与开发。在新形势下的空间转型中，实用性村庄规划需要协调各类发展规划，实现多规合一，同时强调综合性，合理确定各类土地使用用途，为空间治理和生产、生活、生态空间的可持续发展提供支撑。在开发建设方面，应充分考虑乡村生产、生活方式的转变，控制建设开发容量。在此基础上，更加注重项目的落地实施，管理各种具体建设。

2. 实用性村庄规划的编制思路

当前，村域层面的国土空间规划仍处于实践探索阶段，缺乏典型的样例示范。在村庄规划试点中，大多数仅在原有规划基础上增加部分国土空间管控内容，对规划的实用性考虑不足，缺乏对村庄全过程、全生命周期的规划。为了编制实用性村庄规划，必须兼顾多元主体的需求，以发展问题为导向，解决村民诉求为根本，同时创新规划理念和方法，建立"全域全要素管控"的工作思路。在规划编制框架上，应探索"简洁化、模块化"的规划体系，使规划框架模块化、成果简洁化、内容精准化，便于理解、实施和管理，以增强实用性和适用性。这反映了当前对村庄规划的呼声，体现了实践过程中的三个重要方面。所谓"好编"即是指编制逻辑适用，帮助规划师迅速掌握规划编制的主要内容，避免因找不到规划重点而浪费时间；"管用"意味着规划可以切实解决村庄发展问题，推动村庄朝着更好的方向发展；"易懂"意味着规划内容能让村民等多元受众看懂，只有这样才能得到他们的支持、理解和拥护，从而带动他们参与村庄建设的积极性和热情。

（二）探索实用性村庄规划"管用"的方法

1. 激活多元主体，紧扣发展诉求

评估村庄规划实际效用的首要标准在于其是否能有效解决村庄面临的挑战并满足发展需求。为了紧贴村庄的发展需求，规划工作在启动前应当致力于开展深入的基础研究。在这一阶段，需要全方位且深入地掌握村庄目前存在的问题，并基于调研所得信息，制定出有针对性的规划策略。

村庄规划作为以问题为导向的需求型规划，应重点关注各参与主体的实际需求。尽管村庄是最基层的行政单位，但是其建设与发展涉及多个相关部门，如规划、国土、农业、林业、环保、交通和水利等。由于各部门各自为政，且各方面协调困难，导致规划难以有效指导村庄建设。这涉及复杂多样的问题，因此规划需要针对这些问题进行统一协调与指导。

因此，在开展实用性村庄规划时，必须充分调动各个参与主体，促使多个部门协作编制规划。需要深入了解不同主体的需求，通过对各方的行政职能和社会角色进行系统梳理，将主体划分为政府机构、村民群体、村委会组织和开发商等四大类别，并构建起政府、村委会、村民及开发商之间的联动规划体系，实现多方协作和共同参与。

在规划的初步调研阶段，常用的研究方法包括社会调查研究。对于村庄的调研工作，可以采用座谈会、问卷调查、现场勘查、入户访问等手段来初步收集和了解不同主体的需求和意见。

（1）以地方政府需求为指引

地方政府是指市县（区）、乡镇（街道）等多级行政主管部门。村庄规划的编制主体是乡镇政府，审批主体是县级政府，所以地方政府在村庄规划中扮演着主导者的角色，承担着最多的责任和义务，负责提供政策、资金等各项支持，并自上而下参与规划的协调、监督和管理。地方政府希望通过村庄规划提高村庄环境质量、改善村民生活条件，也希望进一步推进城乡一体化，促进社会发展，因此，地方政府具有最大的话语权，其决策直接影响整个村庄的发展趋势，把控着村庄的未来发展方向。在参与规划的过程中，地方政府必须尊重村民的主体地位，契合村庄的发展诉求，并调动村委、村民和开发商参与规划的积极性，促进三者之间的横向协同。然而，地方政府并非规划的唯一编制主体，乡镇政府是村庄规划的编制主体，而审批主体则是县级政府。这两者共同构成了村庄规划的主要角色，他们需要共同合作，确保规划的有效实施和落地。

对地方政府的调研主要包括以下几个内容：①现阶段试点村庄规划的主要目的是什么？②目前国土空间规划下的新型村庄规划会有哪些难题？③如何对乡镇政府、村委村民和开发商进行宣传引导？④村民所提出的利益诉求哪些是合理的、哪些是可以满足的？需要哪些政策供给？

这四个层次内容包含了地方政府从区域整体利益的角度对村庄规划目的、困难、态度及对村民利益诉求综合考虑。

（2）以村民需求为核心

相较于城市，村庄环境更为封闭，社会结构相对稳定，人口流动小，规划的受众人群也基本固定，所以村民对村庄具有强烈的归属感。以往的村庄规划，只有在规划公示和建设中，村民才行使了参与权，但主导权往往很难得到保证，无论在规划中采用村民参与机制还是村民主导机制，村民的规划主体地位是不容动摇的。在规划编制中应真正落实村民参与机制，积极征求村民意见，将碎片化、片面化的征询结果进行整合并达成共识，保障规划的科学编制与顺利实施，并促进村庄关系及组织秩序的构建。

村民意愿的收集是村民参与规划过程中关键环节。一方面，这需要对村庄的现状进行深入的了解，由乡镇政府主导，村委会协助，村民积极参与，共同把握村里的实际情况和民众的意愿。另一方面，需要激发和提升村民参与规划的热情，使其意识到自己在规划中的核心地位。只有当村民意识到他们是规划的执行者和受益者，理解到制定一个科学合理的规划对于打造美丽家园的重要性，才可准确捕捉到村民迫切需要解决的问题，并据此制定出有针对性的规划内容。

考虑到村民的文化水平普遍较低，信息获取渠道有限，思想观念相对落后等实际问题，村民意愿调研阶段可采用召开村民代表大会、发放调查问卷、走访个别村民等多种方式，让村民了解规划，发表意见，从而唤醒他们的主人翁意识。

①召开村民代表大会。举办村民代表大会，提醒村民他们是村庄规划的核心，鼓励

他们积极提供关于规划的各种信息。让村民明白，他们应作为主体全程参与从规划设计到建设实施的过程。通过这种方式，引导村民参与到村庄规划的决策中，广泛收集他们的意见和建议。

②问卷调查。在开展问卷调查前，规划师应与村委会共同讨论问卷的设计，依据村委会的反馈进行相应的调整，确保问卷内容具有代表性和完整性。同时，问卷应简洁明了，问题应简单易懂，以适应村民普遍较低的文化水平。为了提高村民填写问卷的积极性，问题应尽量采用选择题或填空题的形式，避免过多的开放性问题。此外，应尽量扩大问卷调查的样本量，以确保调查结果具有代表性。

③走访村民。我们选择具有代表性的常住村民，如家族族长、个体企业业主或者高学历者等进行走访，因为他们更熟悉村庄情况，视野开阔，能够更全面地思考问题，从而保证调查信息的质量。

对于试点村庄的村民调查，问卷调查和入户访谈重点按以下两个层次展开，分别是：①对本村发展方向的意愿，依据各村村民对本村发展的理解，提出村民认可的未来发展主导方向，大致可从以下四类中选择，如产业集聚类、生态保护类、文化传承类和休闲旅游类；②对本村生活质量提升的意愿，包括物质生活反面的房屋整治、绿化美化、道路修缮、水电暖气等意愿，以及文化精神层面的公共活动场地及设施、文化活动组织、精神文化传承等的意愿。

调查的第一个环节关注于村庄产业发展的现状，旨在为后续的产业发展策略提供基础数据。第二个环节则专注于对未来居住和生活条件期望，包括对居民点更新、公共服务设施配套以及基础设施建设的需求，这些信息将为改善人居环境提供重要参考。这两个部分的调研内容涵盖了村民关注的规划关键点，能够较好地代表村民对村庄规划的多方面需求。

（3）以村委需求为主导

村委会在村庄建设中扮演着直接领导者和管理者的角色，通过处理村庄的日常事务、调和内部纷争和组织发展工作，推动村庄的进步。村委会的作用主要体现在两个方面：首先，作为村民需求的代言人，村委会负责向上级反映村民的意见，并在规划工作中争取更多对村民有利的条件；其次，作为利益冲突的调解者，当规划过程中出现分歧时，村委会需扮演协调者角色，在地方政府、村民和开发商之间斡旋，以缓解各方的利益矛盾，减少横向的冲突。

对村委会的调研主要包括四个方面的内容，分别是：①村委将用什么方式参与到村庄规划中？②村庄规划中，对地方政府的政策和资金支持有哪些诉求？③村民所提出的利益诉求哪些是合理的、哪些是可接受的？④村庄未来发展中，哪些方面是近期建设中亟待解决的？这四个方面包含了村委会站在自身利益的角度对村庄规划的扶持需求、关注点及对村民利益诉求的考虑，基本能够代表村委会对村庄规划的态度。

（4）以开发商需求为支撑

开发商是以参与或主导乡村地区的发展与产业运营为主要目标的外部资本实体，通过向乡村建设直接投资资金，以获取地方政府和村委会在规划政策上的支持。凭借市场操作和政府权力的结合，开发商常常能够获得比村委会和村民更高的规划优先权，在产业项目建设、资源开发等商业行为中，对于土地使用规模和开发强度等方面拥有较为强势的议价能力。开发商的主要关注点是投资回报，其行动出发点通常是追求经济效益。然而，在乡村建设中，过度追求利益最大化可能会忽视环境保护和村民的利益。因此，在村庄规划过程中，开发商不仅应该从乡村获得经济利益，也应当承担起相应的责任和义务。在政府的指导、规划师的协助和村民的监督下，开发商应当为村庄的发展提供资金或技术支持，同时尊重村庄的长期发展目标。

对开发商的访谈主要包括四个方面的内容，分别是：①开发商愿意投资到村庄建设中吗？②开发商将以什么角色参与到村庄建设中？③投资村庄规划中，对政府、村委和村民有哪些诉求。④村民、村委所提出的利益诉求哪些是开发商可以满足的？

这四个方面包含了开发商站在自身利益的角度对村庄规划的态度、关注点，及对村民利益诉求的考虑，基本能够代表其对村庄规划的态度。

（5）基于多元主体的需求平衡

在以往的村庄规划实践中，常常出现规划难以实施或中途夭折的情况，究其根源，在于村庄建设过程中各主体的诉求难以有效衔接，各方参与难以形成合力。当村庄规划涉及多个主体共同运作时，很容易出现利益分配不均的问题，导致各主体间的相互牵制而非协同合作。因此，在实用性村庄规划当中，应寻求多元主体的需求平衡，以实现各方的有效合作与协同。

为了实现资源的合理开发与保护，需要对多个参与主体进行利益制衡。在规划编制前期，规划师应充分发挥专业优势，全面了解多元参与主体的规划诉求，并通过规划策略解决利益失衡问题。最终，这将有助于推进实用性村庄规划的编制与实施。

在四个参与主体中，村民和村委会更关注土地和文化资源的"改善与保护"，而政府和开发商则更侧重于资源的"发展与利用"。维持村庄的肌理和乡土特色需要空间、文化等多方面的支持，这些一旦被破坏，将难以恢复甚至可能消失。因此，对于村民而言，逐步、温和、节制的建设方式更能满足他们的发展需求。然而，开发商推动的大规模开发可能会超出村庄的环境承载力，引发生态系统失衡，对村庄的长期可持续发展不利。故此，地方政府和村委会需要对开发商进行管控及指导，避免过度开发损害村庄的自然生态环境，并引导公共资源合理投入村庄，以调和"保护"与"开发"之间的平衡。同时，开发商在获得政府支持的同时，也应主动承担社会责任，确保村民的基本权益得到保障；村民则应利用手中的土地等资源作为谈判筹码，向政府寻求支持，以确保自身与开发商能够公平合理地分享利益。

2. 引导村庄特色化差异化发展

判断村庄规划是否"管用"的第二个标准，是否能引导村庄"差异化发展"。鉴于村庄受到自然资源、地理位置、社会、经济和历史文化等多种因素的影响，它们的发展模式呈现出差异性。只有明确了村庄的类别、定位和发展方向，村庄才可深化对自身的认识，并准确地引导实现具有特色的、错位的发展。对村庄发展的分类指导对于确定发展方向和利用资源至关重要，其是确保村庄规划实用性的一个基本前提。

（1）村庄类型划分

围绕着不同村庄的空间发展模式，以凸显村庄特色和提升发展效率为目标，研究各类村庄建设的关键点。将村庄发展类型细分为集聚提升、城郊融合、特色保护、搬迁撤并等四大类，但这些分类标准较为宽泛。因此，将这四大类进一步细分为七个小类，并针对每个小类提出相应的发展引导重点，以促进村庄规划的特色化发展。

（2）分类发展指引

①集聚提升类。集聚提升类村庄是县域城镇体系的关键发展区域。这些村庄需要精确规划发展方向，在现有规模基础上可以适当地扩大建设区域，稳步改善和提升居住环境，同时激发产业的活力和优化环境管理。

A. 集聚发展类：按照人口发展情况适当增加建设用地规模，发挥自身产业优势，开发立体农业或乡村旅游业，形成品牌效益，增强集聚效应和示范作用；

B. 存续提升类：严格控制增加建设用地规模，适当缩减用地总量，缩减的用地指标可用于产业发展，在原址进行人居环境改造，避免破坏三区三线格局。

在公共设施建设方面，要有序推进村庄基础设施、公共服务设施的改造提升，合理布局村庄公共服务设施。完善道路交通系统，优化停车场等交通设施布局，提升了道路通达性，保障各类设施的服务水平。

②城郊融合类。

A. 城乡转换类：此类村庄不久要并入城镇空间，所以不再单独编制规划，严格限制用地增长，建设工作以有序向城镇转移人口、逐步缩减用地、为城镇用地腾挪指标为主。

在人居环境与公共设施方面，以维持村民现状生活水平为主，避免没有必要的资金和人力投入。

改造提升类：改造提升类村庄通常位于市县主城区周边，虽然这些村庄已经纳入城镇建设范围，但它们并不会并入城区，未来仍将保持独立。因此，需要单独编制规划。在规划建设中，需要考虑未来人口增长情况，适当整治闲散用地以增加建设用地规模，并鼓励对接城镇功能外溢，加快工业化和城镇化进程。规划建设应遵循城乡等值理念，将村庄与城镇同等考虑。此外，还应考虑引入用地留白机制，增加弹性建设空间，以适应未来发展需求。

在公共设施的规划中，应重视与城镇基础设施的互联和互补，实现公共服务设施的共建与共享。需要加强与城镇道路系统的连通性，提高道路的等级，同时，城镇的市政管网应当扩展至周边乡村，以此建立起与周边村庄的区域协调机制，实现共享共建。

C. 特色保护类。此类村庄应统筹好保护与利用、发展的关系，推动特色资源保护与乡村发展良性互促，在加强特色资源保护的前提下，充分挖掘了地方特色和地域文化，适度发展文化、旅游服务等特色产业，将资源优势转变为发展动力。

此类村庄未来是乡村文旅发展的重要区域，重点推进农用地流转、乡村民宿营销等，考虑一二三产业融合发展所需的配套建设空间。在设施配套上，应尊重原住居民的生活

习惯，在保护村庄特色的基础上，依据相关法律法规改善村基础设施、公共服务设施。

③搬迁撤并类。搬迁撤并类村庄重点在于有序推进搬迁撤并工作。

A. 整体搬迁类：此类村庄要在限期内完成整体搬迁任务，将人口转移到周边村庄或另选土地新建，原村庄建设用地应尽快还林或复垦，为生态保护或矿产开发让位。

B. 衰减撤并类：严格限制新建、扩建活动，搬迁撤并后的村庄，因地制宜复垦或还林，增加乡村生产生态空间，通过集体用地入市等手段，增加农民收入，严格控制基础设施和公共服务项目建设，除必要，不应当继续新建。

3. 贯彻国家空间管控意志

（1）落实上位空间管控指标

空间管控的关键指标包括生态保护红线、永久基本农田保护线以及村庄建设边界，它们是保障国家与区域生态安全、粮食安全以及城镇化健康发展的重要基础。然而，由于村庄土地利用规划缺乏足够的指导性，常常导致村用地无序和粗放式发展，缺乏对生态保护边界和建设开发边界的明确控制与引导。这导致建设用地的不断扩张侵占了生态和农业用地，破坏了空间的整体性，并加剧了土地的碎片化问题。在一些村庄的发展初期，缺乏规划编制，导致工业和设施农用地布局混乱，存在许多散乱的点状用地，这进一步加剧了土地的碎片化。在新的生态文明建设时期，村域国土空间规划应作为城镇开发边界以外的控制性详细规划，负责乡村空间的自然资源资产管理，并实施指标与分区的传导机制，优化村庄的空间布局与管控。三条控制线应当被视为调整经济结构、规划产业发展、推进城镇化过程中不可逾越的红线。

①三线划定的原则。生态优先。生态用地的作用不可被其他类型的土地完全取代，并且它们的恢复和再生通常较为困难。因此，在划定生态用地时，必须将保护生态环境置于显著位置，并且在决策过程中优先考虑生态保护红线，将环境保护视为发展的根本条件。协调发展。三线之间要协调发展，统筹生态、农业和村庄建设之间的关系，并与泗水县的三线范围相衔接。便于识别。三类空间边界应界定清晰，避免空间上的相互交叉，并做到可管理、易监督，体现实用性村庄规划可落地的特点。

②三线划定的方法。生态保护红线。生态保护红线是指那些在生态空间内拥有关键生态功能、需要严格强制保护的区域，它们是维护国家生态安全的基础和关键。在划定生态保护红线时，首先应依据县级城市已确定的生态红线结果，并结合生态敏感性分析的结论。接着，考虑现有地类情况的实际调研数据，对上级规划的生态保护红线进行调整，排除与实际情况不符的图斑。如果某村的生态红线区域无法实现总量平衡，可以在邻近村庄或乡镇内寻找符合条件的地类，进行区域间的协调，以确保生态保护线的合理划定；由于泗水县生态保护红线划定和村庄规划试点是同时进行的，并且上级生态保护红线的界限可能会有所变动，因此对于试点村庄的生态保护红线需要根据实际情况进行灵活调整。目标是确保生态功能不受损害、面积不减少，同时确保总量和边界的控制。在划定生态保护红线时，应遵循自然的基本特征，在最适宜进行生态保护的区域确定与村庄实际情况相符合的生态保护红线。这不仅要满足省级、市级和县级对村庄生态保护

红线的指标要求，还要将保护措施集中在真正需要保护和修复的区域。

永久基本农田保护线。永久基本农田是受到永久性特殊保护的耕地，其目的在于确保国家的粮食安全和重要农产品的供应。在划定和管理工作方面，国土资源系统已经建立了成熟且高效的流程。因此，与其他如生态保护红线和城镇开发边界相比，永久基本农田的保护线管理是最为成熟的。在划定永久基本农田保护线时，应与国土部门协作，对现有的永久基本农田进行详尽的审查。对于达到基本农田标准的土地，应继续保护；而对于未达标的土地，则应调整出去，以确保永久基本农田的质量。根据"总量不变、质量提升"的原则，从村域内选择符合永久基本农田标准的耕地进行补充划定，以确保基本农田的总量和指标得到巩固。如果村域内缺乏符合标准的耕地，应将划出的土地按照基本农田的标准进行整治，并设立为永久基本农田整备区。在整治完成之后，将其纳入永久基本农田保护线。

村庄建设边界。村庄建设边界的划定旨在防止村庄规模的盲目扩张和建设用地的无序扩展，推动村庄由外延扩张向内涵提升的转变。划定村庄建设边界时，需要考虑地形地貌、自然生态、环境质量和基本农田等因素，同时结合了村庄的发展需求和发展类型来确定。建设边界范围内允许村庄进行建设用地的拓展。在划定村庄建设边界时应尊重村庄的客观发展规律，引导村庄实现精明增长。在明确村庄发展类型的前提下，合理预测未来人口规模，并根据人口规模配置村庄的生产和生活用地，优化村庄内部的功能布局，统筹考虑居住、产业、交通和基础设施等用地需求。同时，要严格执行"一户一宅"政策，对现有的宅基地进行整理。对于村庄外部零星的宅基地，应有计划地拆除，并根据周边用地的性质，进行合理的复耕或还林。对于位于村庄内部且建筑质量较差的多余宅基地，经过村民协商同意后，可以修缮或拆除重建，作为零星宅基地搬迁入村安置的备选用地。同时，要引导分散式、作坊式的村庄产业集聚发展。

总结来说，通过科学预测村庄的用地规模，消除了零散的土地斑块，并整合分散的产业用地，从而确立一个相对规则、便于管理的村庄建设边界。

（2）构建空间融合发展格局

科学规划"三区"布局，既是实现经济发展与生态环境保护相得益彰、相互促进的必要手段，也是贯彻全面国土空间管理要求的必然选择，更是确保资源得到高效和有序利用的根本前提。

①三区空间划分的方法。生态空间划分。将生态保护红线外的，不参与农业生产的，国土三调确定为林地、草地和水域的连片斑块，划分为一般生态空间，结合生态保护红线，统一划入村域生态空间。

在农业空间的划分上，将永久基本农田保护区、生态区域及村域构建边界之外的适宜农业生产的区域和永久基本农田储备区等，初步识别为耕地、林地、园艺用地（包括可调整的园艺用地）、水域（包括用于养殖的水面）、农村道路、农业设施用地、沟渠等地类分布区，并将这些区域统一归类为一般农业空间，与永久基本农田一同纳入农业空间范畴。至于建设空间的划分，则包括不属于村庄的建设用地，如城镇用地、外部道路设施用地、风景名胜区用地、特殊用途用地和预留用地等，这些共同组成村庄的其他建设空间，与村庄建设边界共同构成整个建设空间。

②三区三线融合发展的措施。"三区三线"融合发展是实现国土空间严格管控的前置条件，是体现实用性村庄规划管用、好用的重要举措。空间融合发展主要包括功能冲突区域判别与备选方案集成、方案校验和反馈修订两个核心步骤。

在完成三线划定和三区分区之后，村域范围内初步显现出了三区三线的规划成果。但在这个过程中，由于专业知识和限制性因素的影响，可能引发三区三线划定成果中的矛盾和不恰当之处。鉴于此，有必要研究并实施三区三线的协同划定机制，整合地方政府、村民、村委会及开发商的力量，共同提出反馈和建议，对规划进行调整和完善。

重叠区域的识别与解决方案的整合首先涉及将生态保护红线、永久基本农田保护线和村庄建设边界的初始规划在地理信息系统（GIS）中进行叠加处理。接着，识别并裁剪出这些界限之间存在重叠的部分。基于三调（土地利用现状调查）的原始数据，分析重叠区域产生的原因，并研究确定这些重叠图斑最终的属性划分。完成这些步骤后，将重叠图斑整合到指定的图层中，以此形成三线规划的初步修订结果。

依据"三线"初步修订的结果，将生态、农业和建设空间的初步划分方案在GIS当中进行综合叠加。以维护生态环境、促进农业生产和不妨碍村庄发展为原则，对叠加后出现的冲突区域进行评估，根据各区域的适宜性判断其应归属的空间类型，并对"三区"的界限进行相应的调整，从而形成"三区"初步修订的规划成果。

在方案验证和修订阶段，需要确保方案与县域的发展目标和空间战略保持一致，并与村庄的类别和发展方向相匹配。方案应与国土资源的开发保护总体目标以及社会经济发展的全局目标相协调。生态空间的设计需符合区域生态安全格局的构建标准，农业空间配置应确保农产品的供应安全，而村庄建设空间则需符合村庄健康发展的基本需求。

在方案反馈环节，采用SAD（空间分析和决策）方法进行再调研，以分析地方管理机构在空间保护和开发方面的观点，协调村委会及村民的发展需求，商讨开发商的投资开发意向。在此基础上，收集来自不同参与者的对三区三线修订草案的意见，并在确保不违背生态保护和耕地保护底线的前提下，综合考虑各方利益，对草案进行精心设计和调整，最终完成三区三线的最终划定工作。

（3）探索空间精细化治理措施

空间的精细化管理是对空间资源进行细致入微的规范与调控，这是推动乡村空间可持续发展的重要途径。通过精细化管理空间资源，旨在提升国土资源的利用效率，恢复受损的自然资源，整顿那些零散、闲置和效率低下的土地，激活那些未被充分利用的资源。精细化管理强调采取精确的治疗措施，如同手术刀一般，注重根据不同地区的情况制定合适的策略，同时在保护乡村原有特色的基础上，提升生态环境的质量。空间精细化管理主要涵盖两个方面：一方面是生态资源的修复和保护，另一方面是农田与土地的保护与管理。

①实施生态修复与保护。在落实生态保护红线的划定成果后，对于位于生态保护红线范围内及生态空间内不符合规定标准的图斑，需实施生态修复与保护措施。这包括首先根据图斑所含地物的特征来设定具体的保护任务和标准，接着根据生态功能的不同，

将区域分为生态功能关键区、生态敏感区和生态脆弱区。针对这些不同区域的特定问题，识别出需要优先修复的图斑，并结合实际情况，制定出相应的修复方案。这些措施的实施将最终形成以森林保护、山体修复和水体治理为主要内容的生态空间修复和治理体系。

护林。森林用地应专门用于林业的成长和生态环境的建设，严禁未经许可将森林用地转化为其他类型的农业用地。在农业开发、耕地补充和土地整治的过程中，必须确保森林用地不受侵占。同时，禁止未经授权改变森林用地的性质，并限制其转化为建设用地。

修山。为了改善山体林地的生物群落结构，摒弃目前只种植单一树种做法，转而采用本地的优质树种。通过更新林地空地、在适宜的荒山上植树造林等措施，推动森林资源的结构和树种搭配更加科学合理。利用人工种植和林分优化等方法，打造多样化的山体生态基础。

治水。围绕"加强水安全、提升水环境、打造水景观"指导原则，推进水资源的恢复和保护工作。采取包括疏浚河道、建设水库等措施来增强水的安全性；通过强化污染治理、建设人工湿地等策略来提高水质；并运用水体景观设计、河岸修复等方法来塑造优美的水景。

②基本农田保护与土地整治。在划定永久基本农田保护线和确立农业空间的基础上，首先应根据村庄的产业发展方向和布局，全面规划农业、林业、牧业和渔业等的发展空间。接着，结合土地利用规划，制定相应的保护标准和管控措施。然后，分析现有图斑中存在的土地和土壤问题。最终制订出一套以整理闲置建设用地、整合零碎农业用地、实施土地复垦和土壤修复为核心的整治和修复计划。

推动对零散和未充分利用的土地进行整理，以提升土地的利用效率。对于那些被乱垦、乱种、乱搭建和废弃的闲置地块，进行整顿和改善，以提升其环境质量。对于那些条件适宜的零星闲置地块，实施复垦并恢复耕种，以增加土地的利用效率等。

推动农田破碎化的土地整理，实现农田的连片发展。在农业空间内，现有的非农业建设用地以及其他分散的农业用地应优先进行整理、复垦或转变为耕地或园地。对于在规划期内难以整理、复垦或调整的土地，可以保持现有用途，但不得增加面积，以避免农田进一步碎片化，并促进农田的连片管理。

提高农业用地的建设标准，优化土地使用效能。通过融入农用地"升级改造"等项目，实施对田地、水资源、道路和林木的综合整治，整合分散的农用地和未利用的闲置土地，增强农业基础设施，扩大高质量的耕地面积，从而提升耕地及其他农用地的质量。

（4）建立数字化智慧管理平台

在过去，规划编制通常涉及国土部门的自有系统、现状测绘的独立系统以及规划成果的另外一套系统，这常常造成各部门间的成果难以有效对接，信息碎片化，并可能出现相互矛盾的情况。通过构建一体化的数字化管理平台，并运用"一张图"规划系统，可以整合资源，促进共享，实现规划成果之间的动态同步，从而简化部门间规划成果的检索和应用。

"规划一张图"系统通过 GIS 平台，将三区三线规划成果、生态保护和修复区域以及农田保护和土地整治区域等空间信息数据集成在单一的电子地图上，以便于按照地理位置对信息进行管理，并对不同要素进行分类控制。

"规划一张图"系统为规划设计和项目审批提供信息支持，它是村域国土空间开发、保护与利用的管控依据。采用 GIS 数据库平台，能有效衔接国土第三次调查数据，确保规划数据在各设计院、编制机构和地方管理部门之间流畅传递和无缝对接，便于信息交流和数据库的维护。这种系统更有利于规划的修订和调整，确保空间管控数据的持续更新。通过构建"规划一张图"系统，我们能够实现智慧化与数字化城镇规划管理模式，确保一个规划覆盖全程，一本蓝图进行长效管理。

4. 指导规划长效实施与管理

（1）近期建设计划机制

在制定近期建设计划时，应考虑村庄的具体需求、土地的实际可利用性以及政策的导向作用，建立起一个详细的项目库。这个项目库应根据村庄的规划结构进行分类，涵盖生态修复、农田整治、历史建筑保护、产业发展、基础设施和公共服务设施建设、以及人居环境改善等多个方面。对于库中的近期建设项目，需要明确每个项目的具体地理位置和用地规模，确定责任主体和协作部门，清晰界定管理和维护责任，以便于监管和检查。同时，对于这些建设项目，应当根据实施方法预估投资额度，并采取多种方式筹集资金，如村集体资金、县级和乡镇级政府的支持、以及开发商的投资等，实现多元化融资。此外，还需做好资金使用情况的公开透明。

在进行人居环境整治相关的建筑施工时，应与村庄的整体设计相融合，确保项目设计的深度符合指导施工的技术规范要求。这包括农房建设、广场建设、基础设施建设和景观环境改造等项目。在这些项目的规划中，应提供详细的施工方法指导，涉及材料选择、施工工艺和技术要点等。同时，还需确保所有项目的技术经济指标，如建筑面积、容积率、建筑密度等，与村庄的整体风貌相符，并且保护村庄的特色和风格。

（2）长效实施管理机制

实用性村庄规划不仅要解决村庄近期发展诉求，更要满足村庄的长远发展需求，探索全生命周期的长效跟踪机制，坚持长效治理，保障规划能够按预期实施。村庄规划的长效实施机制包括以下两点：

①转变村庄建设资金的来源渠道。实施规划往往是一个漫长且多层面的工作，它依赖于政府、规划专家、施工队伍以及其他社会组织的共同努力，其中财务支持是确保规划顺利进行的关键。目前，村庄发展主要依赖上级政府的专项资金，一旦政策方向发生变动，资金供应可能中断，导致建设项目半途而废。资金短缺和来源单一成为制约规划长期执行的主要障碍，因此，需要探索更多元化的资金筹集途径，以支持村庄建设。

拓展资金渠道的方法可以分为对内和对外两个方面，具体方法可以参考以下几点：对内一是要加快村庄产业升级，转变落后的农业生产方式，将产业重心向农副产品加工、乡村旅游服务等二三产业转移，早日实现村庄自我造血能力，促进村民增收致富；二是对内融资，村民以土地、资金等形式入股村庄产业发展，等产业基础稳固之后，收益用来改善人居环境和建设基础设施。对外一是建立人才引进和财富回流机制，如本地迁出居民事业有成后回报家乡，在本地投资给予税费减免等政策支持，即能吸引建设资金，又能增加就业；二是吸引社会资金注入，将PPP（政府和社会资本合作）等多种合作开发模式带入到村庄建设中，帮助村民、政府及社会团体实现互利共赢。

②设立规划师驻村管理制度。在传统的村庄规划过程中，规划师完成规划编制后，其角色通常告一段落，导致后期缺乏专业技术支持，对村庄建设实施效果的监管和控制能力有限。因此，为了提高村庄规划的实用性，建议设立驻村规划师岗位。规划师在完成规划编制工作后，应继续担任村庄发展的顾问，充当政府、村委会和村民之间沟通的纽带，调和各方利益，协助村民做出建设性决策，并与村委会领导和施工团队讨论施工细节，解决施工中可能出现的利益分歧。规划师还需现场指导施工，根据实际情况调整规划方案。驻村规划师应对每个施工环节的效果进行严格审查，监督工程进度，确保项目顺利实施。此外，规划师还应成为村庄规划信息的传播者，让村民充分理解规划内容和工作进度，确保村民能够从规划实施中获益。

5. 探索村庄规划的弹性机制

衡量村庄规划是否"有效"的第五个维度是规划需具备"弹性"。作为国土空间的详细规划，村庄规划对每个地块的具体用途和管控标准都有明确指示，只有当规划具有适应性，才能被认为是"实用的"规划。实用性村庄规划的弹性机制主要体现在规划内容、用途和实施三个方面：

（1）规划内容弹性

首先，应根据不同类型的村庄发展需求，制定相应的国土空间规划指导方针。对于那些需要集中发展的集聚型村庄，规划内容应全面并且深入，以便有效地指导村庄发挥其优势并起到示范作用。而对于那些即将融入城镇的城乡转型村庄，以及计划整体搬迁或缩减合并的村庄，由于不会出现大规模的新建设，它们的空间结构相对稳定，理论上可以不编制详细的村庄规划。相反，可以专注于国土空间用途和人居环境的提升进行规划管控。另外，可以考虑将邻近的村庄联合起来，作为一个村庄群进行统一的国土空间规划，并根据各村庄的特点和功能分工，制定相应的规划管控措施。

其次，对于村域整体规划和村庄规划两个层面，应提出各有侧重点的规划内容。在村域整体层面，主要的规划内容应包括管控村庄的国土空间布局、指导产业发展和建设项目分布等，其核心职能是管控和引导。而在村庄层面，规划应侧重于人居环境整治和基础设施建设，如引导村庄风貌、公共空间和环境的改善提升，以及道路、供水、卫生和村庄安全等实用基础设施的配套建设。这些规划内容应满足施工建设的详细规划要求，并突出实用性和基础设施的配套性。

（2）规划用途弹性

在村庄的国土空间用途分类体系中，新增加了一项称为"留白用地"的类别。这意味着在村庄的建设范围之内，将会划设一片或者数片区域作为留白用地。这些区域不会被赋予固定的使用功能，而是将留待未来根据村庄的具体发展需求来决定其最终用途，并据此设定相应的发展准则和管控标准。

（3）规划实施弹性

一是探索规划容错机制。在当下数字化和信息化管理平台广泛应用的情况下，应当容忍新建项目与村庄国土空间规划之间的小幅差异。在制定县域国土空间总体规划时，对于村庄的建设边界和建设区域的划分应当保持一定的灵活性，作为上级规划的指导方针，应当认可这种微小差异，并视其为符合村庄规合理现象。

二是简化规划修订流程。以往村庄规划的编制和修订流程较为繁琐，不仅耗费大量时间和资金，还难以落实。因此，应当适当简化规划的修订流程，赋予乡镇政府在村庄规划实施过程中的一定修改权。同时，市县级政府在批复文件中应当明确乡镇政府的修改权范围，以避免其破坏村庄规划的整体管控结构，确保规划的有效实施。

（三）普及通俗"易懂"的平民规划

村庄规划的成果并不是越详细越好，对于不同的规划受众，成果表达应抓住核心内容，体现不同的规划深度。

村庄规划成果可以大致分为两类：一类是针对评审专家和政府管理人员的专业性成果，它们应当构成一套完备且深入的技术文档，确保文档在专业性和规范性上表现，以便于规划的审核、审批和管理；另一类是针对村民和社会公众的公示性成果，这些应当设计成简洁明了、易于公众接受的信息图表，确保内容简洁明了，图像和文字相结合，以便于村民理解、讨论并提供反馈。

专业性成果应该在现行村庄规划的基础上，删繁就简，保留核心内容，以一书（文本）为法律保障、六图（村域综合现状图、三线管控规划图、三区划分规划图、村域综合规划图、居民建设规划图和近期建设规划图）两表（村域国土空间结构调整表、近期建设项目汇总表）为建设管控核心、一附件（基础资料、GIS 数据文件等）为支撑规划的必要文件。

为了更好地向公众展示规划成果，建议尝试采用"规划实施明白纸"这种表达方式。这种明白纸主要涵盖三个核心部分：首先，它包含了村庄的分类与管控信息，通过清单式描述和图表展示，涵盖村庄的分类、发展定位、产业导向以及三区三线的管控内容，帮助村民理解村庄的发展方向和即将进行的活动；其次，它利用国土空间规划的"一张图"系统，展示用地布局图表，明确各类用地的用途和规模，使村民了解建设地点；最后，它提供了指导村庄建设的实施性图表，包括近期建设项目列表和居民点规划图，内容涉及近期建设计划、居民点整治和设施建设，让村民知道如何进行建设。这种明白纸有助于驻村规划师向村民普及规划知识，宣传规划成果，并确保规划的长期有效执行。

规划成果应采用分类表达方法，以便专业人员便捷地开展工作，同时更重要的是，要让村民能够清晰理解并易于掌握，使他们感受到自己是规划的主体，具备归属感。这样的规划才可真正称之为"实用"。

第八章 国土空间信息规划的信息化发展

第一节 国土空间规划信息化趋势要求

一、新一代信息技术迅猛发展

在传统的计算机辅助设计、可视化、电子交互平台基础之上，规划信息化更需要云计算、大数据、物联网、移动互联网、人工智能等新一代信息技术支撑。

一是移动互联网技术。移动网络技术支持了一系列服务和应用，包括但不限于移动浏览、移动数据下载、定位服务、移动游戏和视频点播等。随着高速无线通信技术的提升和网络应用技术的持续创新，移动网络服务正在成为推动互联网进化的动力，它不仅拓展了互联网的普及范围，还通过移动设备固有的便携性、认证能力和身份识别功能，为传统网络服务创造了新的增长点和可持续的商业模式。移动网络服务的不断扩展为移动设备用户带来了无限的应用潜力，并且加速了移动宽带网络的深度发展。这些服务的主要优势在于它们的便捷性，用户能够随时随地无缝接入网络，同时，移动网络服务还提供了更加多样化的业务选项、定制化服务和确保更高水平的客户服务质量。

二是物联网技术。物联网涉及利用射频识别（RFID）、红外感应、全球定位系统、激光扫描等技术，依照既定协议，把物品与网络连接，以便进行信息交流和智能化管理，包括识别、定位、追踪和监控等。这一技术为计算机提供了感知和操控现实世界的接口和工具，负责数据的收集、存储、分析、传输、交互和控制等功能。比如，摄像头和麦克风分别用于捕捉图像、视频和声音，而各种传感器则负责将环境信息转换为数字数据。在空间规划和建设实施中，物联网充当了中央神经系统的角色，通过其传感器全面感知空间信息，然后通过大数据和云平台对收集的数据进行分析处理。最终，这些处理结果支持各种应用服务，实现智慧化服务。

三是云计算技术。云计算技术通过网络将复杂的计算任务自动拆分为无数个小任务，并在由多个服务器组成的庞大网络中进行搜索、计算和分析，最后将处理结果发送给用户。该技术具备大规模、稳定性、可访问性、可用性和成本效益等特性。利用云计算，网络服务供应商能在几秒内处理大量数据，实现与超级计算机相当的计算能力。目前，云计算为智慧城市的建设提供了坚实的技术基础。各地都在积极推进政务云、城市云、教育云和医疗云等云平台的发展，金融、教育、旅游、医疗等行业的云平台建设也在加速发展。

四是大数据技术。"大数据"指的是那些规模庞大、格式复杂且多样的数据集，通过云计算环境下的数据处理和应用模式，这些数据被整合和共享，实现交叉利用，从而形成了一种新的智力资源和知识服务。由于其具备了规模庞大、处理速度快、类型多样、潜在价值高和真实性强等显著特征，它正在被广泛应用于生物科技、电力系统、交通管理、医疗卫生等多个行业。在规划领域，大数据的应用意味着可以构建包含人口、地理空间、宏观经济、土地利用、产业类型、生态环境等多种基础数据的规划数据库和管理平台，这些数据库和平台会根据国土空间业务的发展需要进行持续的扩充和实时更新。通过创建一个全面、精确的规划数据库和管理平台，统一数据统计的口径、标准以及规划的期限等，可以实现规划信息的统一联动和"一张图"式管理。

五是人工智能技术。人工智能是一门涉及研究、开发模拟、延伸和扩展人类智能的新技术科学。随着智能设备的普及和互联互通，人工智能将对各行业产生深远影响。在制造业，人工智能可协助设计人员提升产品设计效率，推动制造业的转型和升级。在医疗领域，客服机器人可协助医务人员初步筛查病情并进行分诊；通过智能数据分析或医疗影像处理技术，医生可以制定更有效的治疗方案，并通过传感器实时了解患者各项身体指标，评估治疗效果。在教育领域，AI系统能够接管传统的知识传授工作，释放教师的时间，使他们能够专注于培养学生的系统性思维和创造性实践技能。在金融行业，AI能够辅助银行完善信用评估和审核流程，全方位监控金融体系，减少欺诈活动，保障金融市场的稳定和安全。自动驾驶技术在交通领域取得了显著进步。物流行业中，自动化分拣机器人和智能化的仓储布局、配送路径规划、客户需求分析等也在逐步实现智能化。在城市规划中，AI利用广泛的城市监控视频、传感器数据、地图、卫星与遥感信息，为规划编制提供支持。

二、规划信息化创新实践蓬勃发展

伴随着信息技术的进步和创新，规划行业信息化创新活动持续开展，涉及国家相关部门、规划行业、地方政府以及规划咨询企业等，其都在利用信息技术对传统规划领域进行革新和改造。

一是国土部、国家测绘地理信息局发布《推进国土空间基础信息平台建设的通知》，旨在加快国土空间基础信息平台的构建。该工作的核心是整合和汇聚各种与国土空间相关的数据，构建一个数据覆盖更全面、应用更广泛、共享更流畅的国土空间信息平台。这一平台将为涉及国土空间的各种规划、管理、决策和信息服务提供强大的信息支持，有效提高国土空间治理的现代化水平。

二是百度地图与中国城市规划设计研究院、天津城市规划设计研究院合作，共同成立了"联合创新实验室"，致力于促进城市规划领域的创新与升级。该实验室的目标是帮助城市规划者和管理者更直观、高效地运用城市数据，获取城市信息，洞察城市特征，并实现基于智能的决策制定。

三、国土空间规划信息化诉求不断提高

国土空间规划的主导理念是从可持续发展角度出发，平衡人和自然关系，利用信息化技术对自然资源进行保护和开发利用监管。大数据、人工智能等技术的引入，为国土空间规划提供了新的数据来源、技术手段和思维模式，同时也提高了规划在使用和管理等方面的信息化需求。

一是国土空间规划需要厘清底图，科学规划。国土空间规划的制定需要对空间资源的现有状况有一个清晰的认识，这样才能了解资源的保护状况、承载力、开发利用情况，精确地了解人与土地的关系以及空间资源的供需矛盾，进而对空间进行有效管控和资源配置，确保规划的编制是基于土地（空间资源）和以人为本的科学过程。通常，了解自然资源的现状需要进行各种资源和普查工作，但这些方法成本高昂、耗时且数据更新不及时。利用物联网和传感器技术，可对资源的数量和质量进行实时跟踪，形成连续更新的资源大数据。这种大数据通过精细的分析评估，可以更准确地了解资源的开发利用情况和环境承载能力，为不同层级的国土空间规划提供基于人的需求、精确的人地关系判断以及科学划定的"三区三线"、空间布局优化和资源配置的新方法和新视野。

二是国土空间规划需要实时监测，精细管控。国土空间规划的实施需要同时关注两个关键方面：一方面是坚守空间底线，对农业空间和生态空间实施严格的保护和监管；另一方面则是落地专项规划，通过建设项目实现建设。为了实现这一目标，需要及时掌握资源保护和开发利用情况，以及开发建设过程中违法侵占基本农田和生态保护区等行为。为此，需要借助大数据等信息化手段，实现对空间资源运行的动态监测，及时预警，智能地监管空间管控和资源保护条件的执行情况，从而辅助了精细化实施和管理。

三是国土空间规划需要动态评估，辅助决策。国土空间规划需要借助量化手段，将规划目标转化为具体的指标，以此明确规划底数，并构建评估考核机制。在规划实施过程中，应定期根据评估考核体系对规划实施成果进行监测和评估，以确保规划的有效落实，及时发现问题并为其更新维护提供依据。然而，传统的规划评估方法常依赖于大调

查或运动式统计，数据常存在滞后性、时空维度和精度不统一等问题，难以实现定期常态化的评估。因此，国土空间规划更需要融合多元、动态的大数据，将规划评估贯穿于规划编制、实施和调整的全过程，对关键指标进行实时监测，并在连续的时间序列上针对重点和难点问题，从而支撑热点问题的解决，并且定期进行专项评估国土空间规划的实施效益。这样可以更好地服务于承担国土空间规划实施的责任主体，提供更加准确和及时的数据支持。

四是空间规划需要深入底层，服务公众。公众参与在规划的编制、执行和评估各个阶段都占据着关键位置。要真正了解民众的生活状况和需求，关注人们在生产和生活实践中对资源的真实需求和利用情况，这是国土空间规划贯彻以人为本的方针，进行合理的空间布局和资源配置，协调资源保护与开发，实现人与自然和谐共处的基础。居民积极参与到规划的调研和反馈中，同时规划师、管理者以及决策者可以利用大数据技术来了解居民的行为模式和情感状态，评估居民对空间资源的使用需求和满意度，以便提供更符合公众需求的服务，并促进公众更深入地参与到规划和资源的保护与合理开发中。

第二节　国土空间规划信息平台建设试点与内容

一、国土空间规划信息平台建设试点

（一）宁夏空间规划信息平台

宁夏空间规划信息平台是按照"一张蓝图、一套标准、一个系统、一套制度"的目标，构建了七个不同的应用系统，包括多规智能编制系统、规划编制项目管理系统、多规合规审查系统、省级规划管理系统、市县规划管理系统、多规综合服务平台和多规数据管理平台，以统一的数据标准和坐标体系为基础，检测和辅助解决规划之间的差异和矛盾，最终形成一个动态更新的"一张图"。该平台推动了空间规划在编制、审查、决策、实施和监督等全过程的智能化服务，为建设项目的一站式并联审批提供了支持。通过运用各种信息化资源和大数据分析、计算、模拟等技术，挖掘数据的价值，为规划编制提供辅助支持，为规划实施提供了检测评估，为政府决策提供科学依据。

1. 多规智能编制系统

多规智能编制系统旨在辅助规划编制工作，提供了一系列多样化并且可定制的冲突检测规则和协调策略，专门用于处理不同类型的规划冲突。该系统面向不同级别和部门的规划编制人员，利用大数据、云计算等技术的辅助，以提高规划编制和决策的准确性。系统为冲突检测和协调演绎提供了强大的技术支持，有助于减少规划编制过程中的冲突和差异，提升规划决策的效率。这样可以确保规划编制更加科学、合理和规范，实现规划决策的智能化。

2. 规划编制项目管理系统

规划编制项目管理系统面向不同级别的规划管理机构，它提供了一个全面的规划编制项目管理工具，覆盖了规划编制项目的整个生命周期，包括初步拟定、立项审批、招标采购、编制审查、评估审议、批准发布、公示公告和归档入库等多个阶段。该系统记录了每个阶段所需的各种文件和资料，建立规划编制项目的档案数据库，从而实现了规划编制流程的标准化和数字化管理。

3. 多规合规审查系统

多规合规审查系统是为参与多规审查的各个部门和机构的项目审查人员设计的，它提供了一个基于不同规划类型的合规性审查和辅助选址分析的工具。该系统旨在支持规划实施过程中的决策，确保项目在落地前符合规定的科学性和合规性要求。

4. 省级规划管理系统

为确保省级、市级和县级空间规划的上下联动和协调，开发了省级规划管理系统，并且与市（县）级规划管理系统紧密集成，以便将各市县的的建设项目审批信息顺畅地传递至省级系统。这样的设计目的为满足省级宏观管理的需求与市县微观管控的实际情况。

5. 市县规划管理系统

市县规划管理系统与多规数据管理平台的无缝结合，全面支持规划编制、审批执行和后续监管等各个阶段，对建设项目实施全生命周期管理。该系统针对市县规划管理部门，提供了覆盖规划业务始终的应用服务，借助计算机网络技术，实现了规划项目管理的便捷、高效动态流转，有力地促进了市县城乡规划管理的效率化与标准化，显著提升了工作效率。

6. 多规综合服务平台

通过与多规数据管理平台、规划编制项目管理系统的集成，市县规划管理系统形成了一个综合服务平台，为不同级别的规划管理机构提供空间信息的共享和辅助分析功能。该平台采用"一张图"、"一本账"的展示方式，允许用户对数据中心存储的各种规划数据进行自定义查询、分屏查看和综合分析，从而能够迅速而方便地检索、汇总和分析各种规划信息，确保了"一张蓝图"能够覆盖整个规划过程，建立起一个高效协作的规划体系。此外，除了在传统的 PC 端应用之外，该平台还能在移动设备和大屏幕上进行展示和操作。

7. 多规数据管理平台

作为各业务系统的基础数据平台，多规数据管理平台为大量的、来源多样的、结构不同的规划数据提供了统一的存储空间、权限控制、综合分析以及实时发布的能力。它旨在为数据管理员、权限管理员和运营维护人员提供支持，确保数据服务在规划管理流程中得到全面应用，从而使规划数据的管理变得更加便捷、规范和科学。

（二）海南省"多规合一"信息综合管理平台

海南省"多规合一"信息综合管理平台通过开展标准规范建设、规划时空信息数据库建设、应用服务系统建设及"多规合一"公众信息平台建设，初步形成了支撑多源空间规划整合、行政审批简化和规划实施监测督察三大业务流程。

1. 空间规划整合

通过政府约束的引导，优先集中了一批常用且重要的空间规划数据。这些数据主要包括总体规划、控制性详细规划、地表现状数据、地理信息数据、五网设施数据和来自国土厅、住建厅、农业厅、旅游委等 10 多个厅局专题数据。将多源异构的各类规划数据进行格式转换、空间坐标系转换、规划要素合并等处理，成功消除了各类规划之间的矛盾，形成了统一的"一张蓝图"。以业务应用驱动，促使更多涉及空间规划相关的数据主动集成，最终建成空间规划数据的集中共享服务体系，形成良性的信息平台运行循环，使所有涉及空间规划的数据在统一的平台上编制、修订和应用，确定统一的数据入口和出口，保障了规划的时效性和权威性。

2. 自动化审批

在规划监测督察方面，建立了利用卫星遥感技术的全方位规划监督系统。该系统可利用遥感卫星提前侦测到违规行为，并通过便携式设备对现场进行核查，确认违法活动并收集相关证据，同时对违法行为进行持续的监督与整改跟踪。这种方法不仅提升了监督的效率，还确保了执法的准确性与可信度。利用遥感技术，我们已经执行了包括生态红线区监管、农村新建住宅高度限制监管以及违法建设与违规用地专项检查在内的多项任务，并取得了积极成果。在规划和生态管理方面，我们已经探索出一条行之有效的路径。接下来我们将逐步建立起一个基于信息管理平台的监督机制，用于对生态红线、开发边界、基本农田、林地等关键国土空间进行实时监控，以最终实现统一、全面的规划和管理。

3. 内外业一体化的督察

在海南省总体规划编制过程中，信息化手段发挥了关键作用，为转变政府职能、提升治理能力提供了保障。通过"多规合一"信息综合管理平台，我们得以对全省资源总量、土地利用现状、规划冲突协调和规划实施监管等工作进行全面分析，为限定城市发展边界、划定生态红线提供了数据支撑。该平台也为全省重大基础设施和重点产业空间布局以及主要规划指标的确定提供了决策支持，有助于各部门实现规划落地、项目审批和管理过程中的信息沟通和业务协同。未来，该平台将继续为深化行政审批制度改革、促进政府职能从管理型向服务型转变提供信息化保障，同时也将为海南省的未来发展提供更全面、更科学的决策支持。

（三）开化县"多规合一"信息平台

1."多规合一"公共门户

提供统一的用户登录和信息资源入口，整合"多规合一"应用系统，连接各部门业务系统，构建界面信息架构，全面展示"多规合一"工作动态和工作成果，实现对信息的描述和统计功能。

2."多规合一"展示系统

基于"一张图"模式，多维度地展现"多规融合"专题成果和相关信息。

3.差异分析系统

根据空间管制的限定性指标，动态分析各专项规划之间的矛盾图斑，并且实现差异统计分析和信息图表输出。

4.图斑协调系统

采用智能技术对冲突图斑进行筛查，允许动态地建立用地协调台账，并记录在协调流程中的处理建议、决策历程以及其他相关信息。

5.边界管控系统

将"多规融合"管控线成果应用于项目选址落地，以冲突检测确定项目用地符合性，启动图斑协调进程，以空间智能辅助用地需求预测。

6.项目管理系统

构建了一个能够多角度查询和呈现建设项目的信息系统，包括对项目相关信息的标注和分类收藏功能，以及支持对项目信息的分类汇总，帮助生成项目简要报告。

二、国土空间基础信息平台建设内容

（一）建设基础

1.软硬件基础

数据资源方面，年度更新基础测绘数据、遥感影像、土地利用现状、地理国情普查、基本农田、基础地质、矿产资源潜力评价、矿产地、地质灾害、自然保护区等基础现状数据已经逐步完善并实现全国覆盖；全国范围内、跨各级别的土地利用总体规划、土地整治规划、矿产资源规划、地质勘查规划、地质灾害防治规划等规划类数据库已经建立；建设项目用地预审、建设项目用地审批、土地征收、土地供应项目及其开发利用、土地整治项目、城乡建设用地增减挂钩、工矿废弃地复垦、低丘缓坡等未利用地开发、地价、不动产登记、固体矿产探矿权、固体矿产采矿权、油气勘查开采登记数据、矿产资源储量等23大类、涵盖四级的数据资源管理系统已经建立并完善。

应用服务方面。基于国土资源"一张图"，我们已经构建了数据中心数据管理平台、政务审批平台、综合监管平台以及公众信息服务平台，同时建立了初步的国土资源部内部数据共享平台，为数据资源管理、行政审批、资源监管及公众服务提供了强大的应用支撑。

基础设施方面。国土资源部门建立了一个与互联网断开的内部业务网络，该网络连接了部、省、市、县级的国土资源管理机构，以及国家土地督察局和部直属单位。同时，部机关和国家基础地理信息中心已建设了符合国家保密要求的机密级局域网，而中国地质调查局和中国土地勘测规划院正在积极推进涉密内网构建工作。

2. 总体设计基础

（1）总体框架

国土空间基础信息平台由国家级主节点和省市县分节点分级分布建设，各节点由国土资源部、国家测绘地信局、地质分中心、土地分中心、地质环境分中心等部门负责。国家级主节点由多个数据中心节点组成，包括国土资源部数据主中心节点、国家测绘地信局数据中心节点等，集成或接入各节点的国土空间数据，实现物理分散、逻辑一体的集中展现和调度。各部门负责本节点的数据管理、维护与更新工作。

（2）技术架构

国土空间基础信息平台的建设遵循"先进成熟、稳定高效、安全可靠"的原则，采用分布式、云计算、大数据等技术进行建设，旨在实现参建体系内国土空间基础信息的纵横联通、共建共享和深度融合。该平台整体架构包括六个层次、三大体系，即硬件基础设施层、软件运行环境层、信息资源层、应用支撑层、应用服务层和应用服务发布层，以及安全保障体系、运维保障体系和标准规范体系。这些技术手段和体系架构为平台提供了稳定高效的基础和保障。

（3）数据架构

以统一的指标体系为框架、标准和指南，在国土资源"一张图"数据基础上，我们计划有组织、持续地集成或接入各种基础地理、遥感、土地、地质、矿产资源、地质环境、不动产、规划、管理等信息资源，同时共享交换发改、环保、住建、交通、水利、农业、林业等部门的基础空间信息，收集整理社会经济等方面的数据。我们采取分布式的数据接入方式，建立分工明确的更新维护机制，形成了有序的组织和体系，以建立共享开放的数据应用服务。

（4）服务架构

借助数据资源、云管理和服务平台提供的基础设施，我们建立了包括数据服务、专题服务、基础服务和定制服务在内的服务体系，并打造了一个统一的国土空间基础信息平台门户。通过这个门户，我们向政府、企业和科研机构提供多样化、信赖度高的全面信息和应用服务。

（二）建设原则

1. 立足基础、统筹建设

立足第三次全国国土调查成果和已有基础设施以及软件应用基础，加我们注重信息资源整合利用，不过度取代或替代各单位已有的数据资源优势。我们强化顶层设计，理顺体制机制，协调各方并且科学推动国土空间基础信息平台的建设进程。

2. 统一标准、互联互通

制定了一系列包括数据资源、服务应用、基础环境、管理运行接口和数据接入等方面的标准规范，以确保国土空间基础信息平台建设的整体质量。这样做是为了确保该平台在全国范围内覆盖、四级联动、跨部门协作及实现统一管理。

3. 整体设计、分步实施

以加强国土空间的用途管制和提高治理能力为目标，我们首先进行顶层设计，优先整合核心数据资源、服务资源和设施资源进行初步建设，并逐步推进。在实施过程中，通过分析和总结遇到的问题和经验，采取边用边建、分阶段实施的方法，确保信息平台的建设工作稳定有序地进行。

4. 外部扩展、安全可靠

平台设计了标准化的接口，能够与常见软件接口和数据交换方式兼容，增强了信息的接入能力，从而提升了平台的扩展性。同时，考虑到保密要求，部署在非涉密网络环境中的数据资源不会包含任何与国家安全保密相关的信息。

（三）建设目标

利用自然资源、测绘地理等多样化数据资源，整合政府与社会各界与国土空间相关的数据信息，打造出数据更为全面、应用范围更广、共享机制更为流畅的国土空间基础信息平台。该平台为国土空间规划、管理、决策制定和公共服务等领域提供强有力的信息支持，显著增强国土空间治理现代化的能力。

1. 形成统一的国土空间工作"底图"

为各部门提供包括基础地理、土地、矿产资源、地质环境、地质灾害防治、国情普查和自然资源产权等方面的数据支持和服务，以整合不同领域数据资源，实现信息的全面共享和跨部门协作。

2. 形成统一的国土空间工作"底线"

为各部门提供基础农田保护红线、生态保护红线、城市开发边界和国土空间规划、专项规划、详细规划等空间管控规划。

3. 形成统一的国土空间工作"底板"

给各部门提供专项规划、项目实施、日常监管、分析决策等信息化工作平台。

（四）总体设计

1. 技术架构

国土空间基础信息平台基于分布式、云计算、大数据等技术进行建设，平台的技术架构。

（1）硬件基础设施层

硬件基础设施层通过对计算机资源、存储资源、网络资源等物理资源的整合，采用云服务模式和云架构创建共享资源池，从而建立起了一个能够根据需求动态扩展的高性能计算和大规模存储环境。这样的环境能够满足海量国土空间基础数据的存储、高并发用户业务处理、信息共享与查询，以及各级分节点业务系统与平台对接的要求。

（2）软件运行环境层

软件运行环境层为国土空间基础信息平台提供必要的底层软件支持，包括关系型数据库系统、非关系型数据库系统、地理信息系统（GIS）、分布式文件系统、应用服务器中间件和目录服务器等，确保平台能够在稳定的环境中部署和运行。

（3）数据资源层

数据资源层是对分布式、多比例尺、异构、海量的空间地理信息进行整合和综合管理，实现空间信息的统一组织、无缝衔接、统一服务和高效应用。这些数据资源为国土空间基础信息平台提供了丰富的数据支持。

（4）应用支撑层

应用支撑层包括"云资源管理"与"开发与运行支撑"两部分。云资源管理主要负责三个方面的职能：对云基础设施进行管理，包括资源分配、资源调度和运行监控；对云服务资源进行管理，包括服务注册、服务发布、服务调度和服务监控；以及负责对云数据资源的管理，包括数据接入、数据资源目录管理、数据调度、数据管理和数据监控等。这些功能为国土空间基础信息平台提供了强大的技术支持。

开发与运行支撑部分提供了完善的系统开发和运行框架，以及众多组件和服务，涵盖大数据管理、服务总线、数据总线、PORTAL、统计分析、授权与访问控制等方面，以支持国土空间基础信息平台的构建和顺畅运行。

（5）应用服务层

应用服务层向用户提供了包括数据服务、专题服务、基础服务和定制服务在内的四种服务类型。数据服务涵盖了数据查询、数据浏览和信息共享等功能；专题服务则包括政务审批、监测监管、辅助决策与公众服务等方面；基础服务则包括空间分析、统计报表、专题图制作等；而定制服务则提供了服务接口、API以及二次开发接口等功能。

（6）应用系统层

依托服务层的功能调用，打造了包括国土空间规划"一张图"实施监督信息系统、"互联网+"自然资源政务服务系统、自然资源调查监测评价系统、自然资源监管决策系统等多个应用系统。这些系统为空间规划、资源调查、交易登记、政务审批、监管决策和公众服务等工作提供了有效的应用支持。

（7）应用服务发布层

国国土空间基础信息平台是一个分布式的应用系统，它通过主节点的集中门户来发布应用和服务，并利用服务分发、负载均衡、权限管理、访问控制等技术手段，为分布在不同级别的用户提供统一的访问入口。这样的架构保证了在处理高并发访问时，系统的安全、效率和稳定性能够得到保障。

2. 数据体系

国土空间基础信息数据涵盖了自然资源、测绘、发改、生态、住建、交通、水利、农业、林业等多个行业，并且横跨国家、省、市、县四级。根据数据类型，它们被分为现状数据、规划数据、管理数据和社会经济数据。现状数据包括基础调查数据、专项调查数据、地理国情普查数据等，用以掌握国土空间的实际现状和空间开发利用及变化情况。规划数据包含国土空间总体规划、详细规划、专项规划，为行政审批和国土空间用途管制提供管理数据依据。管理数据则涉及行政审批过程中产生的数据，如不动产登记、土地审批、土地供应、矿业权审批等，为后续监管提供数据支持。社会经济数据是动态获取的，包括社会、经济、人口等信息，结合时事和舆情进行综合分析和决策。通过统一数据标准，实现数据的综合管理，并建立了统一的国土空间基础信息数据目录，以形成全国覆盖、内容全面、准确权威、动态更新的统一国土空间基础数据资源。

（五）建设任务

1. 建立全面、翔实、准确的权威性国土空间数据资源体系

通过整合各类与国土空间相关的数据资源，构建了一个全国范围内、包含地上和地下的、能够实时更新的数据集。这个数据集主要包括基于三调数据、地理国情普查、高分辨率遥感影像、土地利用现状、矿产资源现状、基础地质、地质灾害与地质环境等的空间现状数据；以国土空间总体规划、专项规划、详细规划等为主规划数据；以及以不动产登记（土地、房屋、林地、草地、海域）、地政管理、矿政管理等空间开发管理和利用信息为主的的管理数据。另外，还通过搜集或集中形成了人口、宏观经济等社会经济数据集。

2. 建立国土空间基础信息云管理与服务平台

采用分布式应用程序和服务架构，构建了一个跨部门的云管理与服务平台。该平台横向上连接了自然资源部数据主中心、国家测绘地信局数据中心、地质分中心、土地分中心、地质环境分中心等关键部门，纵向上与国家、省、市、县自然资源主管部门相连，并与政府其他相关部门实现了数据互通。同时，严格依照国家安全保密部门的规定，建立了互联互济的涉密网络运行环境和管理机制。

3. 建立并完善国土空间基础信息应用服务的有效机制

我们通过建立健全相关制度，强化运维支撑保障体系，打造统一的共享服务门户，向自然资源系统各单位和各级政府部门提供国土空间的数据共享和应用服务。这些服务旨在为国土空间开发提供信息服务，为国土空间规划编制提供了辅助支持，同时为行政审批提供项目落地的合规性审查。此外，我们还将通过全方位动态监测国土空间，为空间管理决策提供技术支撑。

（六）主要功能

1. 云资源管理

（1）云基础设施管理

提供分布式架构、云环境下 IT 资源自动注册管理及维护，对资源负载能力进行评估和预测，并根据需要进行资源调度与分配。

（2）云服务资源管理

提供服务的适配封装、服务注册、资源编目、服务发布、服务配置管理、运行监控、服务启动 / 停止、版本管理等服务资源生命周期管理，以及对服务资源检索、调度。

（3）云数据资源管理

支持跨部门、海量多源异构数据资源的统一管理，支持重量数据、影像数据、文本数据等多类型的数据浏览、查询和分析、支持第三方服务的接入与管理。

2. 应用服务功能

（1）数据服务

①数据查询服务。国土空间基础信息平台通过其门户向用户展示其数据资源体系以及相应的访问权限。它提供了基于单一或多条件组合的检索功能，以及其他多种查询方式，以便用户能够轻松访问和查询了所有相关信息数据。

②数据浏览服务。该平台能够处理和展示多种类型的数据，包括空间数据、影像数据和文本数据，并允许用户执行基本浏览操作。它还具备将多个图层和要素叠加在一起以及动态展示的能力，同时提供比例尺控制和地图样式配置功能，以便对大规模空间和影像数据进行快速而连续的浏览。

③数据共享服务。该系统通过线上和线下手段，为授权数据集提供基于时间、区域、类别等多种条件筛选的数据服务。这些服务涵盖单一要素数据集、复合要素数据集、实体数据集、数据图元、数据对象等多样化的数据形式，并且还包括了数据的重加工、数据产品的制作以及数据的再次发布等服务。

（2）专题服务

①政务审批服务。基于国土空间基础信息平台，我们为满足行政审批项目的合规性审查、地类占用分析、基本农田占用审查、重复批地审查、重复供地审查、规划调整合理性审查、矿产资源压盖审查、地质灾害危险性评估等需求，提供了智能化审批功能服务，覆盖用地审批、土地供应、规划调整、基本农田补划等各个环节。

②监测监管服务。通过构建一个全面涵盖自然资源的监测监管体系，利用国土空间基础信息平台，我们建立了一个分布式的、分层次的应用系统，以实现对自然资源的全面和智能化监管。这个系统能够对山水林田湖草等多种自然资源进行有效的监测和管理。

③辅助决策服务。利用国土空间基础信息平台，我们监测和分析自然资源的行政审批、用途管制、规划实施和违规建设等开发利用过程及其状况，并建立知识库和模型库以辅助决策分析。这些资源库为国土空间规划的编制、审批、用途管制、监测评估和辅助决策等环节提供空间数据服务与技术支持。

④公众服务。基于天地图平台，为了满足社会各界的需求，我们从国土空间数据中提取和去除了敏感信息，通过互联网向企业、研究机构和社会大众提供全面、精确、权威且信息更新及时的国土资源规划、资源状况、地质灾害与地质环境、项目用地、矿产资源分布等数据服务。

（3）基础服务

①空间分析服务。针对国土空间基础信息，我们提供了包括叠加分析、缓冲区分析、连通性分析、空间关系分析等在内的基础空间分析服务。

②统计报表服务。从国土空间基础信息数据库中提取相关指标数据，根据行政区域、年份、专业领域以及其他特定指标进行统计分析，并通过列表、饼状图、柱状图、折线图等多种图表形式进行展示，最终生成分析报告，以提供给用户专业的数据统计报表服务。

③专题图制作服务。利用国土空间基础信息，最大限度地利用现有的国土资源"一张图"数据资源，进行了国土空间布局、用途管制等特定主题图谱的编制研究，以满足快速制作和输出地图的业务需求，从而为行政审批和国土空间监测监管提供更优质的服务。

（4）定制服务

用户能够依托国土空间基础信息平台提供的 API、服务接口及二次开发接口进行个性化开发。通过 API 调用、Web 服务、服务接口和二次开发等不同技术方式，用户可以实现地图浏览、数据查询、信息共享等数据资源服务，同时还能够进行规划编制、行政审批、综合监管等专项应用服务，以及空间分析、统计分析、产品制作等基础通用功能的开发。

3. 应用系统功能

（1）国土空间规划"一张国"实施监督信息系统

通过该平台，我们构建了全国各级国土空间规划的"一张图"实施监督信息系统，服务于规划编制、审批、执行和监督的整个流程。该系统形成了覆盖全国范围、实时更新、权威一致的国家级国土空间规划"一张图"，目的是为构建完善的国土空间规划动态监测、评估预警和实施监管体系提供信息技术支持。

（2）"互联网 +"自然资源政务服务系统

为推进组织架构改革和深化"放管服"改革，我们以构建"互联网 + 政务服务"模式为主线，综合运用流程优化、资源共享、线上线下结合、数据化分析等技术手段。目标是构建高效的"互联网 + 政务服务"体系，追求审批简化、办事快捷、服务质量提升。我们强化互联网思维，创新服务模式，建设一个集服务性、公开性、辅助性和智能化为一体的现代化"互联网 +"自然资源政务服务系统，以推动政府治理的智能化和现代化进程。

（3）自然资源调查监测评价系统

打造"六统一"的自然资源调查监测体系，即统一组织领导、统一法律法规、统一调查系统、统一分类准则、统一技术规范、统一数据基础平台，根本解决了自然资源调查数据多头出现的问题，对各类自然资源的分布进行全面清查，形成一套完整、精确、可信的自然资源管理基础数据集。同时，建立宏观、常规、精细和应急四个层次的监测体系。通过调查和监测，及时为自然资源管理及生态文明建设提供信息服务。此外，探索自然资源在国土空间中的相互关系，应用大数据技术及高级数据分析模型，推动数据整合与深度应用。

（4）自然资源监管决策系统

基于国土空间基础信息平台数据，开进行信息抽取和加工处理知识发掘工作，建立自然资源的知识体系和完善决策分析模型。运用大数据分析技术，进行对各类成果和管理的深入分析、智能搜索和舆论监控，以实现给自然资源态势和热点问题的实时动态分析。此外，提供了一个智能化的知识管理和决策支持系统，以支持协同研究。

（七）运行环境建设

国土空间基础信息平台的运行环境涉及网络、应用部署、安全等多个方面。平台的运行支持环境配置必须满足平台的整体性能需求。需要构建一个横向联接、纵向贯通的网络环境，一个高可用性、可扩展性的运行环境，以及一个有效保护的安全环境。各级政府应根据自身的信息化条件和业务需求，加强信息化基础设施的建设，提升计算、存储、网络、安全、系统软件和中间件的可用性、安全性和稳定性。鼓励采用虚拟化、云计算等技术来整合资源，以提高资源利用效率与安全性。

1. 网络环境建设与完善要求

在各级信息平台之间进行数据对接时，可以使用 MPLS 以太网链路或 SDH 光纤链路，并通过接入路由器连接到最近的互联网网络汇聚节点。在每个节点内，可以将网络划分为三个区域：公共服务区、数据存储管理区以及数据处理加工区。公共服务区负责部署Web 服务器和应用服务器，数据存储管理区则主要负责数据库服务器的部署，而数据处理加工区则集中了进行数据校验、处理和数据库建设的计算机硬件和软件设备。

2. 应用部署与运行环境建设

为了满足平台部署环境的需求，包括 Web 应用服务器和数据库服务器，并具备集群能力和高可用性服务以及负载均衡要求，数据库服务器需要部署必要的数据库管理软件，并支持主流厂商的硬件，可支持 64 位操作系统，TB 级数据量的存储和管理，并发工作方式以及数据库应用集群。为了充分利用现有资源并适应业务需求，基于云计算架构和虚拟化技术建立平台运行环境是必要的。另外，需要建立平台空间数据存储和备份能力，构建存储区域网，优化数据管理，为空间基础数据提供在线存储空间和磁带库备份空间。为了确保数据安全，需要配备相应的存储备份管理软件，并在有条件的情况下考虑建设多个分中心进行异地灾备。

3. 安全环境建设要求

根据国家对关键信息系统的安全保护规定，必须实施一系列安全措施，包括身份验证、权限控制、防火墙、网络活动监控、入侵检测、漏洞检测、防病毒和整体安全管理制度。这些措施将保护平台在广域网环境中免受黑客攻击、网络恶意软件、安全漏洞以及未经授权的内部访问带来的威胁。对于含有敏感信息的系统，必须遵循国家的保密信息系统保护标准，并通过相应的测评。平台的安全架构应从物理、网络、主机、存储、数据和应用六个维度进行强化，确保全方位安全防护。

4. 其他系统建设要求

国土空间基础信息平台应配置相应的不间断电源（UPS），以提高整个运行环境的稳定性、可靠性，进而克服由于供电问题，造成的系统运行宕机、中断等问题。

（八）运行维护

各级平台应设立专门的团队负责日常运行和维护，确保提供 7x24 小时不间断的服务。主要工作包括持续更新、补充和优化数据；定期检查服务系统、网页功能、服务质量、计算机和网络设备、安全系统等，并进行日常巡检、报警处理、故障分析、综合统计和日志管理；定期进行数据备份、用户交互和反馈意见回复、网站以及服务接口应用的技术支持等。

第三节　空间规划"一张图"实施监督信息系统

一、"一张图"实施监督信息系统建设目标

空间规划的执行与监督，作为政府衡量空间政策工具效果和达成战略目标的关键手段，对于确保规划的有效执行至关重要。在新时代，为了实现高质量的发展转型和提升空间管理能力，空间规划必须在协调经济社会的发展、空间开发必要性以及资源与环境的消耗之间发挥核心作用。

当前，在国家战略如"数字中国建设、生态文明、空间治理和宜居环境"的指导下，为应对国土空间规划新业务和信息化的需求，需要对多源时空大数据进行深入的定量分析和应用。以国土空间基础信息平台为基础，构建国家级、省级、市级和县级一体的国土空间规划"一张图"监督实施系统，以支持国土空间规划的编制、审批、实施、监测、预警和评估等全过程。通过强化国土空间规划的数据整合能力，结合传统的调查统计数据，深入挖掘自然资源领域的行业数据，打造一个服务于国土空间规划的数字生态系统；构建一个包含国土空间规划指标和模型的数据库，以便对开发利用情况进行分析、监测、预警和评估，并为决策提供支持。此外，建立业务规则库，逐步推进国土空间规划监管的自动化智能化，增强网络操作能力，实现国土空间规划信息在垂直线上的纵向汇交，以及与各行业主管部门之间的横向信息共享和业务协同。这将支持国土空间的管控，推动治理工作向网络化发展，提高了现代化治理体系和治理能力，并为完善国土空间规划的动态监测、评估、预警和实施监管机制提供信息化基础。

二、"一张图"实施监督信息系统架构内容

（一）系统总体框架

根据国土空间规划的业务管理需求，依托国土空间基础信息平台，构建了"一张图"实施监督信息系统，该系统提供了一个便捷的途径，可调用和应用国土空间规划"一张图"。通过此系统，我们能够开展动态监测、评估和预警，以加强规划实施监管，并为逐步实现具有感知、学习、治理和自适应能力的智慧规划打下了坚实基础。

系统总体框架包括四个层次，两大体系。

1. 设施层

面向国土空间规划业务需求，对计算资源、存储资源、网络资源和安全设施等进行扩展与完善。

2. 数据层

我们正在构建一个涵盖基础现状数据、规划成果数据、规划实施数据和规划监督数据的国土空间规划数据体系，以实现数据的集中汇交和管理，并建立与国土空间规划体系相匹配的指标和模型。

3. 支撑层

以国土空间基础信息平台为支撑，提供基础服务、数据服务、功能服务等等，供应用层使用和调用。

4. 应用层

为了服务于国土空间规划的整个生命周期，包括编制、审批、修改和监督实施，我们提供了一系列功能，如国土空间规划"一张图"的应用、国土空间分析与评价、规划成果的审查与管理工作、规划执行的监督、指标和模型的管理，以及向社会公众提供的服务。此外，该系统与各个部门的业务系统相连，确保了跨部门的信息共享和业务协作，并为企业和公众提供了便捷服务。

5. 标准规范体系

按照国土空间规划标准体系，各地可根据实际情况细化和拓展系统建设的相关标准，指导系统建设和运行的全过程管理。

6. 安全运维体系

建立完善的安全管理机制，严格遵循国家相关安全等级保护要求，以确保系统在运行过程中的物理、网络、数据、应用和访问安全。同时，我们建立了运维管理机制，对系统的硬件、网络、数据、应用和服务运行状态进行综合管理，以保证系统的稳定运行。这两项机制相辅相成，为系统提供了全方位的安全保障。

（二）与其他相关系统的关系

该系统能够与其他部门的业务应用系统实现信息的共享和业务的协同。通过国土空

间基础信息平台，它可以与其他自然资源业务系统相互连接，获取项目审批、产权登记和违法处理等信息服务，并提供合规性审查等功能的辅助服务。另外，系统还向社会公众、企业单位、科研机构等提供信息资讯，并开放给社会监督。

三、"一张图"实施监督信息系统主要功能

（一）系统功能构成

国土空间规划"一张图"监督实施信息系统致力于支持规划的编制、审查、监管和评估等全过程，为政府及自然资源管理等相关职能部门提供解决方案。该系统整合了国土空间规划"一张图"的应用和指标模型管理等核心功能，以促进国土空间规划的分析评价、规划成果的审查与管理、规划的执行监督以及公众服务的业务应用。

①国土空间规划"一张图"应用：依托数据、指标和模型，国土空间规划"一张图"应用覆盖了国土空间规划的整个周期，包括编制、审批、执行和监测评估预警等关键环节，提供了资源浏览、查询统计、比较分析、专题制图和成果共享等多种应用功能。②指标模型管理：它支持国土空间规划编制与监测评估预警过程中的指标和模型管理工作。③规划分析评价：该功能包括资源环境承载力和国土空间开发适宜性的评价，以及国土空间规划实施的评估和开发保护风险的评估，辅助规划的编制。④规划成果审查与管理：它涉及规划成果的质量控制、辅助审查、成果管理和动态更新，以支持规划审批流程。⑤规划实施监督：提供规划实施过程中的监测评估预警、资源环境承载力的监测预警以及规划全过程的自动记录和追踪功能，以辅助监督国土空间规划的执行。⑥公众服务：通过多种终端和渠道，实现规划信息的公开发布、公众意见征询与监督，增强公众参与规划过程的机会。

（二）系统详细功能

1. 国土空间规划"一张图"应用

针对国土空间规划管理的需求，我们提供了一个以现状数据、国土空间规划数据以及相关专项数据为基础的国土空间规划"一张图"应用套件，以及相关的辅助工具。这些工具集包括资源浏览、查询统计、比较分析、专题图制作和成果共享等功能，旨在支持国土空间规划的管理工作。

（1）资源浏览

该系统具备基本的地图浏览工具，如缩放、测量、定位、数据加载和透明度设置等功能。同时，系统还提供数据资源目录，可根据不同应用需求进行定制和扩充。此外，系统支持多源数据的集成浏览和查询，允许用户关联查看文本、表格和图件。另外，系统还提供数据基本信息的查询浏览，如数据名称、数据来源和更新时间等，并支持不同数据版本的回溯对比。

（2）查询统计

根据属性筛选、空间筛选、图查数、数查图等查询方式获得图数一体的查询结果，

对查询结果可按维度进行分类统计并输出统计结果。

（3）对比分析

通过叠加对比、分屏对比等方式，分析不同类别、层级的国土空间规划及关联数据在空间位置、数量关系、内在联系等方面情况。

（4）专题制作

以专题应用为导向，通过选取现状数据、规划成果数据，在线对不同要素进行渲染编辑，为规划管理部门、编制单位提供快速空间分析与可视化成果表达功能。

（5）成果共享

通过国土空间基础信息平台统一管理国土空间规划"一张图"的数据服务和功能服务，为其他相关部门提供规划成果数据共享。

2. 国土空间规划分析评价

基于国土空间规划"一张图"，系统采用相关的算法和模型进行深入分析与评估，执行资源与环境承载力、国土空间开发适宜性、规划实施情况以及空间开发保护风险等方面的评价任务，从而为国土空间规划的制定提供了科学支持。

①资源环境承载能力和国土空间开发适宜性评价。利用区域资源、生态、环境、灾害和海洋等数据的综合分析，依托相关模型工具，系统辅助评估自然资源的潜力与生态环境的现状，进而分析国土空间在生态保护、农业生产和城镇建设方面的适宜性和重要程度。

②国土空间规划实施评估和国土空间开发保护风险评估。以以国土空间规划"一张图"为基础，系统利用相关的算法和模型来辅助识别国土空间开发保护的关键问题，并为国土空间规划的实施评估与风险评估提供分析结果。这包括建立分析模型来综合判断国土空间开发保护的现状与需求，支持进行情景模拟分析以识别生态保护、资源利用、自然灾害和国土安全等方面的不足和潜在风险。同时，通过分析数量、质量、布局、结构和效率等指标，评估国土空间开发保护当前的问题和面临的挑战。

3. 国土空间规划成果审查与管理

面向国土空间规划成果审查过程，我们构建了国土空间规划成果审查与管理应用，该系统提供规划成果质量控制、辅助审查、成果管理和动态更新等功能，对规划编制成果的审查阶段进行有效的管理和利用。

（1）成果质量控制

根据统一的质量检验标准和具体规则，该系统对规划成果的资料、数据文件和图层等进行了完整性验证，同时对成果的结构、格式、命名规则、内容构成、拓扑一致性和属性结构等进行了规范性审核。另外，它能自动生成符合标准化要求的规划成果质量检查报告，旨在规范规划成果的质量并提高其整体水平。

（2）成果辅助审查

利用国土空间规划"一张图"作为支撑，该系统提供对国土空间规划编制成果的辅助审查功能，涵盖了总体规划、详细规划以及相关专项规划的合规性审查。它还针对国土空间规划中的约束性指标和刚性管控要求进行审核，并且允许用户查看审查要点、填写审查结果以及生成审查报告，以支持整个审查过程。

（3）成果管理

随着国土空间规划编制审查的进展，系统将动态调整规划成果的数据目录，并对空间数据、规划文本、附表、图件、说明和专题研究报告等成果进行关联管理。经过审查和批准的总规划、详细规划和专项规划成果将整合到国土空间规划"一张图"中，实现统一的管理。

（4）成果动态更新

对国土空间规划实施过程中产生的总体规划和详细规划成果进行修改或更新，并通过数据更新包的形式层层上报，确保国家、省、市、县、乡镇各级国土空间规划成果的同步刷新。

4. 国土空间规划实施监督

（1）规划实施监测评估预警

建立针对重要控制线和重点区域的监测评估预警模型，以及规划实施评估和专项评估模型，实现动态监测、及时预警和定期评估的功能，从而为责任部门监督主体责任的履行提供有力支撑，并为管理者制定决策提供有益辅助。

动态监测。实时获取并整合多源数据，对国土空间规划实施过程中的空间开发和保护活动进行持续监控，特别关注各类管控边界和约束性指标监控。持续监控包括接入与管理空间开发保护活动相关的行政数据，进行日常监控；整合遥感数据和自然资源调查结果，进行周期性监控；以及结合互联网、物联网等大数据资源，进行实时动态监控。

及时预警。基于指标预警等级和阈值，系统可实时获取相关数据，对生态保护红线、永久基本农田、城镇开发边界等重要控制线的突破或者临近情况进行预警，同时对国土空间规划约束性指标和刚性管控要求的突破或临近情况以及其他自然资源的过度开发和国土空间粗放利用的情况进行及时预警。这些预警信息可通过多种途径进行传达。

定期评估。根据"一年一体检、五年一评估"的规划，对市县国土空间开发保护现状和规划实施情况进行全面体检评估，特别关注底线管控、结构效率、生活品质等基本指标，以此生成评估报告，为国土空间规划的编制、调整和完善、底线管控以及政策制定等方面提供重要依据。

（2）资源环境承载能力监测预警

汇集和融合来自相关部门的资源环境承载力监测信息，实现数据实时监控，并为资源环境承载力的整体管理、持续评估和决策制定提供支持。这能够及时对超出资源承载力临界区的区域作出反应，促进资源环境承载力监测预警的标准化、持续化和制度化。

综合监管。构建监管模型，利用自然资源调查数据、相关部门监测信息和评价结果，对资源环境承载力预警等级进行分类并实施管控。同时，系统展示监管指标的变化趋势和空间分布态势，以实现资源环境承载力的全面监管。

动态评估。开发评估模型，根据各区域资源环境承载力的不同情况，实时获取相关部门针对全区域或特定区域的监测数据，以便加强对关键区域的评估工作。该模型将展示评估指标的演变趋势和地理分布，帮助编制评估报告，从而提升了监测预警的效率。

决策支持。对超出承载能力或接近承载极限的地区，分析超载因素，对实施的管理措施及其成效进行整体评估，并编制评估报告，以支持奖惩机制的优化。

（3）规划全过程自动强制留痕

创建一个完整的日志记录系统，覆盖国土空间规划的编制、审批、修改和执行监督等各个阶段。根据全过程留痕的规定，系统需要能够自动记录和存储规划内容的任何修改、规划许可的变更或取消、公开征询的意见、提议、论证、审查流程以及相关人员的意见等。这样的措施将保证规划管理的每个环节都可以被追溯与查询。

5.指标模型管理

为了支持系统的顺畅运行和维护，开发了国土空间规划指标模型管理应用程序，它能够处理指标和模型的管理任务。这一应用使让得在国土空间规划的监测、评估和预警工作中，指标和模型的可视化管理和配置成为可能，从而满足了业务调整的需要。

（1）指标管理

按照分级分类方法，提提供定制化和可配置化的指标管理服务。在指标管理方面，统一处理指标的计算公式、适用区域、属性、数据来源等元数据信息，以及时间、空间等维度的指标数据。在指标体系管理方面，管理指标体系、指标项目、指标阈值和元数据等内容，以便于对指标进行调整和扩展。在指标数值管理方面，实现对历史指标数据的精确追踪和检索。

（2）模型管理

模型管理的核心涉及算法的注册、数据资源的管理以及配套的可视化工具，旨在构建模型。这些模型为国土空间规划的编制、执行、监测、评估和预警等环节提供计算支持，包括规则模型、评价模型和评估模型。同时，这种管理方式还实现了模型的集中管理和广泛应用。

6.社会公众服务

系统充分利用各种公开渠道，为公众提供了全面的国土空间规划服务。具体包括：提供公示信息的便捷检索和浏览，构建基于地图的规划公示应用，确保信息的实时或定期更新；定制意见征询表格，整理与分析公众意见；提供社会公众留言和违规举报功能，以便接受群众监督等。

参考文献

[1] 张京祥，黄贤金. 国土空间规划教材系列国土空间规划原理第 2 版 [M]. 南京：东南大学出版社，2024.03.

[2] 张鸿辉，刘小平，罗伟玲. 智慧国土空间规划方法探索与实践应用 [M]. 北京：科学出版社，2024.03.

[3] 吉燕宁，麻洪旭，郝燕泥. 乡镇国土空间总体规划 [M]. 北京：中国建筑工业出版社，2024.02.

[4] 姜丽华. 自然资源经济与管理研究 [M]. 哈尔滨：哈尔滨出版社，2023.01.

[5] 朱道林. 自然资源资产管理 [M]. 北京：中国大地出版社，2023.04.

[6] 吕宾，石吉金. 自然资源资产管理概论 [M]. 北京：经济管理出版社，2023.07.

[7] 张新安. 中国自然资源经济学通论 [M]. 北京：经济科学出版社，2023.11.

[8] 安卫国，梁谋，周龙君. 土地资源管理的系统性探析 [M]. 北京：中国原子能出版社，2023.04.

[9] 彭震伟，彭震伟. 国土空间规划培训丛书国土空间规划理论与前沿 [M]. 上海：同济大学出版社，2023.01.

[10] 张尚武. 国土空间规划培训丛书国土空间规划编制技术 [M]. 上海：同济大学出版社，2023.01.

[11] 耿慧志. 国土空间规划培训丛书国土空间精细化治理 [M]. 上海：同济大学出版社，2023.01.

[12] 申章民，张靖，于小鸥. 城市更新与国土空间规划 [M]. 长春：吉林科学技术出版社，2023.10.

[13] 王兆林. 自然资源管理 [M]. 北京：中国农业出版社，2022.04.

[14] 邓祥征 . 自然资源管理与政策 [M]. 北京：科学出版社，2022.06.

[15] 张新安，高兵，邓锋 . 自然资源管理服务支撑碳达峰碳中和 [M]. 中国财经出版传媒集团经济科学出版社，2022.10.

[16] 马旭东，刘慧，尹永新 . 国土空间规划与利用研究 [M]. 长春：吉林科学技术出版社，2022.08.

[17] 文超祥，何流 . 国土空间规划教材系列国土空间规划实施管理 [M]. 南京：东南大学出版社，2022.09.

[18] 李明 . 国土空间规划设计与管理研究 [M]. 沈阳：辽宁人民出版社，2022.10.

[19] 侯丽，于泓，夏南凯 . 国土空间详细规划探索 [M]. 上海：同济大学出版社，2022.10.

[20] 孔德静，刘建明，董全力 . 城乡规划管理与国土空间测绘利用 [M]. 西安：西安地图出版社，2022.12.

[21] 黄经南，李刚翙 . 国土空间规划技术操作指南 [M]. 武汉：武汉大学出版社，2022.03.

[22] 范刚，曹甜甜，马建宇 . 自然资源管理实务与土地保护利用第 1 册 [M]. 北京：光明日报出版社，2022.08.

[23] 支瑞荣，李会芳，赵延华 . 自然资源调查监测技术与方法 [M]. 武汉：中国地质大学出版社，2022.06.

[24] 于宏 . 自然资源开发与规划管理 [M]. 长春：吉林人民出版社，2021.08.

[25] 马永欢，吴国初 . 自然资源融合管理 [M]. 上海：上海科学技术文献出版社，2021.10.

[26] 杨木壮，宋榕潮，刘洋 . 自然资源调查概论 [M]. 武汉：中国地质大学出版社，2021.12.

[27] 郭威卓，成刚，宦吉娥 . 自然资源管理体制改革研究 [M]. 武汉：中国地质大学出版社，2020.05.

[28] 宋马林 . 自然资源管理体制研究 [M]. 北京：经济科学出版社；中国财经出版传媒集团，2020.12.

[29] 李骚，马耀辉，周海君 . 水文与水资源管理 [M]. 长春：吉林科学技术出版社，2020.11.

[30] 张洪 . 土地资源调查与评价 [M]. 昆明：云南大学出版社，2020.04.

[31] 张占贵，李春光，王磊 . 水文与水资源基本理论与方法 [M]. 沈阳：辽宁大学出版社，2020.01.